沥青路面有限元仿真原理与方法

Principle and Method for Finite Element Simulation of Asphalt Pavement

马　涛　顾临皓　童巨声　著

科学出版社

北　京

内 容 简 介

沥青路面在服役期内车辆荷载和环境因素的重复作用下会发生不可恢复的塑性变形与疲劳损伤积累，最终表现为车辙、疲劳、开裂等典型病害形式。本书通过有限元仿真，探究沥青路面结构与材料力学行为特性，揭示沥青路面病害发展规律，为沥青路面设计提供指导。本书在以往黏弹性力学的基础上，涵盖了黏弹–黏塑–损伤完整的力学理论知识，更加精准表征材料力学特性；在沥青路面宏观仿真基础上，拓展沥青混合料细观尺度仿真，深入揭示路面病害原理；在编写体例方面，采用包含力学理论、试验手段、仿真技术和分析方法的案例形式，搭建完善知识结构。

本书既能够为道路专业人员提供技术参考，也可供道路工程专业研究生使用。

图书在版编目(CIP)数据

沥青路面有限元仿真原理与方法/马涛，顾临皓，童巨声著. —北京：科学出版社，2022.12
ISBN 978-7-03-074328-2

Ⅰ.①沥⋯ Ⅱ.①马⋯ ②顾⋯ ③童⋯ Ⅲ.①沥青路面-计算机仿真
Ⅳ.①U416.217-39

中国版本图书馆 CIP 数据核字(2022)第 241040 号

责任编辑：惠 雪 曾佳佳 / 责任校对：郝璐璐
责任印制：张 伟 / 封面设计：许 瑞

科 学 出 版 社 出版
北京东黄城根北街 16 号
邮政编码：100717
http://www.sciencep.com
北京中科印刷有限公司 印刷
科学出版社发行 各地新华书店经销
*
2022 年 12 月第 一 版 开本：720×1000 1/16
2022 年 12 月第一次印刷 印张：13 1/4
字数：265 000
定价：119.00 元
(如有印装质量问题，我社负责调换)

前　言

沥青路面由于其优良的性能,在国内外的道路建设中均得到了大规模应用,目前世界各国的高等级公路基本上都采用了沥青路面结构。沥青路面面层材料为沥青混合料,是由沥青和集料组成的颗粒复合材料。由于两者的力学性质差异巨大,并且沥青自身的力学行为表现出显著的温度、应力与应变的依赖性,沥青混合料的力学性质也非常复杂。在服役期内车辆荷载和环境因素的重复作用下,沥青混合料会发生不可恢复的塑性变形积累与疲劳损伤积累,最终表现为沥青路面的车辙、疲劳、开裂等典型病害形式。因此,道路工作者一直致力于采用力学分析的方法,探究沥青路面结构、路面材料在服役期内的力学行为特性,揭示沥青路面病害的发展规律,从而为沥青路面设计提供指导。

目前国内外的沥青路面设计方法中,普遍采用弹性层状体系解析解计算路面结构内部应力应变响应,作为关键指标引入到结构设计的验算中。但沥青路面一方面由于多层结构、多种材料以及复杂的层间接触状态,导致了结构层面的非线性;另一方面由于采用颗粒复合材料铺筑,带来了材料层面的非线性。采用弹性层状力学体系难以准确获取路面内部的应力应变状态,无法分析车辙、疲劳、开裂等非线性力学行为引发的病害。有限元方法采用离散近似的思想,将复杂的非线性力学问题离散化,分解为多个线性问题进行求解,是目前被广泛应用于大量工程领域的成熟的力学分析方法。在道路工程领域,有限元方法也得到了广泛的研究,而随着道路工程技术的不断发展,新材料、新技术不断出现,同时对于工程问题的认识不断深入,相应地在有限元仿真方面,就需要提出更精准的力学理论与更高效的数值方法。

针对这些需求,本书在以往黏弹性力学的基础上,涵盖了黏弹-黏塑-损伤完整的力学理论知识,能够更全面适用于不同的路面材料;在以往沥青路面宏观尺度仿真的基础上,拓展到沥青混合料细观尺度仿真,对于路面病害原理的揭示更加深入,也紧随当前研究的前沿方向;在编写体例方面,采用包含相关力学理论、试验手段、仿真技术和分析方法的完整案例形式,形成完善的知识结构。本书既能够为道路专业人员提供技术参考,也可供道路工程专业研究生学习使用。

本书分 8 章。第 1 ~ 3 章为基础理论篇,包含绪论、有限元方法简介和沥青混合料本构模型的有限元实现,首先介绍了有限元仿真在道路工程中的应用场景和应用需求,接着介绍了有限元方法的基础知识,最后通过沥青混合料黏弹-黏塑、黏弹-损伤本构模型，阐述了力学本构模型的数值计算格式以及在有限元软件中的实现方法。第 4～8 章为应用篇，分别针对沥青路面车辙、疲劳、开裂 3 种典型病害形式开展仿真分析，在此基础上，还进一步细化为沥青混合料和沥青路面两种研究对象。针对沥青混合料，着重于细观有限元模型构建、混合料材料组分的本构模型及数值实现、混合料细观特征对其力学行为的影响几个方面，旨在揭示沥青路面病害在细观层面的萌生、发展机理，为沥青路面材料设计、新材料研发提供指导。针对沥青路面，着重于路面结构宏观模型构建、真实车辆与环境荷载输入、路面内部应力应变场以及损伤场分布规律等方面，旨在探究沥青路面病害发展规律，明确不同结构材料组合的路用性能，为沥青路面结构设计、新型结构开发提供指导。

　　本书第 4、6 章由东南大学顾临皓编写，第 5、8 章由东南大学童巨声编写，其余章节由东南大学马涛编写，全书由马涛统稿。东南大学黄晓明教授仔细审阅了书稿，对写作大纲及书稿提出了诸多宝贵的修改意见，在此深表谢意。本书在编著过程中，得到了刘可欣、陆锦波、黄菲雨、丁非凡、彭鹏、齐浩南的帮助与支持，写作过程中参考了张久鹏、张裕卿、金光来等的研究成果，在此一并表示感谢。

　　由于作者水平有限，书中缺点和疏漏在所难免，望请国内外同行专家、学者和读者不吝赐教，批评指正。

作　者

2022 年 10 月于南京

目　　录

第 1 章 绪 论

1.1 道路工程中的典型问题

自 20 世纪 90 年代, 我国开始大规模修建沥青路面, 经过约 30 年的快速发展, 目前已经建成世界规模第一的公路网 [1]。2001~2010 年的 10 年间, 我国沥青路面的病害以松散、拥包、网裂、路基沉陷等一系列早期病害为主。到了 21 世纪的第二个 10 年, 沥青路面在设计、施工、养护、管理方面都有了长足的进步, 路面的病害也从早期病害转变为以裂缝与车辙为主的长期病害 [2-5]。

中国高等级沥青路面中, 半刚性基层结构沥青路面占据绝对的多数。半刚性基层沥青路面存在反射裂缝以及疲劳裂缝两种形式。基于半刚性基层的固有性质, 大体积混凝土结构必然会产生干缩与温缩裂缝, 路面在基层裂缝位置形成薄弱点, 逐渐发展出反射裂缝 [6-8]。这种反射裂缝尽管可以通过减少基层水泥含量、使用低收缩水泥等方式进行改善, 却仍是不可避免的。但好在反射裂缝的存在并没有显著降低半刚性基层的整体结构强度, 只要裂缝位置修补及时, 避免被雨水渗入引发进一步的水损害, 反射裂缝并不会显著降低路面的服务水平 [9-12]。

与反射裂缝相对的, 是疲劳裂缝。柔性基层沥青路面的疲劳主要产生于沥青层底部, 半刚性基层结构的疲劳主要产生于半刚性基层底部。两种路面结构尽管在材料与受力状态上存在差异, 但对于疲劳的产生, 本质上是同一种工程问题 [13-15]。均是材料在交通荷载的反复作用下性能逐渐下降, 最终发生破坏的过程。相较来说, 柔性路面用沥青混合料这种抗疲劳更好的材料, 在相同的疲劳寿命下可以降低路面的厚度; 半刚性基层路面用水泥稳定碎石这种抗疲劳性能较差的材料, 则需要更厚的结构层使层底拉应力下降到适当的水平, 在石料价格低廉但沥青成本昂贵的发展初期具有显著的价格优势, 目前这种价格优势已经逐渐不明显。

与裂缝问题不同, 车辙的形成更多是由面层沥青混合料本身所决定的, 而受到结构的影响相对较小 [16-18]。车辙产生的区域一般位于路面的中上面层, 非重载超载路段产生车辙的位置最深也一般不超过 15cm。而对于主要产生车辙的中上面层, 其受力状态更多地直接受到交通荷载与环境的影响, 受到结构的形式与特征的影响相对较小 [19-21]。因此, 研究沥青路面的车辙问题, 除了沥青混合料本身的抗车辙能力外, 应当更多地注重轮胎荷载对于路面的非均匀分布, 以及温度在深度方向的非均匀分布。

因此，从力学的角度去研究沥青路面的疲劳问题与裂缝问题，本质上是通过研究材料的疲劳行为以及永久变形行为，并将其代入路面结构进行受力分析，获得材料在结构中的疲劳与车辙发展。可以将其拆解为路面材料的本构模型研究、路面的结构分析研究两个步骤。其中，路面材料的本构模型主要通过力学理论推导、试验现象总结归纳、多尺度材料性能的预估等一系列方法去获取。而路面的力学结构分析，由于考虑了材料复杂的非线性本构，尤其是叠加上部分可能影响路面性能的非均布的交通荷载、随时间变化的温度分布等因素，几乎不可能获得解析解，而有限元方法则提供了一种获得这种复杂工程问题近似解的思路。

1.2   用有限元解决道路工程典型问题的基本方法

有限元方法自 20 世纪 50 年代被提出以来，就一直是获取工程问题近似解的重要手段，并且随着计算机技术的发展，有限元的优势也愈发明显。

有限元方法通过将待求域离散化，通过变分方法，使得误差函数达到最小值并产生稳定解。类比于连接多段微小直线逼近圆的思想，有限元方法将许多小区域上的简单方程联系起来，并用其去估计更大区域上的复杂方程。它将待求域看成是由许多被称为有限元的小的互连子域组成，对每一单元假定一个合适的近似解，然后推导求解这个域整体的满足条件 (如结构的平衡条件)，从而得到问题的解。这个解不是精确解，而是近似解，因为初始的、复杂的实际问题在离散化的过程中被较简单的问题所代替。

市场上已经存在众多的有限元软件，因此使用有限元方法求解工程问题并不需要编写所有的以变分法为基础的全部求解方程，更多是在软件已经打包好的操作界面进行建模并设置合理的条件。用户只要构建合适的结构模型，设置合适的材料模型、荷载条件、边界条件、网格划分、求解器等，就可以完成复杂的工程问题计算。

相对于其他工程问题，道路的结构相对简单，忽略路面内部的管网结构以及横纵坡等，可以将路面结构简化为数层同种材料组成的弹性层状体系，因此道路结构的建模相对于其他领域，是较为简单的步骤。对于求解器，则根据所求的问题是动力学的瞬时问题还是准静态的受力分析而选择合适的求解器即可。道路工程的有限元核心在于解决材料模型以及边界条件的构建。

通用的有限元软件尽管提供了大量的材料本构模型，但考虑到疲劳与车辙往往涉及复杂的损伤力学与黏塑性力学模型，软件本身所带的模型很难完全适用于道路工程特殊的沥青混合料与其他道路材料，研究者往往需要根据软件提供的接口自行编辑相关的本构模型。而在本构模型之外，则需要解决道路工程的荷载与边界条件问题。道路工程除了横断面与路基底部边界条件外，主要是路面受到的交通荷载以及环境荷载。解决沥青层底部或半刚性层底部的疲劳问题时，荷载与环境的建模的精确性要求相对较弱，只需要满足交通荷载和温度对于层底的影响与实际一致即可；但对于车辙问题，由于其受到荷载与环境的影响较大，因此在求解车辙问题时，应当格外注重荷载与环境问题的精确性。

1.3 本书内容安排

本书将围绕有限元仿真方法在道路工程，特别是沥青路面研究中的应用展开。在介绍有限元方法基础理论以及相关有限元计算软件的基础上，从细观和宏观两个方面，分章节介绍通过有限元来分析沥青路面车辙、疲劳以及裂缝等病害的力学行为与力学机理的过程。本书写作采用案例形式的章节设置，每章不仅包含对于具体道路工程问题的有限元分析方法，也包括了相应的力学理论知识以及可能涉及的试验方法，旨在使读者能够在一章内容中对于所感兴趣的工程问题有全面系统的了解，提高可读性和便捷性。

本书主要内容包括以下四部分：

第一部分为有限元基础理论，包含第 2～3 章。第 2 章介绍有限元原理，包括有限元方法近似原理、一维和三维有限元基本的计算框架，以及对道路领域常用的有限元软件 ABAQUS 进行简单介绍；第 3 章介绍了沥青混合料本构模型的有限元实现方法，主要包括使用的软件接口、黏弹-黏塑性本构模型数值实现方法、黏弹-损伤本构模型数值实现方法。

第二部分为用有限元方法解决疲劳问题的案例，包含第 4～5 章。两章分别从细观的沥青混合料层面研究材料疲劳的分析方法以及从宏观道路结构层面研究沥青路面结构疲劳的分析方法。

第三部分为用有限元方法解决断裂问题的案例，包含第 6～7 章。两章分别为从细观的沥青混合料层面研究材料断裂的分析方法以及从宏观道路结构层面研究沥青路面结构开裂的分析方法。

第四部分为沥青路面的车辙分析方法，为第 8 章。介绍了沥青路面与轮胎相互作用的分析过程以及沥青路面的永久变形分析方法。

参 考 文 献

[1] 交通运输部. 2020 年交通运输行业发展统计公报 [R]. 2021.
[2] 唐国奇. 双层排水降噪沥青路面关键技术研究 [D]. 南京：东南大学, 2015.
[3] 曾涛. 基于遗传神经网络的山区沥青路面使用性能评价研究 [D]. 重庆：重庆交通大学, 2021.
[4] 朱玉琴. 半刚性基层沥青路面设计控制指标研究 [D]. 南京：东南大学, 2019.
[5] 潘园园. 高速公路沥青路面养护技术的评价研究 [D]. 南京：东南大学, 2018.

[6] 蒋振雄. 江苏省廿年沥青路面技术框架与发展路径 [J]. 公路交通科技, 2020, 37(2): 15-21.

[7] 张晓丽, 潘卫育. 江苏高速公路沥青路面典型结构环道车辙试验 [J]. 现代交通技术, 2009, 6(1): 1-3, 7.

[8] 林荔萍, 祁锐. 山东省高速公路路面结构调研与病害分析 [J]. 山东交通科技, 2017(5): 120-123.

[9] 于程. 山东省交通科学研究院战略管理研究 [D]. 武汉：华中科技大学, 2018.

[10] 陈燎焱. 山东省高速公路沥青路面典型结构研究 [D]. 西安：长安大学, 2008.

[11] 徐海虹, 吴春颖, 张丽丽. 江苏省高速公路沥青路面预防性养护技术分析与研究 [J]. 公路交通技术, 2012(3): 6-8, 12.

[12] 徐刚. 基于大样本数据的江苏省沥青路面大中修养护周期 [J]. 公路交通科技 (应用技术版), 2018, 14(9): 171-172.

[13] Rahman M S, Podolsky J H, Williams R C, et al. A study of top-down cracking in the state of Oregon[J]. Road Materials and Pavement Design, 2018, 19(8): 1771-1795.

[14] Hu X, Walubita L F. Modelling tensile strain response in asphalt pavements: Bottom-up and/or top-down fatigue crack initiation[J]. Road Materials and Pavement Design, 2009, 10(1): 125-154.

[15] 王华城, 吴海林, 吴强, 等. 基于现场实测数据的高速公路裂缝形态特征及开裂模式研究 [J]. 公路交通科技, 2018, 35(12): 28-34, 41.

[16] 张垚. 基于多尺度分析的沥青混合料永久变形预估 [D]. 南京：东南大学, 2020.

[17] 彭剑秋. 基于抗车辙性能的长上坡路段沥青路面材料与结构设计研究 [D]. 西安：长安大学, 2016.

[18] Zhu H, Sun L. Mechanistic rutting prediction using a two-stage viscoelastic-viscoplastic damage constitutive model of asphalt mixtures[J]. Journal of Engineering Mechanics, 2013, 139(11): 1577-1591.

[19] Li S, Ni F J, Zhao Z L, et al. Fractal evaluation of the rutting development for multilayer pavement by wheel tracking test[J]. Construction and Building Materials, 2019, 222(20): 706-716.

[20] 张丽娟, 陈页开. 重复荷载下沥青混合料变形的粘弹性有限元分析 [J]. 华南理工大学学报 (自然科学版), 2009, 37(11): 12-16.

[21] 童巨声. 柔性基层路面车辙与疲劳预估研究 [D]. 南京：东南大学, 2019.

第 2 章　有限元方法简介

严格依据力学的物理方程、平衡方程、边界条件，去寻找工程问题的解析解是非常复杂的。道路工程领域涉及的沥青混合料、水泥稳定碎石、路基、级配碎石等材料都是典型的非线性材料，使得道路工程领域的问题极难获得甚至无法获得解析解。但是有限元方法提供了另一条思路，有限元方法将整体划分为有限个单元，各个单元之间通过它们的节点相互连接，并使得位移在各个单元之间保证协调。通过这种方式获得的各个单元的解析解，是解决整体工程问题的一种近似方法。

本章将介绍利用一维以及三维的有限元进行结构分析的方法，其他的例如梁单元、板单元、平面应力或应变单元等，与一维和三维有限元基本相似的方程，在本书中就不再赘述。感兴趣的读者可以寻找专门论述有限元方法的书籍进行了解 [1-7]。本章内容对于加深读者对有限元基本原理的认知具有重要意义，读者依据该原理，可以分析在使用有限元软件中的误差或明显错误发生的原因，进而改进建模方法或求解手段。

2.1　有限单元法的近似

利用解析方法去解决工程问题，所得到的解析解往往是复杂的，甚至微分方程的解析解是无穷级数的形式，使得对于复杂工程的应用很难具有通用性。而在有限元中，用一种近似解去取代完全精确的解析解，这种近似解 $u(x)$ 被表示为一系列被称为试函数 (trial function) 的和：

$$u(x) = \sum_{i=1}^{n} c_i \phi_i(x) \tag{2.1}$$

式中，$\phi_i(x)$ 为试算函数；c_i 为依据解析解与近似解之间最小误差确定的系数。由于解析解是试函数的线性叠加，因此，数值解的精度完全依赖于试函数。

试函数与系数的选择必须使得数值解 $u(x)$ 满足基本的边界条件。但如果直接用整体去计算近似解，则获得满足边界条件的试函数将和解析解一样困难。有限元的一个重要思想是在整个域内将待解析的整体划分为一组简单的子域，然后在子域上利用式 (2.1) 寻找满足边界条件的试函数。这样，除了边界上的节点需要进行特殊的处理去满足条件外，其他的单元只需要通过节点，满足节点位移之间的相互协调变形即可。

如图 2.1 所示，如果我们假设所需解决的问题的域是一维的，精确解由虚线给出，当整个域被划分为有限个单元时，则可以通过分段连续的多项式去计算近似解。假设近似解在每个单元内部是线性的，由于共用的节点，则分段的解在节点上是相等的。需要使用足够密的单元，数值解最终会收敛于解析解。此外，如果在单元内部使用高阶的，而不是线性的多项式，则可以得到更精确的近似解。

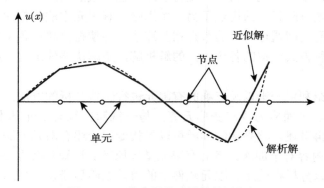

图 2.1　一维有限单元的线性近似解

对于不同的工程问题，可以依据问题的性质与维度采用不同的单元类型。表 2.1 为工程中常用的单元类型。

在将待求解的域离散化后，对于求解问题的积分式，将可以通过作用于每个单元上的和的形式，分解到每一个单元上。例如，若需要求解在 (0,1) 上的数学问题，对于 (0,1) 上的积分式，可以分解为 10 个单元的形式进行离散化：

$$\int_0^1 f \cdot \mathrm{d}x = \int_0^{0.1} f \cdot \mathrm{d}x + \int_{0.1}^{0.2} f \cdot \mathrm{d}x + \cdots + \int_{0.9}^1 f \cdot \mathrm{d}x \tag{2.2}$$

式中，f 为待求问题所需要计算的积分。

在将待求域分解为一系列的简单形状的单元后，下一步是单元内部的求解。单元内部的解需要进一步近似为多项式的形式。继续以一维问题为例，将一维问题简化为一系列单元后，取其中的一个单元，如图 2.2 所示。则取出的单元具有两个节点，试函数可以利用节点的值进行构造。

表 2.1　常用的单元类型

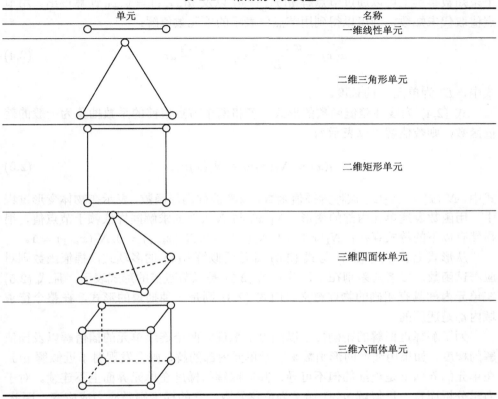

单元	名称
	一维线性单元
	二维三角形单元
	二维矩形单元
	三维四面体单元
	三维六面体单元

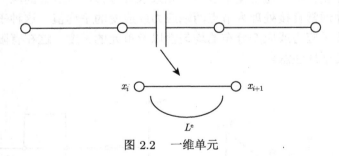

图 2.2　一维单元

对于单元 e，存在节点 $x = x_i$ 以及 $x = x_{i+1}$，如果我们在两个节点之间进行线性差值，则单元内部任意点的数值解为

$$u(x) = a_0 + a_1 x, \ x_i \leqslant x \leqslant x_{i+1} \tag{2.3}$$

线性差值函数依赖于两个节点的值，所以线性差值函数具有两个未知数。两

个未知数事实上可以通过节点解 $u(x_i) = u_i$ 以及 $u(x_{i+1}) = u_{i+1}$ 计算得出。用节点值取代未知数，则可以得到用节点值表示的单元数值解：

$$u(x) = \frac{x_{i+1} - x}{L^{e}}u_i + \frac{x - x_i}{L^{e}}u_{i+1} \tag{2.4}$$

式中，L^{e} 为单元 e 的长度。

　　式 (2.4) 为线性差值函数的形式，若将两个节点值前的系数抽象为一般的差值函数，则数值解可以表示为

$$u(x) = N_1(x)u_i + N_2(x)u_{i+1} \tag{2.5}$$

式中，$N_1(x)$ 与 $N_2(x)$ 被称为插值函数，或者被称为形函数，表示在物体变形过程中，用函数表述单元内部的变形。$N_1(x)$ 与 $N_2(x)$ 的求解同样依赖于节点值，很显然有以下的等式存在：$N_1(x_i) = 1, N_2(x_i) = 0, N_1(x_{i+1}) = 0, N_2(x_{i+1}) = 1$。

　　从形式上看，式 (2.3) 与式 (2.5) 都是近似解 $u(x)$ 的多项式，插值函数则对应着试函数。二者的差别在于，首先式 (2.5) 是以节点值的形式表示，且式 (2.5) 在单元内部具有明确的物理意义。而式 (2.3) 则是一种抽象的形式，在整个待求域内都是适用的。

　　为了解释近似解的精确性，以图 2.3 来说明两个连续单元的插值解以及插值解的梯度。如果用线性的形函数来表示单元内部的解，则会发现对于近似解 $u(x)$ 在单元的界面上是连续的但不可导，其近似解的梯度在单元界面上不连续。对于力学分析而言，近似解 $u(x)$ 通常为位移函数，它的梯度则是应力或应变。因此，在通用有限元软件中，通常使用线性单元来求解位移，节点处的应力或应变是不连续的，软件通常直接处理为节点两端应力或应变的平均值。这种平均值的准确性将强烈依赖于应力或应变分布的均匀性以及单元的长度，这在有限元软件的使用过程中需要格外注意。

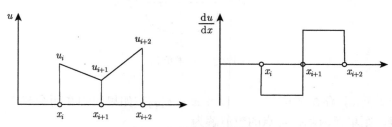

图 2.3　插值解及其梯度

2.2 一维有限元方法

插值函数可以用来求解有限单元的近似解，从而避免工程中复杂的微分方程的求解。为方便理解，本节将介绍一维有限元的问题。工程中许多问题都是一维问题，例如梁的变形、固体中的热传递，都可以描述为一维的微分方程。而给出边界条件的微分方程，被称为边界值问题。一个简单的一维边界值问题如下所示：

$$\frac{\mathrm{d}^2 u}{\mathrm{d}x^2} + p(x) = 0, \ 0 \leqslant x \leqslant 1$$

$$\left. \begin{array}{l} u(0) = 0 \\[2mm] \dfrac{\mathrm{d}u}{\mathrm{d}x}(1) = 0 \end{array} \right\} \text{边界条件} \tag{2.6}$$

式 (2.6) 描述了一个一维的杆受到了沿轴向的均布荷载作用。边界条件中的函数值，在力学分析中一般为位移条件，被称为基础边界条件，边界条件中的微分值，在力学中一般为根据工程问题可以推导出的应力边界条件，被称为自然边界条件。

依据有限元的虚功原理，给予待求域一个假定的位移 $\bar{u}$，则有

$$\int_0^1 \left(\frac{\mathrm{d}^2 u}{\mathrm{d}x^2} + p \right) \bar{u} \mathrm{d}x = 0 \tag{2.7}$$

由于函数 $p(x)$ 是已知的，可以将 $p(x)$ 移至等式 (2.6) 右侧，并将等式左侧降阶：

$$\frac{\mathrm{d}u}{\mathrm{d}x} \bar{u} \big|_0^1 - \int_0^1 \frac{\mathrm{d}u}{\mathrm{d}x} \frac{\mathrm{d}\bar{u}}{\mathrm{d}x} \mathrm{d}x = - \int_0^1 p \bar{u} \mathrm{d}x \tag{2.8}$$

式中，右侧为已知值，左侧需要满足边界条件：$\bar{u}(0) = 0$ 以及 $\dfrac{\mathrm{d}u(1)}{\mathrm{d}x} = 0$。将式 (2.8) 应用至单元内部，可以得到任意单元 e 的近似值为

$$u^{\mathrm{e}}(x) = u_i N_1(x) + u_{i+1} N_2(x) = \boldsymbol{N}^{\mathrm{e}} \boldsymbol{d}^{\mathrm{e}} \tag{2.9}$$

式中，$\boldsymbol{N}^{\mathrm{e}} = [N_1, N_2]$，$\boldsymbol{d}^{\mathrm{e}} = [u_i, u_{i+1}]^{\mathrm{T}}$，为形函数与位移的向量形式。

将其代入式 (2.8)，有

$$\frac{\mathrm{d}u^{\mathrm{e}}}{\mathrm{d}x} = u_i \frac{\mathrm{d}N_1}{\mathrm{d}x} + u_{i+1} \frac{\mathrm{d}N_2}{\mathrm{d}x} \tag{2.10}$$

将式 (2.10) 写为矩阵的形式，即

$$\frac{\mathrm{d}u^{\mathrm{e}}}{\mathrm{d}x} = \begin{bmatrix} \dfrac{\mathrm{d}N_1}{\mathrm{d}x} & \dfrac{\mathrm{d}N_2}{\mathrm{d}x} \end{bmatrix} \begin{bmatrix} u_i \\ u_{i+1} \end{bmatrix} = \begin{bmatrix} -\dfrac{1}{L^{\mathrm{e}}} & \dfrac{1}{L^{\mathrm{e}}} \end{bmatrix} \begin{bmatrix} u_i \\ u_{i+1} \end{bmatrix} = \boldsymbol{B}^{\mathrm{e}}\boldsymbol{d}^{\mathrm{e}} \tag{2.11}$$

式中，L^{e} 为单元长度。

对于虚位移，其满足式 (2.9) 的形式，因此有

$$\bar{u}^{\mathrm{e}}(x) = \boldsymbol{N}^{\mathrm{e}}\bar{\boldsymbol{d}}^{\mathrm{e}} \tag{2.12}$$

式中，$\bar{\boldsymbol{d}}^{\mathrm{e}}$ 为虚位移向量。

将式 (2.11)、式 (2.12) 代入式 (2.8)，有

$$\left(\bar{\boldsymbol{d}}^{\mathrm{e}}\right)^{\mathrm{T}} \left[\int_{x_i}^{x_j} \left(\boldsymbol{B}^{\mathrm{e}}\right)^{\mathrm{T}} \boldsymbol{B}^{\mathrm{e}}\mathrm{d}x \right] \bar{\boldsymbol{d}}^{\mathrm{e}} = \left(\bar{\boldsymbol{d}}^{\mathrm{e}}\right)^{\mathrm{T}} \int_{x_i}^{x_j} \left(\boldsymbol{N}^{\mathrm{e}}\right)^{\mathrm{T}} p(x)\mathrm{d}x + \left(\bar{\boldsymbol{d}}^{\mathrm{e}}\right)^{\mathrm{T}} \begin{bmatrix} -\dfrac{\mathrm{d}u}{\mathrm{d}x}(x_i) \\[2mm] -\dfrac{\mathrm{d}u}{\mathrm{d}x}(x_{i+1}) \end{bmatrix} \tag{2.13}$$

由于式 (2.13) 需要满足任意虚位移 $\bar{\boldsymbol{d}}^{\mathrm{e}}$，则有

$$\left[\int_{x_i}^{x_j} \left(\boldsymbol{B}^{\mathrm{e}}\right)^{\mathrm{T}} \boldsymbol{B}^{\mathrm{e}}\mathrm{d}x \right] \bar{\boldsymbol{d}}^{\mathrm{e}} = \int_{x_i}^{x_j} \left(\boldsymbol{N}^{\mathrm{e}}\right)^{\mathrm{T}} p(x)\mathrm{d}x + \begin{bmatrix} -\dfrac{\mathrm{d}u}{\mathrm{d}x}(x_i) \\[2mm] -\dfrac{\mathrm{d}u}{\mathrm{d}x}(x_{i+1}) \end{bmatrix} \tag{2.14}$$

将其写为向量的形式：

$$[\boldsymbol{k}^{\mathrm{e}}]\,[\bar{\boldsymbol{d}}^{\mathrm{e}}] = [\boldsymbol{F}^{\mathrm{e}}] + \begin{bmatrix} -\dfrac{\mathrm{d}u}{\mathrm{d}x}(x_i) \\[2mm] -\dfrac{\mathrm{d}u}{\mathrm{d}x}(x_{i+1}) \end{bmatrix} \tag{2.15}$$

式中，系数矩阵 $[\boldsymbol{k}^{\mathrm{e}}]$ 与向量 $[\boldsymbol{F}^{\mathrm{e}}]$ 定义为

$$[\boldsymbol{k}^{\mathrm{e}}] = \int_{x_i}^{x_j} \left(\boldsymbol{B}^{\mathrm{e}}\right)^{\mathrm{T}} \boldsymbol{B}^{\mathrm{e}}\mathrm{d}x = \frac{1}{L^{\mathrm{e}}} \begin{bmatrix} 1 & -1 \\ -1 & 1 \end{bmatrix}, \quad [\boldsymbol{F}^{\mathrm{e}}] = \int_{x_i}^{x_j} \left(\boldsymbol{N}^{\mathrm{e}}\right)^{\mathrm{T}} p(x)\mathrm{d}x$$

在力学分析中，系数矩阵 $[\boldsymbol{k}^{\mathrm{e}}]$ 被称为单元刚度矩阵，向量 $[\boldsymbol{F}^{\mathrm{e}}]$ 被称为单元体力。式 (2.15) 中，右侧的节点处的导数 $\dfrac{\mathrm{d}u}{\mathrm{d}x}(x_i)$ 与 $\dfrac{\mathrm{d}u}{\mathrm{d}x}(x_{i+1})$ 一般是未知的，但

是连续的单元的共用节点值是可以相加的，对于单元 e 与单元 e+1，有

$$
\begin{bmatrix} k_{11} & k_{12} \\ k_{21} & k_{22} \end{bmatrix}^{\mathrm{e}} \left\{ \begin{array}{c} u_1 \\ u_2 \end{array} \right\} = \left\{ \begin{array}{c} f_1 \\ f_2 \end{array} \right\}^{\mathrm{e}} + \left\{ \begin{array}{c} \dfrac{\mathrm{d}u}{\mathrm{d}x}(x_1) \\[2mm] \dfrac{\mathrm{d}u}{\mathrm{d}x}(x_2) \end{array} \right\} \tag{2.16}
$$

以及

$$
\begin{bmatrix} k_{11} & k_{12} \\ k_{21} & k_{22} \end{bmatrix}^{\mathrm{e+1}} \left\{ \begin{array}{c} u_1 \\ u_2 \end{array} \right\} = \left\{ \begin{array}{c} f_1 \\ f_2 \end{array} \right\}^{\mathrm{e+1}} + \left\{ \begin{array}{c} -\dfrac{\mathrm{d}u}{\mathrm{d}x}(x_2) \\[2mm] \dfrac{\mathrm{d}u}{\mathrm{d}x}(x_3) \end{array} \right\} \tag{2.17}
$$

将式 (2.16) 与式 (2.17) 合并，则可以得到

$$
\begin{bmatrix} k_{11}^{\mathrm{e}} & k_{12}^{\mathrm{e}} & \\ k_{21}^{\mathrm{e}} & k_{22}^{\mathrm{e}} + k_{11}^{\mathrm{e+1}} & k_{12}^{\mathrm{e+1}} \\ & k_{21}^{\mathrm{e+1}} & k_{22}^{\mathrm{e+1}} \end{bmatrix} \left\{ \begin{array}{c} u_1 \\ u_2 \\ u_3 \end{array} \right\} = \left\{ \begin{array}{c} f_1^{\mathrm{e}} \\ f_2^{\mathrm{e}} + f_1^{\mathrm{e+1}} \\ f_2^{\mathrm{e+1}} \end{array} \right\} + \left\{ \begin{array}{c} -\dfrac{\mathrm{d}u}{\mathrm{d}x}(x_1) \\[2mm] 0 \\[2mm] \dfrac{\mathrm{d}u}{\mathrm{d}x}(x_3) \end{array} \right\} \tag{2.18}
$$

事实上，将所有单元在共用节点处相加，可以得出类似式 (2.18) 的整体矩阵，将其写成张量的形式为

$$
\boldsymbol{K}\bar{\boldsymbol{d}} = \boldsymbol{F} \tag{2.19}
$$

式中，$\boldsymbol{K}$ 为整体刚度矩阵。依据材料性质，一般可以直接得出。

依据式 (2.19)，结合边界所给定的条件，则可以求出整个待求域所有的位移值。

2.3　三维有限元方法

1. 等参映射

有众多的单元类型以及插值方式可以用来进行 3D 的有限元计算。考虑到沥青路面往往是层状结构，在这里仅就最常用的 8 节点六面体单元进行介绍。

如图 2.4 所示，是一个三维的 8 节点等参数单元。单元由 8 个节点组成，每个节点拥有 3 个自由度。实际的物理单元的节点顺序可以是任意的，但必须保证节点编号在整个待求域所有的单元中都保持相同的顺序，图 2.4 给出了一种排列顺序。由于每个单元的形状都有可能不同，这使得有限元方法处理的过程中不能每个单元单独建立一个插值函数。取而代之的是，将每一个物理的单元映射为一个参考单元。在整个待求域内，参考单元是固定的。如图 2.4 所示，物理单元可能是

不同的, 所参照的坐标系为 (x_1, x_2, x_3), 而参照单元则一直保持坐标系为 (ξ, η, ζ), 且各节点的坐标始终保持相同。

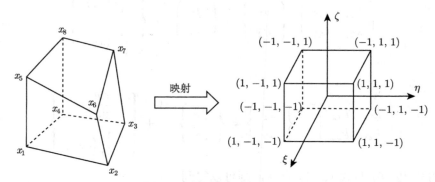

图 2.4   物理单元与参考单元

这样, 我们通过等参映射, 将物理单元映射为参考单元。使得每个单元的映射不同, 但却保持了相同的插值函数。令参考单元的节点位移为 $\boldsymbol{u}_I = (u_{I1}, u_{I2}, u_{I3})$, 相应的坐标系为参考单元的坐标系, 为 $\boldsymbol{\xi}_I = [\xi_I, \eta_I, \zeta_I]$, 其中 $I = 1, 2, 3, \cdots, 8$。则节点坐标与节点位移可以分别表示为

$$\boldsymbol{x}(\boldsymbol{\xi}) = \sum_{I=1}^{8} N_I(\boldsymbol{\xi}) \boldsymbol{x}_I \tag{2.20}$$

$$\boldsymbol{u}(\boldsymbol{\xi}) = \sum_{I=1}^{8} N_I(\boldsymbol{\xi}) \boldsymbol{u}_I \tag{2.21}$$

式中, $\boldsymbol{x}_I$ 为节点坐标; $N_I(\boldsymbol{\xi})$ 为形函数, 被定义为

$$N_I(\boldsymbol{\xi}) = \frac{1}{8}(1 + \xi\xi_I)(1 + \eta\eta_I)(1 + \zeta\zeta_I) \tag{2.22}$$

式中, (ξ_I, η_I, ζ_I) 为节点坐标值, 在参考单元中为 ± 1。

2. 雅可比矩阵

等参映射在所有的单元中使用同一个参考单元, 使得在构建形函数的时候非常方便。但是, 等参映射也同样存在弊端。由于应力、应变等常常需要在计算结果以及边界条件中体现, 但是应力、应变作为位移的微分却是基于物理的坐标系进行微分的。由于在有限元中, 位移以形函数的形式得到近似解, 这个解需要在物理坐标系进行微分, 而形函数是定义在参考坐标系中的, 因此等参映射在求解

位移微分的时候相对较为困难，需要再次对物理坐标系进行映射。为解决这个问题，则需要进一步使用雅可比矩阵进行映射。

从物理单元到参考单元被定义为使用一个映射关系，而雅可比矩阵映射可以从式 (2.20) 的微分中得出：

$$J_{3\times3} = \frac{\partial \boldsymbol{x}}{\partial \boldsymbol{\xi}} = \sum_{I=1}^{8} \boldsymbol{x}_I \frac{\partial N_I(\boldsymbol{\xi})}{\partial \boldsymbol{\xi}} \qquad (2.23)$$

其中的偏微分利用形函数来联系物理坐标系与参考坐标系。此外，由于 $\xi = \xi(x_1, x_2, x_3)$，$\eta = \eta(x_1, x_2, x_3)$，$\zeta = \zeta(x_1, x_2, x_3)$，则形函数的偏导数为

$$\frac{\partial N_I}{\partial \xi} = \frac{\partial N_I}{\partial x_1}\frac{\partial x_1}{\partial \xi} + \frac{\partial N_I}{\partial x_2}\frac{\partial x_2}{\partial \xi} + \frac{\partial N_I}{\partial x_3}\frac{\partial x_3}{\partial \xi}$$

$$\frac{\partial N_I}{\partial \eta} = \frac{\partial N_I}{\partial x_1}\frac{\partial x_1}{\partial \eta} + \frac{\partial N_I}{\partial x_2}\frac{\partial x_2}{\partial \eta} + \frac{\partial N_I}{\partial x_3}\frac{\partial x_3}{\partial \eta}$$

$$\frac{\partial N_I}{\partial \zeta} = \frac{\partial N_I}{\partial x_1}\frac{\partial x_1}{\partial \zeta} + \frac{\partial N_I}{\partial x_2}\frac{\partial x_2}{\partial \zeta} + \frac{\partial N_I}{\partial x_3}\frac{\partial x_3}{\partial \zeta}$$

用矩阵的形式表示，则有

$$\left\{ \begin{array}{ccc} \dfrac{\partial N_I}{\partial \xi} & \dfrac{\partial N_I}{\partial \eta} & \dfrac{\partial N_I}{\partial \zeta} \end{array} \right\} = \left\{ \begin{array}{ccc} \dfrac{\partial N_I}{\partial x_1} & \dfrac{\partial N_I}{\partial x_2} & \dfrac{\partial N_I}{\partial x_3} \end{array} \right\} \left[\begin{array}{ccc} \dfrac{\partial x_1}{\partial \xi} & \dfrac{\partial x_1}{\partial \eta} & \dfrac{\partial x_1}{\partial \zeta} \\[2mm] \dfrac{\partial x_2}{\partial \xi} & \dfrac{\partial x_2}{\partial \eta} & \dfrac{\partial x_2}{\partial \zeta} \\[2mm] \dfrac{\partial x_3}{\partial \xi} & \dfrac{\partial x_3}{\partial \eta} & \dfrac{\partial x_3}{\partial \zeta} \end{array} \right]$$

或

$$\frac{\partial N_I}{\partial \boldsymbol{\xi}} = \frac{\partial N_I}{\partial \boldsymbol{x}} \boldsymbol{J} \qquad (2.24)$$

通过对式 (2.24) 进行矩阵运算，则可以得到形函数在物理坐标系下的偏微分：

$$\frac{\partial N_I}{\partial \boldsymbol{x}} = \frac{\partial N_I}{\partial \boldsymbol{\xi}} \boldsymbol{J}^{-1} \qquad (2.25)$$

由式 (2.25) 可知，通过该式计算形函数的偏微分，需要保证雅可比矩阵可逆，即雅可比矩阵的行列式为正。事实上，雅可比矩阵在确定这种映射的有效性，以及确定划分单元的质量上具有重要意义。当雅可比矩阵为负时，一般代表映射存在错误或者单元划分存在错误。

3. 位移与应变的关系

通过形函数将偏微分离散化，可以得到应变向量为

$$\varepsilon(\boldsymbol{u}) = \sum_{I=1}^{8} \boldsymbol{B}_I \boldsymbol{u}_I \tag{2.26}$$

式中，$\boldsymbol{B}_I$ 为离散的位移-应变矩阵，为

$$\boldsymbol{B}_I = \begin{bmatrix} N_{I,1} & & \\ & N_{I,2} & \\ & & N_{I,3} \\ N_{I,2} & N_{I,1} & \\ & N_{I,3} & N_{I,2} \\ N_{I,3} & & N_{I,1} \end{bmatrix}$$

式中，$N_{I,1}$ 表示离散的形函数的偏导数，如式 (2.25) 所示。此时，可以通过这种节点位移来得到应变的近似解。

4. 单元刚度矩阵与单元体力

如上所示，所有的变量通过等参映射与雅可比矩阵，将物理单元映射为参考单元。此时，对于整个单元 e 的积分，可以转化为对于参考单元的积分，即

$$\iiint_{\Omega^e} \mathrm{d}\Omega^e = \int_{-1}^{1} \int_{-1}^{1} \int_{-1}^{1} |\boldsymbol{J}| \cdot \mathrm{d}\xi \mathrm{d}\eta \mathrm{d}\zeta \tag{2.27}$$

因此，利用节点位移与形函数，单元内虚位移产生的虚应变能可以表示为

$$a(\boldsymbol{u}, \bar{\boldsymbol{u}}) = \sum_{I=1}^{8} \sum_{J=1}^{8} \bar{\boldsymbol{u}}_I^{\mathrm{T}} \left[\int_{-1}^{1} \int_{-1}^{1} \int_{-1}^{1} \boldsymbol{B}_I^{\mathrm{T}} \boldsymbol{D} \boldsymbol{B}_J |\boldsymbol{J}| \cdot \mathrm{d}\xi \mathrm{d}\eta \mathrm{d}\zeta \right] \boldsymbol{u}_J = \bar{\boldsymbol{d}} \boldsymbol{k} \boldsymbol{d} \tag{2.28}$$

式中，$\boldsymbol{d}$ 为 8 个节点 3 个自由度的位移向量，$\boldsymbol{d} = [u_{11}, u_{12}, \cdots, u_{82}, u_{83}]^{\mathrm{T}}$；$\bar{\boldsymbol{d}}$ 是相应的虚位移向量；$\boldsymbol{k}$ 是单元刚度矩阵。

类似地，可以依据形函数获得虚功：

$$l(\bar{\boldsymbol{u}}) = \sum_{I=1}^{8} \bar{\boldsymbol{u}}_I^{\mathrm{T}} \left[\int_{-1}^{1} \int_{-1}^{1} \int_{-1}^{1} N_I(\xi) \boldsymbol{f}^b |\boldsymbol{J}| \cdot \mathrm{d}\xi \mathrm{d}\eta \mathrm{d}\zeta \right] = \{\bar{\boldsymbol{d}}\} \{\boldsymbol{f}\} \tag{2.29}$$

基于式 (2.28) 与式 (2.29)，离散化的变分公式可以表示为

$$\{\bar{\boldsymbol{d}}\} [\boldsymbol{k}] \{\boldsymbol{d}\} = \{\bar{\boldsymbol{d}}\} \{\boldsymbol{f}\} \tag{2.30}$$

5. 数值积分

如式 (2.28) 与式 (2.29) 所示，有限元变分公式需要在待求域以及边界上进行积分计算，但是积分的解析解仅在一维有限元中是容易得到的。此外，在数值计算过程中，大多数编程语言对于数值积分的求解效率要远高于解析解，因此可以对上式中的积分进行数值计算。在数值积分中，相同阶数的多项式函数，高斯积分由于在相同阶数下具有最高的数值精度而在有限元中被广泛应用。下面将对高斯积分公式在有限元中的应用进行介绍。

定义在 $[-1,1]$ 上的一维函数 $f(\xi)$，其高斯数值积分的形式为

$$\int_{-1}^{1} f(\xi)\mathrm{d}\xi \approx \sum_{i=1}^{\mathrm{NG}} \omega_i f(\xi_i) \tag{2.31}$$

式中，NG 是积分点的数量；ξ_i 为积分点；ω_i 为积分点的权重。积分点的数量决定了函数的数值积分精度，其代数精度为 $2\mathrm{NG}-1$。高斯积分的积分点与积分权重如表 2.2 所示。

表 2.2　高斯积分点与积分权重

NG	ξ_i	ω_i
1	0.0	2.0
2	±0.577	1.0
3	0, ±0.577	0.889, 0.556
4	0.340, ±0.861	0.652, 0.348
5	0, ±0.583, ±0.906	0.569, 0.479, 0.237

与一维类似，可以写出二维与三维的高斯积分准则：

$$\int_{-1}^{1} \int_{-1}^{1} f(\xi,\eta)\mathrm{d}\xi\mathrm{d}\eta \approx \sum_{i=1}^{\mathrm{NG}} \sum_{j=1}^{\mathrm{NG}} \omega_i \omega_j f(\xi_i,\eta_j) \tag{2.32}$$

$$\int_{-1}^{1} \int_{-1}^{1} \int_{-1}^{1} f(\xi,\eta,\zeta)\mathrm{d}\xi\mathrm{d}\eta\mathrm{d}\zeta \approx \sum_{i=1}^{\mathrm{NG}} \sum_{j=1}^{\mathrm{NG}} \sum_{k=1}^{\mathrm{NG}} \omega_i \omega_j \omega_k f(\xi_i,\eta_j,\zeta_k) \tag{2.33}$$

利用式 (2.33)，将其代入式 (2.30)，并使用式 (2.18) 的方式将单元刚度矩阵结成整体刚度矩阵，便可以通过体力与边界条件求得节点位移，从而获得整个待求域上的力学近似解。

2.4　有限元软件 ABAQUS 简介

在力学分析方面，应用较为广泛的通用有限元软件主要包括 ANSYS、ABAQUS、COMSOL。其中 ANSYS 的通用性能较好，适合进行一些常规的力学

分析；ABAQUS 则具有最为丰富的接口，尤其是对非线性材料、边界条件等问题都能够通过接口进行完全的自定义；而 COMSOL 则是脱胎于 MATLAB，在多物理场的耦合分析方面具有优势。

对于道路工程的典型问题，除交通荷载外，几乎不涉及复杂的边界条件问题，而道路的内生问题，即沥青混合料以及其他道路材料的复杂本构是需要解决的核心问题。ABAQUS 在处理这种需要自定义的材料本构方面具有显著的优势。

ABAQUS 的主界面包含 Part、Property、Assembly、Step、Interaction、Load、Mesh、Optimization、Job、Visualization、Sketch 模块。

Part 模块与 Sketch 模块为初始的建模模块，其中 Sketch 模块可以使用 CAD 等专业的绘图软件进行导入，而 Part 模块基于 Sketch，创建出 2D、3D、轴对称等一系列基础分析方法所需的模型构建。

Property 模块为材料的定义模块，可以依据 ABAQUS 自带的众多的材料属性库定义弹性、黏弹性、超弹性以及损伤等一系列材料属性，也可采用自定义材料的接口，通过编写子程序编写特定的材料属性。

Assembly 模块是在 Part 模块建模基础上进一步对模型的位置进行组装，可以通过多个 Part 的组合，来建立最终的分析模型。

Step 模块用于确定待解决问题的基础类型。ABAQUS 将其分为动态分析、准静态分析、黏性分析、热传递分析、热力耦合分析等，除此之外，在分析步中可以定义时间依赖性问题中的时间离散条件以及几何非线性条件等。

Interaction 模块定义模型间的相互作用，包含 Part 之间的接触以及整个模型与环境之间的相互作用，例如热辐射等。

Load 模块为荷载定义模块，包含边界的面荷载、单元体荷载、边界的位移条件、预定义场等一系列荷载类型。

Mesh 模块为网格划分模块，根据待解决问题以及模型的特征，进行网格划分。Optimization 模块则是针对一些特定的问题对网格进行优化。

Job 模块用于创建分析过程，包含对于附带子程序的添加以及针对所使用的计算机选择内存与 CPU 等计算效率问题。

Visualization 模块为后处理模块，用于对计算结果的可视化显示。

参 考 文 献

[1] 曾攀. 有限元分析及应用 [M]. 北京：清华大学出版社, 2004.
[2] 王勖成. 有限单元法 [M]. 北京：清华大学出版社, 2003.
[3] CAE 应用联盟, 张建伟, 等. ABAQUS 6.12 有限元分析从入门到精通 [M]. 北京：机械工业出版社, 2014.
[4] Kim N H. Introduction to Nonlinear Finite Element Analysis[M]. New York: Springer Science & Business Media, 2014.

[5] Zienkiewicz O C, Taylor R L. The Finite Element Method for Solid and Structural Mechanics[M]. 7th ed. Oxford: Butterworth-Heinemann, 2013.

[6] Strang G. Linear Algebra and Its Applications[M]. 3rd ed. Delhi: Pearson Education India, 2003.

[7] Kreyszig E. Advanced Engineering Mathematics[M]. 10th ed. New Jersey: Wiley, 2020.

第 3 章 沥青混合料本构模型的有限元实现

相较于典型固体与流体，沥青混合料由于具有典型的黏弹-黏塑性质，加之长期服役过程中材料的疲劳损伤发展，使得使用 ABAQUS 自带的典型材料模型难以准确描述沥青混合料的力学状态。本章主要介绍 ABAQUS 用户材料子程序 (UMAT) 的接口以及 ABAQUS 主程序与 UMAT 协同工作过程，重点阐述用户子程序的编写方法。本章将介绍沥青混合料黏弹-黏塑性本构模型以及黏弹-损伤本构模型的两个 UMAT 编写案例。读者可依据该案例的编写思路与编写方法，基于自身对于材料本构模型的理解与研究进行进一步修改。

3.1 用户子程序接口和应用程序

虽然 ABAQUS 为用户提供了大量的单元库和材料模型 (如金属、橡胶、塑料、混凝土、岩土等)，使用户能够利用这些模型处理绝大多数的问题，但道路工程 (包含部分岩土工程) 中常见材料模型，并没有包含在 ABAQUS 软件中。为了弥补这一不足，ABAQUS 提供了大量的用户子程序 (user subroutines) 和应用程序 (utilities)，用户可以自行定义符合特定问题的模型。

3.1.1 用户材料子程序 (UMAT)

用户材料子程序 UMAT(user-defined material mechanical behavior) 是 ABAQUS 提供给用户进行材料本构模型二次开发的一个子程序接口，可以定义用户所需要的各类材料本构模型，大大增强了 ABAQUS 的应用面和灵活性。

用户子程序 UMAT 具有如下特点：

(1) 用来定义材料的本构关系；

(2) 当材料的定义包含用户自定义材料模型时，每一个计算单元的材料积分点都可以调用 UMAT；

(3) 可以用于力学行为分析的任何分析过程；

(4) 可以使用状态变量；

(5) 对于力学本构关系，必须在 UMAT 中提供材料本构模型的雅可比矩阵 (Jacobian matrix，即应力增量对应变增量的变化率 $\partial \Delta \sigma / \partial \Delta \varepsilon$，$\Delta \sigma$ 是应力增量，$\Delta \varepsilon$ 是应变增量)；

(6) 可以和用户子程序 USDFLD 联合使用，通过 USDFLD 重新定义任何常变量值并传递到 UMAT。

UMAT 子程序的核心内容就是给出定义材料本构模型的雅可比矩阵，并更新应力提供给 ABAQUS 主程序。例如，已知第 n 步的结果 σ_n 及 ε_n 等，然后 ABAQUS 主程序给出一个应变增量 $d\varepsilon_{n+1}$，UMAT 根据提供的雅可比矩阵 DDSDDE 计算出新的应力 σ_{n+1}。

UMAT 子程序采用 Fortran 语言编写，从主程序获取数据，计算单元的材料积分点的雅可比矩阵，并更新应力张量和状态变量，UMAT 的接口格式如下：

```fortran
SUBROUTINE UMAT(STRESS,STATEV,DDSDDE,SSE,SPD,SCD,
1 RPL,DDSDDT,DRPLDE,DRPLDT,
2 STRAN,DSTRAN,TIME,DTIME,TEMP,DTEMP,PREDEF,DPRED,CMNAME,
3 NDI,NSHR,NTENS,NSTATV,PROPS,NPROPS,COORDS,DROT,PNEWDT,
4 CELENT,DFGRD0,DFGRD1,NOEL,NPT,LAYER,KSPT,JSTEP,KINC)

 INCLUDE 'ABA_PARAM.INC'

 CHARACTER*80 CMNAME

 DOUBLE PRECISION STRESS,STATEV,DDSDDE,STRAN,DTIME
 DIMENSION STRESS(NTENS),STATEV(NSTATV),DDSDDE(NTENS,NTENS),
1 DDSDDT(NTENS),DRPLDE(NTENS),STRAN(NTENS),DSTRAN(NTENS),
2 TIME(2),PREDEF(1),DPRED(1),PROPS(NPROPS),COORDS(3),DROT(3,3),
3 DFGRD0(3,3),DFGRD1(3,3),JSTEP(4)

    User coding to define DDSDDE,STRESS,STATEV,SSE,SPD,SCD
    and ,if necessary, RPL,DDSDDT,DRPLDE,DRPLDT,PNEWDT

 RETURN
 END
```

UMAT 子程序主要变量说明：

DDSDDE(NTENS, NTENS)

一个 NTENS×NTENS 维的方阵，称为本构关系的雅可比矩阵，DDSDDE (I, J) 表示增量步结束时第 J 个应变分量的改变引起的第 I 个应力分量的变化。通常雅可比矩阵是一个对称矩阵。

STRESS(NTENS)

应力张量数组，对应 NDI 个直接分量和 NSHR 个剪切分量。增量步开始时，该数组从 ABAQUS 主程序获取数据 σ_n 并作为已知量传入 UMAT；增量步结束时，在子程序中更新应力张量为 σ_{n+1}。如果定义了初始应力，那么分析开始时该应力张量的数值即为初始应力。对于包含刚体转动的有限应变问题，一个增量步调用 UMAT 之前就已经对应力张量进行了刚体转动，因此在 UMAT 中只需处理应力张量的共旋部分。UMAT 中应力张量的度量为柯西 (真实) 应力。

STATEV(NSTATV)

状态变量数组，用于存储状态变量的数组，其数值在增量步开始时从主程序传递到 UMAT，也可以在 USDFLD 或 UEXPAN 中先更新数据，然后增量步开始时将更新的数据传递到 UMAT 子程序中。在增量步结束时，必须更新 STATEV 中的数据返回给主程序。状态变量数组的维数通过 ABAQUS 输入文件中的关键词 "*DEPVAR" 定义，关键词下面数据行的数值即为状态变量数组的维数。状态变量数组可用来保存用户自己定义的一些变量，如累积塑性应变、黏弹性应变等。

STRAN(NTENS)

总应变数组，存储增量步开始时的总应变 ε_n，由 ABAQUS 主程序自动更新。

DSTRAN(NTENS)

总应变增量 $\mathrm{d}\varepsilon_{n+1}$。

PROPS(NPROPS)

材料常数矩阵，用来保存用户自定义材料参数，即用户自定义材料本构关系的模型参数。材料常数的个数 NPROPS 等于关键词 "*USER MATERIAL" 中的 "CONSTANTS" 参数设定的值，矩阵中元素的数值对应关键词 "*USER MATERIAL" 下面的数据行。

SSE, SPD, SCD

分别定义每一增量步的弹性应变能、塑性耗散和蠕变耗散。它们对计算结果没有影响，仅仅作为能量输出。

DTIME

时间增量 $\mathrm{d}t$。

NDI

法向应力、应变个数，三维问题、轴对称问题是 3(11,22,33)，平面问题是 2(11,22)。

NSHR

剪切应力、应变个数，三维问题是 3(12,13,23)，轴对称问题是 1(12)。

NTENS

应力和应变分量数组的大小 (NTENS=NDI+NSHR)。

DROT

对有限应变 (finite strain) 问题，应变应该排除旋转部分，该矩阵提供了旋转矩阵。

PNEWDT

可用来控制时间步的变化。如果设置为小于 1 的数，则程序放弃当前计算，并用 DTIME×PNEWDT 作为新的时间增量计算；对时间相关的材料如聚合物等有用；如果设为大于 1 的数，则下一个增量步加大，DTIME 为 DTIME×PNEWDT。

JSTEP,KINC

ABAQUS 传到 UMAT 的当前分析步和增量步数值。

TIME(1),TIME(2)

当前分析步时间 (STEP TIME) 和增量步时间 (INCREMENT TIME) 值。

3.1.2 应用程序

ABAQUS 提供了一些实用的应用程序 (utility routines)，供用户在开发用户子程序 UMAT 时调用，这些程序包括应力不变量的计算、主应力的计算等。

SINV：用于计算应力不变量

CALL SINV(STRESS,SINV1,SINV2,NDI,NSHR)

STRESS：应力张量；

NDI：法向应力分量的个数；

NSHR：剪切应力分量的个数；

SINV1：第一应力不变量，$\text{SINV1} = \dfrac{1}{3}\text{tr}\sigma$，其中 σ 为应力张量；

SINV2：第二应力不变量，$\text{SINV2} = \sqrt{\dfrac{3}{2}S:S}$，其中 S 为偏应力张量，$S = \sigma - \dfrac{1}{3}\text{tr}\sigma I$；

SPRINC：用于计算主应力值

CALL SPRINC (S,PS,LSTR,NDI,NSHR)

S：应力或应变张量；

PS(I)，I=1,2,3：三个主应力值；

LSTR：标识，LSTR=1 表示 S 为应力张量，LSTR=2 表示 S 为应变张量。

SPRIND：用于计算主应力值和主应力方向

CALL SPRIND (S,PS,AN,LSTR,NDI,NSHR)

AN(K1,I)，I=1,2,3：PS(K1) 法向应力的方向余弦。

3.1.3 ABAQUS 主程序与 UMAT 子程序协同工作过程

ABAQUS 主程序与 UMAT 子程序之间是一个动态交互传递数据、协同工作的过程。UMAT 子程序作为 ABAQUS 主程序的一个接口，在单元的积分点上调用，增量步开始时，主程序通过 UMAT 的接口进入 UMAT 子程序，单元当前积分点必要变量的初始值将随之传递给 UMAT 子程序的相应变量，UMAT 子程序计算单元材料积分点的雅可比矩阵，并更新应力张量和状态变量，最后将这些变量的更新值通过接口返回主程序。

ABAQUS 主程序与 UMAT 子程序的交互计算过程如下：从第 t_n 时刻开始，ABAQUS 在 Δt 时间增量内生成一个由外荷载导致的应变增量 $\Delta\varepsilon$，UMAT 子程序通过给定的本构方程为主程序提供新的柯西应力张量 $\sigma(t_n + \Delta t)$。如果计算的应力-应变结果收敛，那么 ABAQUS 主程序继续计算第 t_{n+1} 步，并根据上一步的收敛情况来选取下一步增量步长。雅可比矩阵即 DDSDDE 的精度影响程序的收敛速度，但是并不影响计算结果的准确性。

3.2　黏弹-黏塑性本构模型的 UMAT 编写

3.2.1　黏弹-黏塑性本构模型理论

在处理沥青混合料永久变形问题上，黏弹性力学模型尽管能够分析并描述沥青混合料一维蠕变等永久变形试验现象，但在实际的沥青路面永久变形发展中，具有难以避免的问题。首先，依据黏弹性模型推导出的永久变形模型不存在屈服极限的概念，无论施加多小的荷载都会产生永久变形的发展。其次，由于静水压力产生体积变形，偏应力产生形状变形 (畸变)，而沥青混合料在高温下泊松比接近0.5，可以视为不可压缩材料。这使得沥青混合料的永久变形中静水压力的成分很小，而应当主要与偏应力相关。黏弹性模型中与应力张量直接相关的模型显然具有局限性。

沥青混合料在本节中被定义为黏弹-黏塑性材料，其中 "黏" 指时间依赖性，"弹" 指可恢复的变形，"塑" 指不可恢复的永久变形。则黏弹、弹塑、黏塑的概念分别定义为以下的行为：

(1) 黏弹性：指材料的变形具有时间依赖性，且变形可以恢复。应变与应力张量对应，但应变与应力关系同时受到作用时间的影响。

(2) 弹塑性：指材料的变形与时间无关的稳态变形，其中弹性应变与应力相关，塑性应变与偏应力相关。

(3) 黏塑性：指材料的变形具有时间依赖性，且变形不可恢复。塑性应变主要与偏应力张量相关，与应力张量并非对应关系。

依据黏弹-黏塑性力学理论，将沥青混合料的力学行为拆分为两个部分：用黏弹性部分描述沥青混合料的可恢复变形部分，用黏塑性部分描述沥青混合料的永久变形部分 [1,2]：

$$\varepsilon_{ij} = \varepsilon_{ij}^{\text{ve}} + \varepsilon_{ij}^{\text{vp}} \tag{3.1}$$

式中，ε_{ij} 为沥青混合料的总应变；$\varepsilon_{ij}^{\mathrm{ve}}$ 为沥青混合料的黏弹性应变；$\varepsilon_{ij}^{\mathrm{vp}}$ 为沥青混合料的黏塑性应变。

1. 线弹性模型

对于线弹性材料，应力张量可以拆分为体积应力张量与偏应力张量叠加的形式：

$$\sigma_{ij} = \frac{1}{3}\sigma_{kk}\delta_{ij} + S_{ij} = \frac{1}{3} \cdot 3K \cdot \varepsilon_{kk}\delta_{ij} + 2G \cdot e_{ij} \tag{3.2}$$

式中，σ_{kk}、S_{ij} 分别为体应力张量与偏应力张量；ε_{kk}、e_{ij} 分别为体应变张量与偏应变张量；δ_{ij} 为克罗内克符号；K 与 G 分别为体积模量与剪切模量。

对于黏弹性材料，可以建立类似的体应力与偏应力的叠加形式 [3]：

$$\sigma_{ij}(t) = \delta_{ij}\int_0^t K(\zeta(t) - \zeta(\tau))\frac{\partial\varepsilon_{kk}}{\partial\tau}\mathrm{d}\tau + \int_0^t 2G(\zeta(t) - \zeta(\tau))\frac{\partial e_{ij}^{\mathrm{ve}}}{\partial\tau}\mathrm{d}\tau \tag{3.3}$$

式中，$K(t)$ 与 $G(t)$ 分别为体积松弛模量与剪切松弛模量；$\zeta(t)$ 为温度调整函数，其形式如下式所示 [4,5]：

$$\zeta(t) = \frac{t}{a_T^{\mathrm{ve}}(T)} \tag{3.4}$$

式中，a_T^{ve} 为温度调整系数。在热黏弹性理论中，较为常用的温度调整系数有 Arrhenius 形式与 WLF 形式。其中 Arrhenius 形式为 [6]

$$\ln a_T^{\mathrm{ve}}(T) = \frac{\delta E}{R}\left(\frac{1}{T} - \frac{1}{T_{\mathrm{ref}}}\right) \tag{3.5}$$

式中，δE 为材料的活化能，由试验数据回归拟合得出；R 为理想气体常数，$R=$ 8.314J/(K·mol)；T 为试验温度；T_{ref} 为参考温度。

WLF 形式为 [7]

$$\lg a_T^{\mathrm{ve}}(T) = -\frac{C_1(T - T_{\mathrm{ref}})}{C_2 + T - T_{\mathrm{ref}}} \tag{3.6}$$

式中，C_1 与 C_2 为材料参数，由试验数据回归拟合得出。

由两种公式的形式可以直观地看出两者的差别。Arrhenius 形式具有更强的物理意义，且仅有一个参数，适合试验数据相对较少的情况；而 WLF 形式是一种经验性的公式形式，但由于有两个材料参数而更适合试验数据较多的情形。

当假设沥青混合料为各向同性材料时，其体积松弛模量 $K(t)$ 与剪切松弛模量 $G(t)$ 可以由杨氏松弛模量与泊松比直接计算得出：

$$G(t) = \frac{E(t)}{2(1 + \nu)}, \quad K(t) = \frac{E(t)}{3(1 - 2\nu)} \tag{3.7}$$

式中，ν 为泊松比，泊松比随温度的不同会有显著的差异，悬浮密实型级配随温度由低到高一般的范围为 0.15～0.48。泊松比可依据所研究问题的具体温度进行选取，大范围变温温度也可编写相应的泊松比函数；杨氏松弛模量可以采用广义 Maxwell 模型，如图 3.1 所示。其松弛模量的通用形式为如下所示的 Prony 级数 [1,8]：

$$E(t) = E_0 + \sum_{i=1}^{m} E_i \mathrm{e}^{-\frac{t}{\rho_i}} \tag{3.8}$$

式中，E_0 为沥青混合料的线弹性模量；E_i 为沥青混合料的黏弹性模量；ρ_i 为松弛时间。

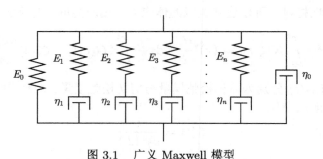

图 3.1　广义 Maxwell 模型

2. 黏塑性模型

在黏塑性模型中，可以用应变率表示时间的影响。沥青混合料的黏塑性本构模型可以用以下形式来表示：

$$\dot{\varepsilon}_{ij} = \dot{\varepsilon}_{ij}^{\mathrm{ve}} + \dot{\varepsilon}_{ij}^{\mathrm{vp}} \tag{3.9}$$

式中，$\dot{\varepsilon}_{ij}$ 为总应变率；$\dot{\varepsilon}_{ij}^{\mathrm{ve}}$ 为黏弹性应变率；$\dot{\varepsilon}_{ij}^{\mathrm{vp}}$ 为黏塑性应变率。

而黏塑性应变率的一般形式为 [9,10]

$$\dot{\varepsilon}_{ij}^{\mathrm{vp}} = \Gamma \cdot \langle f \rangle^N \cdot \frac{\partial g}{\partial \sigma_{ij}} \tag{3.10}$$

式中，系数 Γ 与指数 N 为材料常数，作为一种数学模型中的参数，根据具体材料试验获取，其目的是与屈服函数组合，计算出塑性屈服速率，可以是与该模型相同的幂函数的形式，同样可根据材料的力学特征，构建其他函数形式；g 为材料的塑性势函数，表征材料的屈服方向，其可以与屈服函数相同，也可根据材料的具体力学特征构造数学形式；$\langle f \rangle$ 为屈服函数的阈值函数，即

$$\langle f \rangle = \begin{cases} f, & f \geqslant 0 \\ 0, & f < 0 \end{cases} \tag{3.11}$$

可以发现，在黏塑性模型中，应力会影响到黏塑性应变的发展，但是黏塑性应变没有像黏弹性应变一样，通过松弛模量影响到应力。黏塑性模型的核心为屈服函数与塑性势函数。当势函数与屈服函数相同时，表示塑性发展的方向垂直于屈服面，一般金属材料等较为均质的各向同性材料是这种形式，而对于沥青混合料这类非均质、各向异性材料，当材料发生塑性变形时，往往受到材料内部级配组成的限制而无法沿垂直于屈服面的方向发展，这时候取独立构造的塑性势函数是更为合理的。

沥青混合料作为一种热敏感性材料，其黏塑性应变率显著地受温度影响，可以在黏塑性通用形式的基础上增加黏塑性温度调整系数，如下式所示：

$$\dot{\varepsilon}_{ij}^{\mathrm{vp}} = a_T^{\mathrm{vp}} \cdot \Gamma \cdot \langle f \rangle^N \cdot \frac{\partial g}{\partial \sigma_{ij}} \tag{3.12}$$

式中，a_T^{vp} 为温度调整系数，可采用 Arrhenius 的形式[11]：

$$\ln a_T^{\mathrm{vp}}(T) = \theta_{\mathrm{vp}} \left(\frac{1}{T} - \frac{1}{T_{\mathrm{ref}}} \right) \tag{3.13}$$

式中，θ_{vp} 为塑性温度调整参数。

对于沥青混合料，不同的研究者往往依据试验结果提出不同的屈服本构模型，本章采用较为常见的广义莫尔-库仑 (generalized Mohr-Coulomb) 模型，其屈服函数的形式为[11,12]

$$f = R_{\mathrm{MC}} \cdot \sqrt{J_2} - \frac{1}{3} I_1 \cdot \tan\phi - c \tag{3.14}$$

式中，R_{MC} 为 Mohr-Coulomb 系数，主要由应力方向决定；ϕ 为沥青混合料的内摩擦角，主要由混合料的级配与石料类型决定；c 为沥青混合料的黏聚力模型，主要由沥青胶结料的性质决定。Mohr-Coulomb 系数的计算如下所示：

$$R_{\mathrm{MC}} = \frac{\sin\left(\theta + \dfrac{\pi}{3}\right)}{\cos\phi} + \frac{\sqrt{3}}{3} \cos\left(\theta + \frac{\pi}{3}\right) \cdot \tan\phi \tag{3.15}$$

式中，θ 为应力状态在 π 平面上与第一主应力轴的夹角：

$$\cos 3\theta = -\frac{3\sqrt{3}}{2} \frac{J_3}{J_2^{1.5}} \tag{3.16}$$

式中，J_2 为偏应力第二不变量，$J_2 = \dfrac{1}{2} S_{ij} S_{ji}$；$J_3$ 为偏应力第三不变量，$J_3 = \det |S_{ij}|$。

对于沥青混合料而言，其塑性表现出明显的硬化效应，即在材料达到破坏阶段之前，随着塑性变形的增大，塑性应变率逐渐减小。材料的塑性硬化属性可以通过材料的黏聚力随着塑性应变的增大而增大来反映。除塑性变形本身外，材料的黏聚力还将受到温度的影响。因此，参考 Lytton 等的形式，沥青混合料的黏聚力模型采用下式表示 [11,13,14]：

$$c = c\left(T, \varepsilon_{\mathrm{e}}^{\mathrm{vp}}\right) = a_T^c \cdot \left[c_0 + c_1 \cdot \left(1 - \mathrm{e}^{-c_2 \cdot \varepsilon_{\mathrm{e}}^{\mathrm{vp}}}\right)\right] \tag{3.17}$$

式中，c_0 为沥青混合料初始黏聚力；$c_0 + c_1$ 表征沥青混合料的最大黏聚力；c_2 表征材料的硬化速率；$\varepsilon_{\mathrm{e}}^{\mathrm{vp}}$ 为黏塑性等效应变 [12]：

$$\varepsilon_{\mathrm{e}}^{\mathrm{vp}} = \left(\frac{2}{3}\varepsilon_{ij}^{\mathrm{vp}} \cdot \varepsilon_{ji}^{\mathrm{vp}}\right)^{\frac{1}{2}} \tag{3.18}$$

a_T^c 为材料的黏聚力温度调整系数，其形式同样采用 Arrhenius 的形式 [11]：

$$\ln a_T^c\left(T\right) = \theta_c\left(\frac{1}{T} - \frac{1}{T_{\mathrm{ref}}}\right) \tag{3.19}$$

而材料的势函数，反映了材料在偏剪切应力的作用下，发生不可恢复应变的方向性问题。本章中，塑性势函数采用以下形式 [8,12]：

$$g = \sqrt{J_2} - \alpha I_1 \tag{3.20}$$

式中，α 为材料参数，依据其他研究者的成果，将 α 假定为 0.25。

则塑性的屈服方向为

$$\frac{\partial g}{\partial \sigma_{ij}} = \frac{\partial \sqrt{J_2}}{\partial \sigma_{ij}} - \frac{\partial \alpha I_1}{\partial \sigma_{ij}} = \frac{S_{ij}}{2\sqrt{J_2}} - \alpha \delta_{ij} \tag{3.21}$$

3.2.2   黏弹-黏塑性模型数值实现方式

1. 黏弹性模型的数值实现

黏弹性与线弹性响应方程的主要区别在于黏弹性的应力-应变关系具有时间依赖性，其当前的应力不光与当前的应变有关，还与整个应变历史有关。因此，若要通过黏弹性响应方程对当前分析步的应力进行计算，则需要对材料的整个应变历史进行储存与计算，即对于黏弹性模型应力-应变关系的卷积形式的遗传积分进行计算。这将不可避免地产生巨大的储存需求与计算需求。而利用前述松弛模量所使用的 Prony 级数自然对数形式的特点，将应力改写为增量的格式，即可避免对历史数据进行储存与计算，形式如下：

$$\sigma^n = \sigma^{n-1} + \Delta\sigma = \left(\frac{1}{3}\sigma_{kk}^{n-1} \cdot \delta_{ij} + \frac{1}{3}\Delta\sigma_{kk} \cdot \delta_{ij}\right) + \left(S_{ij}^{n-1} + \Delta S_{ij}\right) \tag{3.22}$$

式中，上角标表示在数值计算中的增量步，下角标为应力张量符号。

体积应力增量张量 $\Delta\sigma_{kk}$ 与偏应力增量张量 ΔS_{ij} 具有类似的形式，下面以偏应力张量为例，体积应力张量遵循相同的计算步骤。

$$
\begin{aligned}
\Delta S_{ij} &= \int_0^{t_n} 2G\left[\zeta(t_n) - \zeta(\tau)\right]\frac{\partial e_{ij}}{\partial\tau}\mathrm{d}\tau - \int_0^{t_{n-1}} 2G\left[\zeta(t_{n-1}) - \zeta(\tau)\right]\frac{\partial e_{ij}}{\partial\tau}\mathrm{d}\tau \\
&= \int_0^{t_{n-1}} \left\{2G\left[\zeta(t_n) - \zeta(\tau)\right] - 2G\left[\zeta(t_{n-1}) - \zeta(\tau)\right]\right\}\frac{\partial e_{ij}}{\partial\tau}\mathrm{d}\tau \\
&\quad + \int_{t_{n-1}}^{t_n} 2G\left[\zeta(t_n) - \zeta(\tau)\right]\frac{\partial e_{ij}}{\partial\tau}\mathrm{d}\tau
\end{aligned}
\tag{3.23}
$$

式中两项分别表示应变历史产生的偏应力张量与偏应力张量的瞬时增量。对于第二项瞬时应力增量，由于 ABAQUS 中 $n-1$ 增量步至 n 增量步内应变采用线性增长的计算方法，则有

$$\int_{t_{n-1}}^{t_n} 2G\left[\zeta(t_n) - \zeta(\tau)\right]\frac{\partial e_{ij}}{\partial\tau}\mathrm{d}\tau = \int_{t_{n-1}}^{t_n} 2G\left[\zeta(t_n) - \zeta(\tau)\right]\mathrm{d}\tau \cdot \frac{\Delta e_{ij}}{\Delta t} \tag{3.24}$$

式中，$\int_{t_{n-1}}^{t_n} 2G\left[\zeta(t_n) - \zeta(\tau)\right]\mathrm{d}\tau \cdot \frac{1}{\Delta t}$ 为沥青混合料的瞬时剪切模量，可采用数值积分梯形公式近似为

$$
\begin{aligned}
\int_{t_{n-1}}^{t_n} 2G\left[\zeta(t_n) - \zeta(\tau)\right]\mathrm{d}\tau \cdot \frac{1}{\Delta t} &= \left\{2G\left[\zeta(0)\right] \cdot \frac{\Delta t}{2} + 2G\left[\zeta(\Delta t)\right] \cdot \frac{\Delta t}{2}\right\} \cdot \frac{1}{\Delta t} \\
&= \frac{1}{2}\left\{2G\left[\zeta(0)\right] + 2G\left[\zeta(\Delta t)\right]\right\}
\end{aligned}
\tag{3.25}
$$

对于历史应力增量，代入 Prony 级数，可以表示为

$$
\begin{aligned}
&\int_0^{t_{n-1}} \left\{2G\left[\zeta(t_n) - \zeta(\tau)\right] - 2G\left[\zeta(t_{n-1}) - \zeta(\tau)\right]\right\}\frac{\partial e_{ij}}{\partial\tau}\mathrm{d}\tau \\
&= \int_0^{t_{n-1}} \left\{\left[G_\infty + \sum_{i=1}^m G_i \cdot \mathrm{e}^{-\frac{\zeta(t_n) - \zeta(\tau)}{\rho_i}}\right] - \left[G_\infty + \sum_{i=1}^m G_i \cdot \mathrm{e}^{-\frac{\zeta(t_{n-1}) - \zeta(\tau)}{\rho_i}}\right]\right\}\frac{\partial e_{ij}}{\partial\tau}\mathrm{d}\tau
\end{aligned}
$$

$$
= \sum_{i=1}^{m} G_i \cdot \int_0^{t_{n-1}} \left\{ e^{-\frac{\zeta(\Delta t)}{\rho_i}} e^{-\frac{\zeta(t_{n-1}) - \zeta(\tau)}{\rho_i}} - e^{-\frac{\zeta(t_{n-1}) - \zeta(\tau)}{\rho_i}} \right\} \frac{\partial e_{ij}}{\partial \tau} \mathrm{d}\tau
$$

$$
= \sum_{i=1}^{m} G_i \cdot \left[e^{-\frac{\zeta(\Delta t)}{\rho_i}} - 1 \right] \cdot \int_0^{t_{n-1}} \left(e^{-\frac{\zeta(t_{n-1}) - \zeta(\tau)}{\rho_i}} \right) \frac{\partial e_{ij}}{\partial \tau} \mathrm{d}\tau \tag{3.26}
$$

令 $\int_0^{t_{n-1}} \left(e^{-\frac{\zeta(t_{n-1}) - \zeta(\tau)}{\rho_i}} \right) \frac{\partial e_{ij}}{\partial \tau} \mathrm{d}\tau = P^n$，则有

$$
P^n = \int_0^{t_{n-1}} \left(e^{-\frac{\zeta(t_{n-1}) - \zeta(\tau)}{\rho_i}} \right) \frac{\partial e_{ij}}{\partial \tau} \mathrm{d}\tau
$$

$$
= e^{-\frac{\zeta(\Delta t)}{\rho_i}} \cdot \int_0^{t_{n-2}} \left(e^{-\frac{\zeta(t_{n-2}) - \zeta(\tau)}{\rho_i}} \right) \frac{\partial e_{ij}}{\partial \tau} \mathrm{d}\tau + \int_{t_{n-2}}^{t_{n-1}} \left(e^{-\frac{\zeta(t_{n-1}) - \zeta(\tau)}{\rho_i}} \right) \mathrm{d}\tau \cdot \frac{\Delta e_{ij}}{\Delta t}
$$

$$
= e^{-\frac{\zeta(\Delta t)}{\rho_i}} \cdot P^{n-1} + \int_{t_{n-2}}^{t_{n-1}} \left(e^{-\frac{\zeta(t_{n-1}) - \zeta(\tau)}{\rho_i}} \right) \mathrm{d}\tau \cdot \frac{\Delta e_{ij}}{\Delta t} \tag{3.27}
$$

即将卷积形式改写为迭代格式。与瞬时剪切模量的计算同理，上式的第二项可以采用数值积分梯形公式近似为

$$
\int_{t_{n-2}}^{t_{n-1}} \left(e^{-\frac{\zeta(t_{n-1}) - \zeta(\tau)}{\rho_i}} \right) \mathrm{d}\tau \cdot \frac{\Delta e_{ij}}{\Delta t} = (\Delta e_{ij})^{n-1} \cdot \frac{1}{2} \left[1 + e^{-\frac{\zeta(\Delta t)}{\rho_i}} \right] \tag{3.28}
$$

因此，可以得出偏应力张量的增量为

$$
\Delta S_{ij} = \sum_{i=1}^{m} G_i \cdot \left[e^{-\frac{\zeta(\Delta t)}{\rho_i}} - 1 \right] \cdot P^n + \frac{1}{2} \left[2G\left(\zeta(0) \right) + 2G\left(\zeta(\Delta t) \right) \right] \cdot (\Delta e_{ij})^n \tag{3.29}
$$

$$
P^n = e^{-\frac{\zeta(\Delta t)}{\rho_i}} \cdot P^{n-1} + \frac{1}{2} \left[1 + e^{-\frac{\zeta(\Delta t)}{\rho_i}} \right] \cdot (\Delta e_{ij})^{n-1}
$$

式中，上标 n 与 $n-1$ 表示第 n 个增量步与第 $n-1$ 个增量步，并非表示指数。(提示：迭代变量 P^n 与 P^{n-1} 在子程序中以 P1~P4 进行表示，P1，P2 表示偏应力迭代数组，P3，P4 表示体应力迭代数组。)

2. 黏塑性模型的数值实现

与黏弹性的数值实现方法相比，黏塑性的数值实现方法较为简单，所有本构方程均由 3.2.1 节中所述的本构模型按照顺序线性计算，不涉及复杂计算问题。此外，由于与总应变增量相比，单个分析步在荷载作用下产生的黏塑性应变的增量要小很多，因此，对于黏塑性应变的处理仅需要对应力进行单次修正即可。

3.2.3 黏弹-黏塑性本构模型 UMAT 编写方法

1. 编程逻辑与要点

黏弹-黏塑性本构模型的子程序的核心逻辑如图 3.2 所示。即分为如下步骤：

步骤 1 利用上一增量步的应力张量，依次计算偏应力第二不变量 J_2、第三不变量 J_3、应力角 θ、Mohr-Coulomb 系数 R_{MC}。

步骤 2 从状态数组中读取黏塑性总应变，计算出塑性等效应变，并由此计算出材料的黏聚力模型。

步骤 3 由步骤 1、步骤 2 的参数计算出屈服函数、势函数，并最终计算出黏塑性应变增量。

步骤 4 计算黏弹性应变增量，即黏弹性应变增量 = 总应变增量 − 黏塑性应变增量。

步骤 5 由状态数组中读取黏弹性模型计算所需要的迭代参数，并依据迭代格式，初步计算出应力增量与本增量步的应力张量。

步骤 6 依据计算得到的应力张量重新计算黏塑性应变增量，重复步骤 1～步骤 5，直至前后两次应力差值小于设定的容许值。

步骤 7 将黏弹性迭代参数与塑性应变更新，写入状态数组，用于下一增量步的迭代。

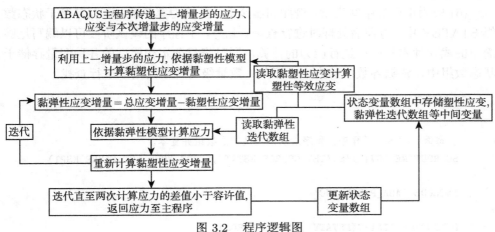

图 3.2 程序逻辑图

黏弹-黏塑性本构模型的子程序编程与本章 3.1.1 节和 3.1.2 节相同，利用 ABAQUS 的用户材料子程序接口完成与主程序计算模块的信息交换。除注意 ABAQUS 不同版本对应的编译环境外，另需注意以下问题：

(1) 处理器内存调用 BUG。AMD 3 代以上处理器在 ABAQUS 2019 以下的版本可能会出现内存报错的问题 (Error Code 1073741795)。可以尝试在 "计算机 \ 属性 \ 高级系统设置" 中增大虚拟内存，或者将 "...code\bin\mkl_vml_avx2.dll" 文件名更改为 "mkl_vml_avx2.11.0.0.1.dll"。如仍发生报错，则建议升级版本至 ABAQUS 2019 及以上。

(2) 黏塑性应变在子程序中第一次被计算是利用上一增量步的应力张量，当分析步时间足够短或所设置荷载的变化速率较小，利用上一增量步的应力张量与本次的应力张量并不存在显著的差异，可以不设置黏塑性应变的迭代计算以提高子程序运算效率。

(3) 由于黏聚力模型中设置了硬化模型，黏塑性应变增量在同一水平的荷载作用下会逐渐减小，在 ABAQUS 中的收敛难度会逐渐减小。可以在 ABAQUS 的 Step 模块中设置多个分析步，每个分析步的时间增量逐渐增加，可以平衡计算效率与程序的收敛性。

(4) 由于 Prony 级数的阶数问题，部分变量需要在计算中利用循环语句进行累加计算。用于累加计算的变量除部分存储于状态数组 STATEV 中外，其他在使用前应当置零。

(5) 部分变量在计算过程中数值较大，例如高温下的体积模量、偏应力不变量 J_2 与 J_3，这些变量在使用中可能存在溢出问题，建议使用前用 Double Precision 进行双精度类型声明。

(6) 较为重要的中间变量，例如屈服函数、黏聚力等参数，可以存储于状态数组 STATEV 中，方便后处理时进行查询。此外，子程序的调试阶段可以编写足够简单的线弹性本构模型进行应力的计算，同时将复杂本构模型的各种变量存储于状态数组中，依据各数值的大小、正负、数量级对程序的错误进行查找。

2. 程序源代码

```
*     状态数组初始化子程序，程序启动前定义状态数组并置零。
      SUBROUTINE SDVINI(STATEV,COORDS,NSTATV,NCRDS,NOEL,NPT,LAYER,KSPT)
*
      INCLUDE 'ABA_PARAM.INC'
*
      DIMENSION STATEV(NSTATV),COORDS(NCRDS)
      DO K=1,NSTATV
        STATEV(K)=0.0
      END DO
      RETURN
      END
```

*   UMAT子程序

    SUBROUTINE UMAT(STRESS,STATEV,DDSDDE,SSE,SPD,SCD,

1 RPL,DDSDDT,DRPLDE,DRPLDT,

2 STRAN,DSTRAN,TIME,DTIME,TEMP,DTEMP,PREDEF,DPRED,CMNAME,

3 NDI,NSHR,NTENS,NSTATV,PROPS,NPROPS,COORDS,DROT,PNEWDT,

4 CELENT,DFGRD0,DFGRD1,NOEL,NPT,LAYER,KSPT,JSTEP,KINC)

*

    INCLUDE 'ABA_PARAM.INC'

*

    CHARACTER*80 CMNAME

*   子程序定义的接口

    DOUBLE PRECISION STRESS,STATEV,DDSDDE,STRAN,DTIME

    DIMENSION STRESS(NTENS),STATEV(NSTATV),DDSDDE(NTENS,NTENS),

1 DDSDDT(NTENS),DRPLDE(NTENS),STRAN(NTENS),DSTRAN(NTENS),

2 TIME(2),PREDEF(1),DPRED(1),PROPS(NPROPS),COORDS(3),DROT(3,3),

3 DFGRD0(3,3),DFGRD1(3,3),JSTEP(4)

*   自定义数据结构

*   将可能出现较大数值的变量定义为双精度类型,避免计算过程中溢出。

    DOUBLE PRECISION EM,RE,GM,KM,P1,P2,P3,P4

*   Prony级数参数,依次为弹性模量序列,松弛时间序列,剪切模量序列,体积模量序列

    DIMENSION EM(8),RE(8),GM(8),KM(8)

*   用于偏应力与体应力迭代的数组,即本书3.2.2节中黏弹性推导中的P(n)与P(n-1)

    DIMENSION P1(NTENS,8),P2(NTENS,8),P3(8),P4(8),

*   偏应力张量、偏应变张量、偏应力历史张量

1DevSTRESS(NTENS),H_DevSTRESS(NTENS),DevSTRAN(NTENS),

*   黏弹性应变增量、前一增量步黏弹性应变增量、前一增量步偏应变增量

2VEDSTRAN(NTENS),F_VEDSTRAN(NTENS),F_DevSTRAN(NTENS),

*   塑性应变率、塑性应变增量、塑性总应变、势函数对应力的偏导

3VPSTRANRate(NTENS),VPDSTRAN(NTENS),VPSTRAN(NTENS),DGDS(NTENS)

*   将可能出现较大数值的变量定义为双精度类型,避免计算过程中溢出。变量含义在使
      用位置有注释。

    DOUBLE PRECISION KK,GG,I1,J2,J3,YF

****

**   从ABAQUS主程序中读取UMAT参数

****

    EMU=0.15+0.35/(1+5.641*EXP(-0.07091*TEMP)) !设置与温度相关的泊松比,该公式
      参照了MEPDG

    PI=3.14159265359   !圆周率

*   材料黏弹性温度调整函数:基准温度与偏移系数

    ATVEREF=props(1)!基准温度

```
        ATVEDEV=props(2)!偏移参数
*       混合料内摩擦角
        fi=props(3)
*       黏聚力模型参数
        C0=props(4)
        C1=props(5)
        C2=props(6)
*       黏聚力温度调整函数：基准温度与偏移参数
        ATCREF=props(7)
        ATCDEV=props(8)
*       塑性系数与塑性指数
        VP1=props(9)
        VP2=props(10)
*       塑性速率调整函数：基准温度与偏移参数
        ATVPREF=props(11)
        ATVPDEV=props(12)
*       势函数参数
        alfa=props(13)
*       Prony级数：杨氏模量序列与松弛时间序列
        DO K1=1,8
            EM(K1)=props(K1+13)
            RE(K1)=props(K1+21)
        END DO
****************************************************************
**      基本参数计算
****************************************************************
*       黏弹性温度调整系数、黏聚力温度调整系数、黏塑性温度调整系数
        ATVE=EXP(ATVEDEV*(1.0/(TEMP+273.15)-1.0/(ATVEREF+273.15)))
        ATC=EXP(ATCDEV*(1.0/(TEMP+273.15)-1.0/(ATCREF+273.15)))
        ATVP=EXP(ATVPDEV*(1.0/(TEMP+273.15)-1.0/(ATVPREF+273.15)))
*       通过杨氏模量与泊松比计算体积模量K与剪切模量G的Prony序列
        DO K1=1,8
            KM(K1)=EM(K1)/(1.0-EMU*2) !3K
            GM(K1)=EM(K1)/(1.0+EMU)   !2G
        END DO
*       计算瞬时剪切模量与瞬时体积模量
        KK=0.0
        GG=0.0
        DO K1=1,8
            KK=KK+0.5*(KM(K1)+KM(K1)*EXP(-1*DTIME/RE(K1)/ATVE))
```

```
              GG=GG+0.5*(GM(K1)+GM(K1)*EXP(-1*DTIME/RE(K1)/ATVE))
        END DO
*      雅可比矩阵DDSDDE置零
        DO K1=1,NTENS
              DO K2=1,NTENS
                    DDSDDE(K1,K2)=0
              END DO
        END DO
*      定义雅可比矩阵DDSDDE
        DO K1=1,NDI
              DO K2=1,NDI
                    DDSDDE(K1,K2)=KK/3.0-GG/3.0
              END DO
                    DDSDDE(K1,K1)=KK/3.0+GG*2.0/3.0
        END DO
        DO K1=NDI+1,NTENS
              DDSDDE(K1,K1)=GG/2.0    !UMAT中为工程剪应变，即是应变张量的1/2
        END DO
*********************************************************************
**      从状态数组STATEV中读取上一增量步的变量
*********************************************************************
*      读取上一增量步的温度调整系数，储存位置：1
        F_ATVE=STATEV(1)
        IF(F_ATVE==0)THEN !程序运行后的第一个增量步设置为当前增量步的温度调整系数
              F_ATVE=ATVE
        END IF
*      读取黏塑性总应变张量，储存位置：2-7
        DO K1=1,NTENS
              VPSTRAN(K1)=STATEV(1+K1)
        END DO
*      读取剪切应力与体积应力的迭代数组P2,P4（即P(n-1)),储存位置：11-66
         DO K1=1,NTENS
              DO K2=1,8
                    P2(K1,K2)=STATEV(8*(K1-1)+K2+10)
              END DO
        END DO
        DO K2=1,8
              P4(K2)=STATEV(58+K2)
        END DO
*      读取上一增量步的黏弹性应变增量，储存位置：67-72
```

```
        DO K1=1,NTENS
            F_VEDSTRAN(K1)=STATEV(66+K1)
        END DO
********************************************************************
**      利用上一增量步的应力张量进行塑性应变增量计算
**      本程序不设置迭代计算用于提高子程序的计算效率
********************************************************************
*       计算应力第一不变量(静水压力)
        I1=STRESS(1)+STRESS(2)+STRESS(3)
*       体应力=I1
        VolSTRESS=I1
*       计算偏应力张量
        DO K1=1,NDI
            DevSTRESS(K1)=STRESS(K1)-I1/3.0
        END DO
        DO K1=NDI+1,NTENS
            DevSTRESS(K1)=STRESS(K1)
        END DO
*       计算偏应力第二不变量J2, J2=0.5*S(ij)*S(ji)
        J2=0.5*(DevSTRESS(1)**2+DevSTRESS(2)**2+DevSTRESS(3)**2)
      2      +(DevSTRESS(4)**2+DevSTRESS(5)**2+DevSTRESS(6)**2)
*       计算偏应力第三不变量J3, J3=det|S(ij)|
        J3=DevSTRESS(1)*DevSTRESS(2)*DevSTRESS(3)
      1+2.0*DevSTRESS(4)*DevSTRESS(5)*DevSTRESS(6)
      2-DevSTRESS(1)*DevSTRESS(5)**2
      3-DevSTRESS(3)*DevSTRESS(4)**2
      4-DevSTRESS(2)*DevSTRESS(6)**2
*****************************************************
*       初步判断屈服条件,当偏应力为0时,避免应力角计算时分母为0
        IF(J2<=0)THEN
            DO K1=1,NTENS
                VPSTRANRate(K1)=0.0
            END DO
        ELSE
*       计算应力角与MC系数
            sita=1.0/3.0*acos( -1.5*sqrt(3.0)*J3/J2**1.5 )
*       计算莫尔-库仑系数
            RMC=sin(sita+PI/3.0)/cos(fi)
      1     -sqrt(3.0)/3.0*cos(sita+PI/3.0)*tan(fi)
*       计算塑性等效应变
```

```fortran
      EEVP=sqrt( 2.0/3.0*
1     ( VPSTRAN(1)**2+VPSTRAN(2)**2+VPSTRAN(3)**2+
2       2.0*(VPSTRAN(4)**2+VPSTRAN(5)**2+VPSTRAN(6)**2) ) )
*    计算黏聚力
      COHE=ATC*( C0+C1*( 1.0-exp(C2*EEVP) ) )
*    计算屈服函数
      YF=RMC*J2**0.5+tan(fi)*I1/3.0-COHE
*    计算势函数，即屈服方向
      DO K1=1,NDI
          DGDS(K1)=DevSTRESS(K1)/2.0/J2**0.5-alfa
      END DO
      DO K1=NDI+1,NTENS
          DGDS(K1)=DevSTRESS(K1)/2.0/J2**0.5
      END DO
      IF(YF>0) THEN  !当屈服函数大于0，即积分点发生屈服
*    计算塑性应变率
          DO K1=1,NTENS
              VPSTRANRate(K1)=ATVP*VP1*(YF**VP2)*DGDS(K1)
          END DO
      ELSE
          DO K1=1,NTENS
              VPSTRANRate(K1)=0.0
          END DO
      END IF
*
      END IF  !为判定J2>0时的IF
*
*    计算塑性应变增量与塑性应变
      DO K1=1,NTENS
      VPDSTRAN(K1)=VPSTRANRate(K1)*DTIME
      VPSTRAN(K1)=VPSTRAN(K1)+VPDSTRAN(K1)
      END DO
*****************************************************************
**   利用黏弹性模型更新本次增量步的应力
*****************************************************************
*    计算黏弹性应变增量数组：黏弹性应变=总应变-黏塑性应变
      DO K1=1,NDI
          VEDSTRAN(K1)=DSTRAN(K1)-VPDSTRAN(K1)
      END DO
      DO K1=NDI+1,NTENS
```

```
                VEDSTRAN(K1)=DSTRAN(K1)/2.0-VPDSTRAN(K1)
        END DO
*       计算当前增量步的体积应变增量
        VolSTRAN=VEDSTRAN(1)+VEDSTRAN(2)+VEDSTRAN(3)
*       计算当前增量步的偏应变增量
        DO K1=1,NDI
                DevSTRAN(K1)=VEDSTRAN(K1)-VolSTRAN/3.0
        END DO
        DO K1=NDI+1,NTENS
                DevSTRAN(K1)=VEDSTRAN(K1)
        END DO
*       计算上一增量步的体积应变增量
        F_VolSTRAN=F_VEDSTRAN(1)+F_VEDSTRAN(2)+F_VEDSTRAN(3)
*       计算上一增量步偏应变增量
        DO K1=1,NDI
                F_DevSTRAN(K1)=F_VEDSTRAN(K1)-F_VolSTRAN/3.0
        END DO
        DO K1=NDI+1,NTENS
                F_DevSTRAN(K1)=F_VEDSTRAN(K1)
        END DO
*
*       计算迭代数组P1，P3（即利用P(n-1)计算P(n)）
        DO K1=1,NTENS
                DO K2=1,8
                        P1(K1,K2)=EXP(-1*DTIME/F_ATVE/RE(K2))*P2(K1,K2)+
        1F_DevSTRAN(K1)*0.5*(1.0+EXP(-1*DTIME/RE(K2)/F_ATVE))
                END DO
        END DO
        DO K2=1,8
                P3(K2)=EXP(-1*DTIME/F_ATVE/RE(K2))*P4(K2)+
        1F_VolSTRAN*0.5*(1.0+EXP(-1*DTIME/RE(K2)/F_ATVE))
        END DO
*       体积历史应力，偏历史应力归零
        DO K1=1,NTENS
                H_DevSTRESS(K1)=0
        END DO
        H_VolSTRESS=0
*       计算体积历史应力，偏历史应力
        DO K1=1,NTENS
                DO K2=1,8
```

```
            H_DevSTRESS(K1)=H_DevSTRESS(K1)+
    1       GM(K2)*(EXP(-1*DTIME/ATVE/RE(K2))-1)*P1(K1,K2)
            END DO
        END DO
      DO K2=1,8
            H_VolSTRESS=H_VolSTRESS+
    1       KM(K2)*(EXP(-1*DTIME/ATVE/RE(K2))-1)*P3(K2)
      END DO
*
*     更新体积应力与偏应力
      DO K1=1,NTENS
            DevSTRESS(K1)=DevSTRESS(K1)+GG*DevSTRAN(K1)+H_DevSTRESS(K1)
      END DO
            VolSTRESS=VolSTRESS+KK*VolSTRAN+H_VolSTRESS
*     更新应力数组
      DO K1=1,NDI
            STRESS(K1)=DevSTRESS(K1)+VolSTRESS/3.0
      END DO
      DO K1=NDI+1,NTENS
            STRESS(K1)=DevSTRESS(K1)
      END DO
**********************************************************************
**    更新状态数组中的存储变量
**********************************************************************
*     更新温度调整系数, 储存位置: 1
      STATEV(1)=ATVE
*     更新塑性总应变, 储存位置: 2-7
      DO K1=1,NTENS
            STATEV(1+K1)=VPSTRAN(K1)
      END DO
      STATEV(8)=sita  !应力角, 用于后处理
      STATEV(9)=COHE  !黏聚力, 用于后处理
      STATEV(10)=YF !屈服函数, 用于后处理
*     更新的迭代数组P1,P3,储存位置: 11-66
      DO K1=1,NTENS
            DO K2=1,8
                STATEV(8*(K1-1)+K2+10)=P1(K1,K2)
            END DO
      END DO
      DO K2=1,8
```

```
        STATEV(58+K2)=P3(K2)
    END DO
*   更新的黏弹性应变增量，储存位置：67-72
    DO K1=1,NTENS
        STATEV(66+K1)=VEDSTRAN(K1)
    END DO
*

    RETURN
    END
```

3.3 黏弹-损伤本构模型的 UMAT 编写

3.3.1 黏弹-损伤本构模型理论

1. 受损材料本构模型

Kachanov 于 1958 年最早提出连续介质损伤力学 (continuum damage mechanics, CDM) 的概念，Rabotnov 于 1969 年提出了被称为连续度 ξ 的损伤变量的物理意义上的表达式：

$$\xi = \frac{\bar{A}}{A} \tag{3.30}$$

式中，A 为材料的名义截面积；$\bar{A}$ 为有效面积，是受损材料真实的承载面积。

其他的研究者也提出了其他形式的损伤变量的概念，如 Hult 基于 Kachanov 的理论提出了损伤密度 ϕ 的概念：

$$\phi = 1 - \xi = \frac{A - \bar{A}}{A} = \frac{A^D}{A} \tag{3.31}$$

式中，A^D 为受损材料的微损伤总面积，损伤力学理论认为该区域不承受荷载的作用。

基于损伤力学中有效面积的概念，Lemaitre 于 1971 年提出了应变等效假设，即认为有效应力作用于无损材料面的应变与实际应力作用于受损界面产生的应变相等，即

$$\varepsilon_{ij} = \bar{\varepsilon}_{ij} \tag{3.32}$$

式中，$\bar{\varepsilon}_{ij}$ 为受损材料有效面积产生的应变；ε_{ij} 为受损材料的名义应变。

基于以上假设，由式 (3.33) 所示的截面内力的平衡方程，可以推出式 (3.34) 所示的有效应力的表达式：

$$\varepsilon_{ij}\sigma_{ij}A = \bar{\varepsilon}_{ij}\bar{\sigma}_{ij}\bar{A} \tag{3.33}$$

则有

$$\bar{\sigma}_{ij} = \frac{\sigma_{ij}A}{\bar{A}} = \frac{\sigma_{ij}}{1-\phi} \tag{3.34}$$

对于线弹性材料而言，式 (3.34) 已经能够完整描述受损材料的应力应变特征，但沥青混合料由于黏弹性特征而具有显著的非线性特征。Cicekli 和 Al-Rub 认为对于非线性材料而言，有效应力与名义应力之间可以用式 (3.35) 表示：

$$\bar{\sigma}_{ij} = \frac{\sigma_{ij}}{(1-\phi)^{\alpha}} \tag{3.35}$$

式中，α 为材料的非线性损伤系数。Al-Rub 等在研究水泥混凝土时假设 $\alpha = 2$，并认为 $\alpha = 2$ 更符合具有强烈非线性的材料。

Lytton 在研究中认为对于黏弹性材料而言，可分为线性的弹性部分与非线性的黏弹性部分，而材料的线弹性部分与黏弹性部分遵循不同的损伤特征：

$$\bar{\sigma}_{ij} = \bar{\sigma}_{ij}^{e} + \bar{\sigma}_{ij}^{ve} = \frac{\sigma_{ij}^{e}}{1-\phi} + \frac{\sigma_{ij}^{ve}}{(1-\phi)^{2}} \tag{3.36}$$

由式 (3.36) 可以看出，材料的线弹性应力与其损伤呈线性关系，材料的黏弹性应力与其损伤遵循二次关系。但以上的研究均不具有理论上的优势，仅仅当研究对象是一些特定的材料时才表现出一定的适用性。此外，对于柔性基层路面而言，在相同的荷载作用下，路面产生的损伤在低温时要明显快于高温，而低温时沥青混合料的性质更接近线弹性材料。因此，本章对于损伤的处理仍然采用最基本的线性形式。

2. 沥青混合料损伤演化规律

连续介质损伤力学除了受损材料的本构模型之外，另一个核心内容即是损伤参数在环境、荷载作用下的发展规律。早期的损伤演化规律往往是基于室内疲劳试验的现象学回归，建立荷载的重复次数与损伤参数之间的对应关系，如式 (3.37) 所示的 Miner 线性损伤模型，式 (3.38) 所示的 Chaboche 非线性损伤模型：

$$\frac{\mathrm{d}\phi}{\mathrm{d}N} = \sigma^{m} \cdot K \tag{3.37}$$

$$\frac{\mathrm{d}\phi}{\mathrm{d}N} = a * \bar{\sigma}^{p}(1-\phi)^{q} \tag{3.38}$$

式中，m, K, a, p, q 均为材料的疲劳参数，由疲劳试验数据回归拟合得出。

现象学模型较为直观，且能够较好地解释室内疲劳试验的试验现象，但该类模型均使用加载次数 N 作为荷载的指标，而疲劳试验的加载次数与实际路面的车辆作用次数之间存在本质的区别，实验室的加载次数 N 也无法反映出荷载的加载速率、作用时间、荷载形式等与损伤密切相关的影响因素。

van Dijk 于 1972 年提出累积耗散能的概念，认为累积耗散能是预测疲劳寿命的独立因素。此后，许多研究人员提出了不同的基于耗散能的损伤演化规律，黄卫等提出以下形式的能耗模型：

$$\phi = \frac{NW_0}{W_f} \tag{3.39}$$

式中，N 为重复荷载的循环次数；W_0 为初次荷载的耗散能；W_f 为荷载达到破坏阶段总的耗散能。

能耗理论尝试从能量的角度去量化荷载的作用并解释损伤的演化规律，但该理论忽略了能量耗散的现象是材料的固有属性，是材料内部牛顿或非牛顿组分的黏性在受力状态下产生的必然结果，能量耗散本身与损伤并无直接关系，黏弹性材料在损伤极限以下依旧发生能量耗散的现象。

Schapery 最早在高聚物的研究中使用黏弹性连续损伤模型 (visco elastic continuum damage，VECD) 来研究受损材料的黏弹性行为。Schapery 提出了假应变 (pseudostrain) 的概念，利用该概念可以将黏弹性行为转化为类似线弹性的形式，假应变定义为

$$\varepsilon^R = \frac{1}{E^R} \int_0^t E(\zeta(t) - \zeta(\tau)) \frac{\partial \varepsilon}{\partial \tau} \mathrm{d}\tau \tag{3.40}$$

式中，ε^R 为假应变；E^R 为材料的参考模量，一般情况下令 $E^R = 1\mathrm{Pa}$。

基于假应变的概念与能量耗散理论，Schapery 进一步提出了假耗散能的概念并基于假耗散能提出相应的损伤演化规律：

$$\frac{\partial S}{\partial t} = \left(-\frac{\partial W^R}{\partial S} \right)^{\alpha} \tag{3.41}$$

式中，S 为损伤参数，用于表征材料的损伤发展；α 为材料常数，表征材料的损伤速率；W^R 为材料的假耗散能，其定义如下式所示：

$$W^R = \frac{1}{2}\xi(S)\left(\varepsilon^R\right)^2 \tag{3.42}$$

式中，$\xi(S)$ 为材料的连续度函数，与材料的损伤参数有关。

假应变的理论将材料的黏弹性响应方程转化为线弹性的形式，从而避免了黏弹性耗散能的问题。而假耗散能排除了材料黏弹性的影响，可以表征材料的疲劳性能。图 3.3 为材料的应力-应变滞回曲线与应力-假应变的滞回曲线。如图 3.3(a)所示应力-应变滞回曲线，无论材料是否发生损伤，受到材料本身黏弹性的影响，

都会产生滞回现象; 如图 3.3(b) 所示, 当材料不发生损伤时, 应力与假应变为完全的线性关系, 不存在滞回现象; 如图 3.3(c)、(d) 所示, 材料在产生损伤的同时, 应力-假应变会产生滞回曲线, 且滞回曲线随着损伤的发展逐渐靠近假应变轴。因此, 应力-假应变的滞回曲线所表示的假应变耗散能, 能够表征材料的损伤状态, 且能够表征材料的损伤特征的唯一性。

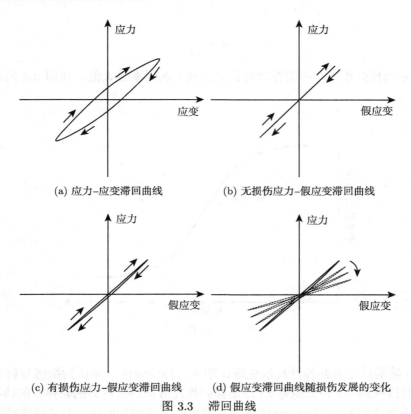

(a) 应力–应变滞回曲线   (b) 无损伤应力–假应变滞回曲线

(c) 有损伤应力–假应变滞回曲线   (d) 假应变滞回曲线随损伤发展的变化

图 3.3 滞回曲线

对于式 (3.41) 中 α 的取值, 不同的研究人员根据自己所依据的研究方法有不同的取值方式。Schapery 的研究是基于断裂力学, 因此他认为表征损伤速率的 α 与断裂力学 J 积分中表征断裂速率的 k 为相同的值, 即认为 $k = \alpha$:

$$\frac{\mathrm{d}a}{\mathrm{d}t} = A\left(J_V\right)^k \tag{3.43}$$

式中, $\dfrac{\mathrm{d}a}{\mathrm{d}t}$ 为裂缝扩展速率; J_V 为断裂力学中的广义 J 积分的概念; A, k 为材料常数。

与 Schapery 的断裂理论不同，Lee 等认为 α 与材料的松弛试验有关。其中，对于控制应力试验，α 的取值更适合式 (3.44) 的形式，而对于控制应变试验，α 的取值更适合式 (3.45) 的形式。

$$\alpha = \frac{1}{m} + 1 \tag{3.44}$$

$$\alpha = \frac{1}{m} \tag{3.45}$$

式中，m 为松弛模量与时间在双对数坐标系下的斜率最大值，如图 3.4 所示。

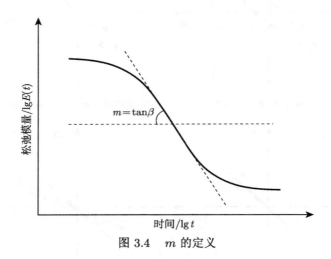

图 3.4　m 的定义

Lee 等的结论与黏弹性耗散能理论陷入同样的误区，即认为损伤与材料黏弹性的某些属性相关，但无论是 m 还是黏弹性耗散能均是材料的黏弹性的特征，与损伤并不直接相关。Schapery 的理论尽管力学含义较为明确，但其研究结论是基于均匀性较好的高聚物得出的，而沥青混合料含有石料、沥青、空隙三相成分，其断裂往往发生在石料与沥青的薄弱界面，具有显著的非线性与各向异性。因此，本章将不对参数进行二次处理，仅仅将 α 作为固定参数，通过材料在多个荷载作用下的试验结果进行拟合。

在 Schapery 的理论中，损伤参数 S 通过材料的模量比与宏观力学参数建立联系，其理论中模量比的概念在使用中与本章定义的材料连续度 ξ 的概念完全相同，后续则将 Schapery 的模量比的概念直接用连续度的概念代替。Lee、Kutay、Underwood 等的研究成果均表明，对于同一材料而言，S 与 ξ 的关系是材料的固有属性，二者之间的函数关系并不依赖于材料所处的温度，以及所受的荷载大小、形式等外界条件。Lee 利用室内疲劳试验，回归出如式 (3.46) 的形式，Kutay、Underwood 使用式 (3.47) 的形式：

$$\xi(S) = \xi_{10} - \xi_{11} S^{\xi_{12}} \tag{3.46}$$

$$\xi(S) = \exp(\xi_{11} S^{\xi_{12}}) \tag{3.47}$$

式中，ξ_{10}，ξ_{11}，ξ_{12} 均为材料损伤参数。

不同研究者往往使用不同的混合料、不同的试验方法获取参数，其结果自然也就具有多种拟合形式与拟合结果。实际上，上述理论均是以均质、单一、线弹性材料进行应力-应变求解与模量计算的。但受损的沥青混合料是一种典型的黏弹性、多相、非均质的混合料。

图 3.5(a) 是典型的控制应变加载模式下疲劳小梁试验中小梁的抗弯拉模量随加载次数的变化。其中 I、II 阶段为损伤的发展阶段，而 III 阶段为微观裂纹汇集成宏观裂纹的裂纹扩展阶段。后续的研究中将 I、II 阶段的长度认为是材料的疲劳寿命，而 III 阶段由于材料力学性能迅速下降，因此将 III 阶段的起始位置认为是材料的临界破坏位置。Lee、Kutay、Underwood 等的回归模型中均呈现指数形式，其原因是在损伤分析中将沥青混合料简化为线弹性材料，而将疲劳试验的 I 阶段认为是由于材料的损伤发展导致的。事实上，由于黏弹性效应，材料在加载初期黏弹性的变形尚未稳定，材料在荷载作用下黏弹性应变会逐渐增大，在控制应变加载模式下，达到相同的总应变水平所施加的力将逐渐减小。图 3.5(b) 所示的 70με 与 400με 的疲劳试验第一阶段的结果对比也表明，沥青混合料在低于疲劳极限以下的荷载作用下，同样会发生模量的下降。因此，疲劳试验的 I 阶段产生的荷载迅速下降的现象并不单纯由于损伤的发展，而是材料的黏弹性效应与损伤发展共同作用的结果。

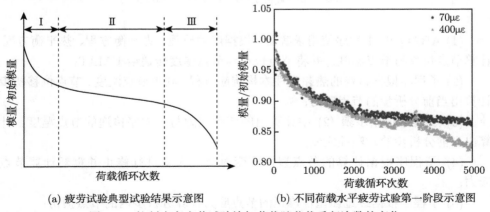

(a) 疲劳试验典型试验结果示意图   (b) 不同荷载水平疲劳试验第一阶段示意图

图 3.5   控制应变疲劳试验施加荷载随荷载重复次数的变化

而结合第 II 阶段近似线性的损伤发展状况，使用线性的形式，拟合损伤参数
与连续度之间的关系，即

$$\xi(S) = \xi_0 - \xi_1 \cdot S \tag{3.48}$$

式中，ξ_0 为材料成型过程中的初始连续度，若假设成型后未经荷载作用的材料无
初始损伤，即 $\xi_0 = 1.0$。ξ_1 为材料参数，由数据回归拟合得出。

3.3.2　黏弹-损伤本构模型 UMAT 编写方法

1. 编程逻辑与要点

对于本书所述的沥青混合料的黏弹塑性连续损伤模型，其编写逻辑示意图如
图 3.6 所示，共分为以下 7 个部分：

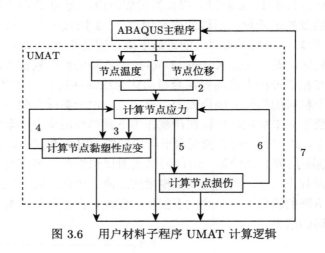

图 3.6　用户材料子程序 UMAT 计算逻辑

(1) ABAQUS 主程序使用求解器，根据虚功原理、力平衡方程、热平衡方程，
计算节点位移与节点温度，并将节点位移与节点温度传递给 UMAT；

(2) 子程序根据材料的热黏弹性本构响应方程，利用节点温度、节点位移初步
计算出当前分析步的节点应力；

(3) 子程序根据步骤 (2) 中计算出的节点应力与主程序传递的节点温度，计
算出当前分析步的黏塑性应变；

(4) 子程序根据计算的节点塑性应变对节点应变进行修正并重新计算节点
应力；

(5) 子程序根据经过黏塑性修正的节点应力计算分析步内的节点损伤；

(6) 子程序根据计算的节点损伤对节点应力进行修正；

(7) 子程序将节点黏塑性应变、节点损伤、节点应力参数返回给主程序，进行下一分析步的计算。

由于 ABAQUS 本身已经设计好比较友好且完备的接口，因此，对于材料子程序 UMAT 编写的主要内容将是对材料的热黏弹性本构模型、黏塑性本构模型、连续损伤本构模型的数值实现。

2. 程序源代码

```
*     状态数组初始化子程序,程序启动前定义状态数组并置零
      SUBROUTINE SDVINI(STATEV,COORDS,NSTATV,NCRDS,NOEL,NPT,LAYER,KSPT)
*
      INCLUDE 'ABA_PARAM.INC'
*
      DIMENSION STATEV(NSTATV),COORDS(NCRDS)
      DO K=1,NSTATV
        STATEV(K)=0.0
      END DO
      RETURN
      END
*     UMAT子程序
      SUBROUTINE UMAT(STRESS,STATEV,DDSDDE,SSE,SPD,SCD,
     1 RPL,DDSDDT,DRPLDE,DRPLDT,
     2 STRAN,DSTRAN,TIME,DTIME,TEMP,DTEMP,PREDEF,DPRED,CMNAME,
     3 NDI,NSHR,NTENS,NSTATV,PROPS,NPROPS,COORDS,DROT,PNEWDT,
     4 CELENT,DFGRD0,DFGRD1,NOEL,NPT,LAYER,KSPT,JSTEP,KINC)
*
      INCLUDE 'ABA_PARAM.INC'
*
      CHARACTER*80 CMNAME
*     系统定义变量
      DIMENSION STRESS(NTENS),STATEV(NSTATV),DDSDDE(NTENS,NTENS),
     1 DDSDDT(NTENS),DRPLDE(NTENS),STRAN(NTENS),DSTRAN(NTENS),
     2 TIME(2),PREDEF(1),DPRED(1),PROPS(NPROPS),COORDS(3),DROT(3,3),
     3 DFGRD0(3,3),DFGRD1(3,3),JSTEP(4)
*     自定义数据结构
      DIMENSION EM(8),RE(8),GM(8),KM(8),        !Prony级数
     1P1(NTENS,8),P2(NTENS,8),P3(8),P4(8),      !用于偏应力与体应力迭代的数组
     2DIVS(NTENS),DIVS0(NTENS),DIVE(NTENS),VEDSTRAN(NTENS),  !偏应力,偏应力历
        史应力,偏应变,黏弹性应变增量
```

3FVEDSTRAN(NTENS),FDIVE(NTENS),　!上一步的黏弹性应变增量，上一步的黏弹性偏
　　应变增量
4Pseudostrain(NTENS),DIVSTEMP(NTENS),STRESSTEMP(NTENS),　!假应变,用于损
　　伤，临时偏应力,临时应力
5VPERate(NTENS),VPSTRAN(NTENS),VPDSTRAN(NTENS),DGDS(NTENS)　!塑性应变率，
　　塑性应变增量，势函数
*
*　　Prony 级数
　　DO K1=1,8
　　　　EM(K1)=props(K1+5)
　　　　RE(K1)=props(K1+13)
　　END DO
*　　其余参数赋值
　　EMU=0.15+0.35/(1+5.641*exp(-0.07091*TEMP))　　!设置与温度相关的泊松比
　　SHRINK=props(1)　　!沥青混合料线收缩系数
　　TEMPREF=props(2)　　!沥青混合料主曲线基准温度
　　TEMPDIV=props(3)　　!沥青混合料温度调整系数中的偏移参数
*　　损伤参数
　　S0=props(4)
　　S1=props(5)　　!损伤参数S0与S1

　　PI=3.14159265359
*
*　　利用数值积分计算瞬时弹性模量
　　AT=EXP(TEMPDIV*(1.0/(TEMP+273.15)-1.0/(TEMPREF+273.15)))
*　　读取上一次的温度调整系数，储存位置：1
　　ATOld=STATEV(1)
　　IF(ATOld==0)THEN
　　　　ATOld=AT
　　END IF
*　　利用Cotes公式计算瞬时弹性模量
　　E1=0.0
　　E2=0.0
　　E3=0.0
　　E4=0.0
　　E5=0.0
　　　　DO K1=1,8
　　　　E1=E1+EM(K1)
　　　　E2=E2+EM(K1)*EXP(-1*(0.25*DTIME/AT)/RE(K1))
　　　　E3=E3+EM(K1)*EXP(-1*(0.50*DTIME/AT)/RE(K1))

```
      E4=E4+EM(K1)*EXP(-1*(0.75*DTIME/AT)/RE(K1))
      E5=E5+EM(K1)*EXP(-1*(1.00*DTIME/AT)/RE(K1))
      END DO
EE=(7.0*E1+32.0*E2+12.0*E3+32.0*E4+7.0*E5)/90.0
```
* 体积模量与剪切模量3K, 2G
```
EK=EE/(1.0-2.0*EMU)
EG=EE/(1.0+EMU)
DO K1=1,8
KM(K1)=EM(K1)/(1.0-2.0*EMU)
GM(K1)=EM(K1)/(1.0+EMU)
END DO
```
* 读取损伤参数,或初始化损伤参数
```
SS=STATEV(2)
IF(SS==0)THEN
SS=1
END IF
```
* 定义雅可比矩阵DDSDDE
```
DO K1=1,NTENS
    DO K2=1,NTENS
        DDSDDE(K1,K2)=0
    END DO
END DO
DO K1=1,NDI
    DO K2=1,NDI
        DDSDDE(K1,K2)=SS*EK/3.0-SS*EG/3.0
    END DO
        DDSDDE(K1,K1)=SS*EK/3.0+SS*EG*2.0/3.0
END DO
DO K1=NDI+1,NTENS
    DDSDDE(K1,K1)=SS*EG/2.0   !UMAT输出工程剪应变
END DO
```
* 计算体积应力与偏应力

```
SKK=STRESS(1)+STRESS(2)+STRESS(3)
DO K1=1,NDI
    DIVS(K1)=STRESS(K1)-SKK/3.0
END DO
DO K1=NDI+1,NTENS
    DIVS(K1)=STRESS(K1)
END DO
```

```
*###########################################################
*      黏弹性损伤，黏弹性储存位置10-N
*###########################################################
*      读取上一次计算的迭代数组P2,P4,储存位置：11-66
       DO K1=1,NTENS
           DO K2=1,8
               P2(K1,K2)=STATEV(8*(K1-1)+K2+10)
           END DO
       END DO
       DO K2=1,8
           P4(K2)=STATEV(58+K2)
       END DO
*      计算黏弹性应变增量数组
       DO K1=1,NDI
           VEDSTRAN(K1)=DSTRAN(K1)  !可在该处添加温度收缩应变或黏塑性应变
       END DO
       DO K1=NDI+1,NTENS
           VEDSTRAN(K1)=DSTRAN(K1)/2.0  !可在该处添加黏塑性应变
       END DO
*      读取上一次的黏弹性应变增量，储存位置：67-72
       DO K1=1,NTENS
           FVEDSTRAN(K1)=STATEV(66+K1)
       END DO
*      计算体积应变
       EKK=VEDSTRAN(1)+VEDSTRAN(2)+VEDSTRAN(3)-3*SHRINK*DTEMP
*      计算上一次体积应变增量与偏应变增量
       FEKK=FVEDSTRAN(1)+FVEDSTRAN(2)+FVEDSTRAN(3)
*      计算偏应变增量
       DO K1=1,NDI
           DIVE(K1)=VEDSTRAN(K1)-EKK/3.0
       END DO
       DO K1=NDI+1,NTENS
           DIVE(K1)=VEDSTRAN(K1)
       END DO
*      计算上一次偏应变增量
       DO K1=1,NDI
           FDIVE(K1)=FVEDSTRAN(K1)-FEKK/3.0
       END DO
       DO K1=NDI+1,NTENS
           FDIVE(K1)=FVEDSTRAN(K1)
```

```
        END DO
*   计算迭代数组P1，P3，此处的黏弹性计算为利用Cotes公式进行数值计算，也可直接进
    行积分计算或采用其他数值积分公式
    DO K1=1,NTENS
        DO K2=1,8
            P1(K1,K2)=EXP(-1*DTIME/ATOld/RE(K2))*P2(K1,K2)+
1           FDIVE(K1)/90*(7+32*EXP(-0.25*DTIME/ATOld/RE(2))+
212*EXP(-0.5*DTIME/ATOld/RE(2))+32*EXP(-0.75*DTIME/ATOld/RE(2))+
37*EXP(-0.25*DTIME/ATOld/RE(2)) ) !Cotes 公式
        END DO
    END DO
    DO K2=1,8
        P3(K2)=EXP(-1*DTIME/ATOld/RE(K2))*P4(K2)+
1       FEKK/90*(7+32*EXP(-0.25*DTIME/ATOld/RE(2))+
212*EXP(-0.5*DTIME/ATOld/RE(2))+32*EXP(-0.75*DTIME/ATOld/RE(2))+
37*EXP(-0.25*DTIME/ATOld/RE(2)) ) !Cotes 公式
    END DO
*   *********************应力与损伤的迭代开始*************************
*
    SSTEMP=SS
    Fsig0=STATEV(3)
    sigTEMP=0.0
    DO COUNT=1,3    !最大迭代次数
*
*   体积历史应力，偏历史应力归零
    DO K1=1,NTENS
        DIVS0(K1)=0.0
    END DO
    SKK0=0.0
*   计算体积历史应力，偏历史应力
    DO K1=1,NTENS
        DO K2=1,8
        DIVS0(K1)=DIVS0(K1)+
1       SSTEMP*GM(K2)*(EXP(-1*DTIME/AT/RE(K2))-1)*P1(K1,K2)!损伤
        END DO
    END DO
    DO K2=1,8
        SKK0=SKK0+SSTEMP*KM(K2)*(EXP(-1*DTIME/AT/RE(K2))-1)*P3(K2)!损伤
    END DO
*
```

```
*       更新体积应力与偏应力
        DO K1=1,NTENS
            DIVSTEMP(K1)=DIVS(K1)+EG*DIVE(K1)*SSTEMP+DIVS0(K1)              !损伤
        END DO
            SKKTEMP=SKK+EK*EKK*SSTEMP+SKK0                                  !损伤
*
*       更新应力数组
        DO K1=1,NDI
            STRESSTEMP(K1)=DIVSTEMP(K1)+SKKTEMP/3.0
        END DO
        DO K1=NDI+1,NTENS
            STRESSTEMP(K1)=DIVSTEMP(K1)
        END DO
*       计算虚应变/有效应力
        Do K1=1,NTENS
            Pseudostrain(K1)=STRESSTEMP(K1)/SSTEMP
        END DO
*       计算平面最大主拉应力
        IF(NTENS==6)THEN       !3D状态，模型z轴为深度方向
        sig0=(Pseudostrain(1)+Pseudostrain(2))/2.0+
        1sqrt(((Pseudostrain(1)-Pseudostrain(2))/2)**2+Pseudostrain(4)**2)
*
        ELSE IF(NTENS==4)THEN!2D状态，模型y轴为深度方向
            sig0=Pseudostrain(1)
        END IF
*
        IF(sig0<=100)THEN  !卸载段不发生损伤.or.sig0<Fsig0
        DS=0
        ELSE
        DS=S0*sig0**S1*DTIME  !损伤增量计算
        END IF
*
        SSTEMP=SS-DS
        accu=abs(sigTEMP-sig0)  !两次应力计算差值
        sigTEMP=sig0

        END DO
*       *******************应力与损伤的迭代结束**************************
*
        DO K1=1,NTENS
```

```
              STRESS(K1)=STRESSTEMP(K1)
      END DO
*
      SS=SSTEMP
*     更新温度调整系数，储存位置：1
      STATEV(1)=AT
*     更新损伤参数，储存位置：2，3
      STATEV(2)=SS
      STATEV(3)=sig0
*     更新的迭代数组P1,P3,储存位置：11-66
      DO K1=1,NTENS
          DO K2=1,8
              STATEV(8*(K1-1)+K2+10)=P1(K1,K2)
          END DO
      END DO
      DO K2=1,8
          STATEV(58+K2)=P3(K2)
      END DO
*     更新的黏弹性应变增量，储存位置：67-72
      DO K1=1,NTENS
          STATEV(66+K1)=VEDSTRAN(K1)
      END DO
*
      RETURN
      END
```

参 考 文 献

[1] Hasan O A, Boyce M C. A constitutive model for the nonlinear viscoelastic viscoplastic behavior of glassy polymers[J]. Polymer Engineering and Science, 1995, 35(4): 331-344.

[2] Schapery R A. Nonlinear viscoelastic and viscoplastic constitutive equations with growing damage[J]. International Journal of Fracture, 1999, 97(1): 33-66.

[3] Lai J, Bakker A. 3-D Schapery representation for non-linear viscoelasticity and finite element implementation[J]. Computational Mechanics, 1996, 18(3): 182-191.

[4] Schapery R A. On the characterization of nonlinear viscoelastic materials[J]. Polymer Engineering and Science, 1969, 9(4): 295-310.

[5] Schapery R A. Correspondence principles and a generalized J integral for large deformation and fracture analysis of viscoelastic media[J]. International Journal of Fracture, 1984, 25(3): 195-223.

[6] Lytton R L, Gu F, Zhang Y, et al. Characteristics of undamaged asphalt mixtures in tension and compression[J]. International Journal of Pavement Engineering, 2018,

19(3): 192-204.

[7] Liu H, Luo R, Lv H. Establishing continuous relaxation spectrum based on complex modulus tests to construct relaxation modulus master curves in compliance with linear viscoelastic theory[J]. Construction and Building Materials, 2018, 165: 372-384.

[8] Tong J, Ma T, Shen K, et al. A criterion of asphalt pavement rutting based on the thermal-visco-elastic-plastic model[J]. International Journal of Pavement Engineering, 2022, 23(4): 1134-1144.

[9] Perzyna P. Modified theory of viscoplasticity — application to advanced flow and instability phenomena[J]. Archives of Mechanics, 1980, 32(3): 403-420.

[10] Perzyna P. Physical theory of viscoplasticity .1. mathematical structure[J]. Bulletin de l'Academie Polonaise des Sciences-Serie des Sciences Techniques, 1973, 21(3): 183-188.

[11] Lytton R L, Zhang Y, Gu F, et al. Characteristics of damaged asphalt mixtures in tension and compression[J]. International Journal of Pavement Engineering, 2018, 19(3): 292-306.

[12] Zhu H, Sun L. Mechanistic rutting prediction using a two-stage viscoelastic-viscoplastic damage constitutive model of asphalt mixtures[J]. Journal of Engineering Mechanics, 2013, 139(11): 1577-1591.

[13] Zhang Y, Gu F, Birgisson B, et al. Viscoelasticplastic-fracture modeling of asphalt mixtures under monotonic and repeated loads[J]. Transportation Research Record, 2017, 2631(1): 20-29.

[14] Zhang Y, Bernhardt M, Biscontin G, et al. A generalized Drucker-Prager viscoplastic yield surface model for asphalt concrete[J]. Materials and Structures, 2015, 48(11): 3585-3601.

第 4 章　沥青混合料损伤演化仿真

沥青路面结构的疲劳损伤本质还是沥青混合料在荷载作用下发生微裂纹的萌生与扩展，最终表现为材料与结构的损伤积累、承载力下降以及最终的疲劳开裂，由于沥青混合料是典型的颗粒复合材料，因此研究沥青混合料的损伤演化力学行为，就需要从细观层面，建立包含砂浆、集料与界面的沥青混合料细观结构有限元模型。

本章将在第 3 章中介绍的沥青混合料黏弹性连续损伤本构模型的基础上，引入黏聚带断裂力学模型 (cohesive zone model，CZM) 描述材料的断裂行为，模拟分析沥青混合料细观结构，如级配、集料方向、空隙率等对疲劳损伤的影响规律，揭示沥青混合料损伤演化机理。

4.1　基于细观结构的沥青混合料力学本构模型研究

4.1.1　分数阶 Zener 模型有限元数值算法及验证

分数阶黏弹性模型相较于整数阶黏弹性模型，能够用更少的参数准确表征材料在时频域内的黏弹性力学信息，因此本书中采用分数阶 Zener 模型来表征沥青砂浆的黏弹性行为。

由于 UMAT 中的计算是根据增量应变来计算，实际上在一个分析步内，可以看作一个应力松弛的过程，所以为了将分数阶 Zener 模型写为增量形式的数值算法，首先必须推导出其时域下的松弛模量表达式。

1. 分数阶 Zener 模型时域下的松弛模量解析式

如图 4.1 所示，传统的 Zener 模型由两个弹簧和一个黏壶组合而成，分数阶 Zener 模型将其中的黏壶替换为 Abel 黏壶 [1]。

其拉普拉斯域下的本构关系可写为如下形式：

$$\left(\frac{1}{E_0} + \frac{1}{E_1 + \eta s^\alpha} \right) \bar{\sigma} = \bar{\varepsilon} \tag{4.1}$$

式中，各模型参数如图 4.1 中对应各元件，α 为分数阶阶数，且 $0 < \alpha < 1$。

为求解分数阶 Zener 模型时域下的松弛模量，需要对上式进行拉普拉斯逆变换。而分数阶导数的拉普拉斯逆变换，需要用到米塔-列夫勒 (Mittag-Leffler) 函数，其定义如下：

$$E_{\alpha,\beta}(z) = \sum_{k=0}^{\infty} \frac{z^k}{\Gamma(\alpha k + \beta)} \tag{4.2}$$

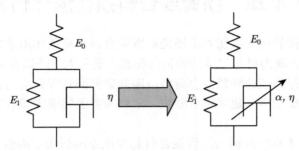

图 4.1   传统 Zener 模型与分数阶 Zener 模型

Mittag-Leffler 函数的拉普拉斯变换有以下转换关系 [2]：

当 $\Re(\alpha) > 0$，$\Re(\beta) > 0$ 时，有

$$L\left\{x^{\beta-1}E_{\alpha,\beta}(-ax^\alpha)\right\} = \frac{s^{\alpha-\beta}}{s^\alpha + a} \tag{4.3}$$

为求解松弛模量，考虑突加应变 $\varepsilon(t) = \varepsilon_0 H(t)$ 的作用，将 $\bar{\varepsilon} = \varepsilon_0/s$ 代入式 (4.1)，则有

$$\begin{aligned} E(s) &= \frac{1}{s} \frac{1}{\dfrac{1}{E_0} + \dfrac{1}{E_1 + \eta s^\alpha}} \\ &= \frac{E_0 E_1}{E_0 + E_1} s^{-1} + \frac{E_0^2}{E_0 + E_1} \frac{s^{\alpha-1}}{\dfrac{E_0 + E_1}{\eta} + s^\alpha} \end{aligned} \tag{4.4}$$

进行拉普拉斯逆变换，可得松弛模量

$$E(t) = \frac{E_0 E_1}{E_0 + E_1} + \frac{E_0^2}{E_0 + E_1} E_\alpha\left(-\frac{E_0 + E_1}{\eta} t^\alpha\right) \tag{4.5}$$

将参数进行简化，令 $E_\infty = \dfrac{E_0 E_1}{E_0 + E_1}$，$E_K = \dfrac{E_0^2}{E_0 + E_1}$，$\eta_K = \dfrac{E_0 + E_1}{\eta}$，则式 (4.5) 变为

$$E(t) = E_\infty + E_K E_\alpha(-\eta_K t^\alpha) \tag{4.6}$$

式中，E_∞ 为平衡模量；$E_K + E_\infty = E_0$ 为瞬时模量；α 和 η_K 为 Abel 黏壶参数。式 (4.6) 即为分数阶 Zener 模型时域下的松弛模量。

2. 分数阶 Zener 模型的增量格式数值算法

黏弹性积分型本构可写为如下形式：

$$\sigma_{ij}(t) = \int_0^t C_{ijkl}(t-\tau)\frac{\mathrm{d}\varepsilon_{kl}(\tau)}{\mathrm{d}\tau}\mathrm{d}\tau \tag{4.7}$$

在第 $n+1$ 个增量步时，应力可作如下分解 [3]：

$$\begin{aligned}
\sigma_{ij}(t_{n+1}) &= \int_0^{t_n} C_{ijkl}(t_{n+1}-\tau)\frac{\mathrm{d}\varepsilon_{kl}(\tau)}{\mathrm{d}\tau}\mathrm{d}\tau + \int_{t_n}^{t_{n+1}} C_{ijkl}(t_{n+1}-\tau)\frac{\mathrm{d}\varepsilon_{kl}(\tau)}{\mathrm{d}\tau}\mathrm{d}\tau \\
&= \sigma_{ij}(t_n) + \int_0^{t_n} \left(C_{ijkl}(t_{n+1}-\tau) - C_{ijkl}(t_n-\tau)\right)\frac{\mathrm{d}\varepsilon_{kl}(\tau)}{\mathrm{d}\tau}\mathrm{d}\tau \\
&\quad + \int_{t_n}^{t_{n+1}} C_{ijkl}(t_{n+1}-\tau)\frac{\mathrm{d}\varepsilon_{kl}(\tau)}{\mathrm{d}\tau}\mathrm{d}\tau
\end{aligned} \tag{4.8}$$

令 $\Delta C_{ijkl} = C_{ijkl}(t_{n+1}-\tau) - C_{ijkl}(t_n-\tau)$，则应力增量可表示为

$$\Delta\sigma_{ij} = \sigma_{ij}(t_{n+1}) - \sigma_{ij}(t_n) = \underbrace{\int_{t_n}^{t_{n+1}} C_{ijkl}(t_{n+1}-\tau)\frac{\mathrm{d}\varepsilon_{kl}(\tau)}{\mathrm{d}\tau}\mathrm{d}\tau}_{A}$$

$$+ \underbrace{\int_0^{t_n} \Delta C_{ijkl}\frac{\mathrm{d}\varepsilon_{kl}(\tau)}{\mathrm{d}\tau}\mathrm{d}\tau}_{B} \tag{4.9}$$

为了方便后续讨论，将应力增量分为 A 和 B 两部分。

在推导应力增量之前，先假设在 $t_n \leqslant t \leqslant t_{n+1}$ 时刻内，应变以恒定的速率 R_{n+1} 变化，如图 4.2 所示。

即

$$\varepsilon_{ij}(t) = \varepsilon_{ij}(t_n) + R_{n+1}(t-t_n)H(t-t_n) \tag{4.10}$$

式中，$\varepsilon_{ij}(t_n)$ 为第 n 个增量步的应变；R_{n+1} 为第 $n+1$ 个增量步的应变率。

则有

$$R_{n+1} = \frac{\varepsilon_{ij}(t_{n+1}) - \varepsilon_{ij}(t_n)}{t_{n+1} - t_n} = \frac{\Delta\varepsilon_{ij,n+1}}{\Delta t_{n+1}} \tag{4.11}$$

式中，$\Delta\varepsilon_{ij,n+1}$ 和 Δt_{n+1} 分别为第 $n+1$ 个增量步的应变增量和时间增量。

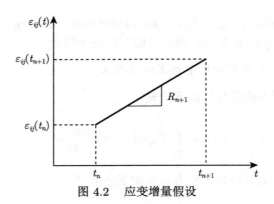

图 4.2　应变增量假设

1) A 部分

将式 (4.6) 和式 (4.11) 代入应力增量的 A 部分, 可得

$$\int_{t_n}^{t_{n+1}} C_{ijkl}(t_{n+1} - \tau) \frac{\mathrm{d}\varepsilon_{kl}(\tau)}{\mathrm{d}\tau} \mathrm{d}\tau$$

$$= \int_{t_n}^{t_{n+1}} [C_\infty + C_K E_\alpha (-\eta_K (t_{n+1} - \tau)^\alpha)] \frac{\mathrm{d}\varepsilon_{kl}(\tau)}{\mathrm{d}\tau} \mathrm{d}\tau$$

$$= C_\infty \int_{t_n}^{t_{n+1}} \frac{\mathrm{d}\varepsilon_{kl}(\tau)}{\mathrm{d}\tau} \mathrm{d}\tau + C_K \int_{t_n}^{t_{n+1}} E_\alpha (-\eta_K (t_{n+1} - \tau)^\alpha) \frac{\mathrm{d}\varepsilon_{kl}(\tau)}{\mathrm{d}\tau} \mathrm{d}\tau$$

$$= C_\infty R_{n+1} \Delta t + C_K R_{n+1} \int_{t_n}^{t_{n+1}} E_\alpha (-\eta_K (t_{n+1} - \tau)^\alpha) \mathrm{d}\tau \qquad (4.12)$$

由广义 Mittag-Leffler 函数性质可知, 当 $\beta, \gamma, \delta, \omega \in C$, $\Re(\gamma) > n$ 时, 对于任意正整数 n, 有 [2]

$$\left(\frac{\mathrm{d}}{\mathrm{d}z}\right)^n \left[z^{\gamma-1} E_{\beta,\gamma}^\delta (\omega z^\beta)\right] = z^{\gamma-n-1} E_{\beta,\gamma-n}^\delta (\omega z^\beta) \qquad (4.13)$$

当 $\delta = 1, \gamma = 2, n = 1$ 时, 可以得出

$$\frac{\mathrm{d}}{\mathrm{d}t} [t E_{\alpha,2} (-\eta_K t^\alpha)] = E_\alpha (-\eta_K t^\alpha) \qquad (4.14)$$

将式 (4.14) 应用于式 (4.12) 中的 Mittag-Leffler 函数积分, 并做 $\mu = t_{n+1} - \tau$ 积分变换, 可得

$$\int_{t_n}^{t_{n+1}} E_\alpha (-\eta_K (t_{n+1} - \tau)^\alpha) \mathrm{d}\tau$$

$$= \int_0^{\Delta t} E_\alpha \left(-\eta_K \mu^\alpha \right) \mathrm{d}\mu$$

$$= \Delta t E_{\alpha,2} \left(-\eta_K \left(\Delta t \right)^\alpha \right) \tag{4.15}$$

将式 (4.15) 代入式 (4.12)，可得

$$\int_{t_n}^{t_{n+1}} C_{ijkl}(t_{n+1} - \tau) \frac{\mathrm{d}\varepsilon_{kl}(\tau)}{\mathrm{d}\tau} \mathrm{d}\tau$$

$$= E_\infty R_{n+1} \Delta t + E_K R_{n+1} \left(-\Delta t E_{\alpha,2} \left(-\eta_K \left(\Delta t \right)^\alpha \right) \right)$$

$$= \left(E_\infty + E_K \left(E_{\alpha,2} \left(-\eta_K \left(\Delta t \right)^\alpha \right) \right) \right) \Delta\varepsilon_{kl,n+1} \tag{4.16}$$

式中，$\Delta\varepsilon_{kl,n+1}$ 表示第 $n+1$ 个增量步的应变增量。

2) B 部分

这里首先需要讨论分数阶导数与传统整数阶本构模型 (仅由弹簧和黏壶组成的模型) 在进行积分运算时的区别。

传统整数阶本构模型，其积分的核函数为自然指数函数，即 e^{-at}。

以 Maxwell 为例，在对 B 部分这种形式的积分进行计算时具有如下的线性关系：

$$\int_0^{t_n} \left(C_{ijkl}(t_{n+1} - \tau) - C_{ijkl}(t_n - \tau) \right) \frac{\mathrm{d}\varepsilon_{kl}(\tau)}{\mathrm{d}\tau} \mathrm{d}\tau$$

$$= \int_0^{t_n} \left(-E\mathrm{e}^{-(t_n - \tau)/\rho}(1 - \mathrm{e}^{-\Delta t/\rho}) \right) \frac{\mathrm{d}\varepsilon_{kl}(\tau)}{\mathrm{d}\tau} \mathrm{d}\tau$$

$$= -\left(1 - \mathrm{e}^{-\Delta t/\rho} \right) \sigma_{ij}(t_n) \tag{4.17}$$

因此与 A 部分一样，B 部分也可以写成增量格式的本构关系，也就是说，在迭代计算过程中，仅需要存储上一个增量步的应力张量和应变增量。

但由于分数阶 Zener 模型的积分核函数为 Mittag-Leffler 函数，并不具有如 $f(x + \Delta x) = f(x)f(\Delta x)$ 的线性关系，因此无法将 B 部分的卷积积分写成增量格式。

首先考虑求解积分：

$$\int_0^{t_n} C_{ijkl}(t_n - \tau) \frac{\mathrm{d}\varepsilon_{kl}(\tau)}{\mathrm{d}\tau} \mathrm{d}\tau \tag{4.18}$$

将式 (4.6) 代入上式可得

$$\int_0^{t_n} C_{ijkl}(t_n - \tau) \frac{\mathrm{d}\varepsilon_{kl}(\tau)}{\mathrm{d}\tau} \mathrm{d}\tau$$

$$= \int_0^{t_n} \left(E_\infty + E_K E_\alpha \left(-\eta_K (t_n - \tau)^\alpha \right) \right) \frac{\mathrm{d}\varepsilon_{kl}(\tau)}{\mathrm{d}\tau} \mathrm{d}\tau \tag{4.19}$$

将积分区域按照增量步分为 n 个区间，在每个区间上应用应变增量假设，则可得

$$\int_0^{t_n} C_{ijkl}(t_n - \tau) \frac{\mathrm{d}\varepsilon_{kl}(\tau)}{\mathrm{d}\tau} \mathrm{d}\tau$$

$$= \sum_{i=0}^{n-1} \int_{t_i}^{t_{i+1}} \left(E_\infty + E_K E_\alpha \left(-\eta_K (t_n - \tau)^\alpha \right) \right) \frac{\mathrm{d}\varepsilon_{kl}(\tau)}{\mathrm{d}\tau} \mathrm{d}\tau$$

$$= E_\infty \sum_{i=0}^{n-1} \Delta\varepsilon_{kl,i+1} + E_K \sum_{i=0}^{n-1} R_i \int_{t_i}^{t_{i+1}} E_\alpha \left(-\eta_K (t_n - \tau)^\alpha \right) \mathrm{d}\tau \tag{4.20}$$

式中，R_i 为各增量步的假定应变率，即 $\dfrac{\Delta\varepsilon_{kl,i}}{\Delta t_i}$；$t_0 = 0$。

由式 (4.14) 可得

$$\int_{t_i}^{t_{i+1}} E_\alpha \left(-\eta_K (t_n - \tau)^\alpha \right) \frac{\mathrm{d}\varepsilon_{kl}(\tau)}{\mathrm{d}\tau} \mathrm{d}\tau$$

$$= (t_n - t_i) E_{\alpha,2} \left(-\eta_K (t_n - t_i)^\alpha \right) - (t_n - t_{i+1}) E_{\alpha,2} \left(-\eta_K (t_n - t_{i+1})^\alpha \right) \tag{4.21}$$

代入式 (4.20)，可得

$$\int_0^{t_n} C_{ijkl}(t_n - \tau) \frac{\mathrm{d}\varepsilon_{kl}(\tau)}{\mathrm{d}\tau} \mathrm{d}\tau$$

$$= E_\infty \sum_{i=0}^{n-1} \Delta\varepsilon_{kl,i+1} + E_K \sum_{i=0}^{n-1} R_i ((t_n - t_i) E_{\alpha,2} \left(-\eta_K (t_n - t_i)^\alpha \right)$$

$$- (t_n - t_{i+1}) E_{\alpha,2} \left(-\eta_K (t_n - t_{i+1})^\alpha \right))$$

$$= E_\infty \varepsilon_{kl,n} + E_K \sum_{i=0}^{n-1} R_i ((t_n - t_i) E_{\alpha,2} \left(-\eta_K (t_n - t_i)^\alpha \right)$$

$$- (t_n - t_{i+1}) E_{\alpha,2} \left(-\eta_K (t_n - t_{i+1})^\alpha \right)) \tag{4.22}$$

同理可得

$$\int_0^{t_n} C_{ijkl}(t_{n+1} - \tau) \frac{\mathrm{d}\varepsilon_{kl}(\tau)}{\mathrm{d}\tau} \mathrm{d}\tau$$

$$=E_\infty \sum_{i=0}^{n-1} \Delta\varepsilon_{kl,i+1} + E_K \sum_{i=0}^{n-1} R_i ((t_{n+1} - t_i) E_{\alpha,2} (-\eta_K (t_{n+1} - t_i)^\alpha)$$

$$- (t_{n+1} - t_{i+1}) E_{\alpha,2} (-\eta_K (t_{n+1} - t_{i+1})^\alpha))$$

$$=E_\infty \varepsilon_{kl,n} + E_K \sum_{i=0}^{n-1} R_i ((t_{n+1} - t_i) E_{\alpha,2} (-\eta_K (t_{n+1} - t_i)^\alpha)$$

$$- (t_{n+1} - t_{i+1}) E_{\alpha,2} (-\eta_K (t_{n+1} - t_{i+1})^\alpha)) \tag{4.23}$$

为简化书写，令 $\Delta E_{\alpha,2}^{n,i} = (t_n - t_i) E_{\alpha,2} (-\eta_K (t_n - t_i)^\alpha) - (t_n - t_{i+1}) E_{\alpha,2}$ $\cdot (-\eta_K (t_n - t_{i+1})^\alpha)$，则由式 (4.22) 和式 (4.23) 可得应力增量 B 部分为

$$\int_0^{t_n} (C_{ijkl}(t_{n+1} - \tau) - C_{ijkl}(t_n - \tau)) \frac{\mathrm{d}\varepsilon_{kl}(\tau)}{\mathrm{d}\tau} \mathrm{d}\tau$$

$$=E_K \sum_{i=0}^{n-1} R_i \left(\Delta E_{\alpha,2}^{n+1,i} - \Delta E_{\alpha,2}^{n,i} \right) \tag{4.24}$$

则第 $n+1$ 增量步的应力增量为

$$\Delta\sigma_{ij,n+1} = (E_\infty + E_K (E_{\alpha,2} (-\eta_K (\Delta t)^\alpha))) \Delta\varepsilon_{kl,n+1}$$

$$+ E_K \sum_{i=0}^{n-1} R_i \left(\Delta E_{\alpha,2}^{n+1,i} - \Delta E_{\alpha,2}^{n,i} \right) \tag{4.25}$$

由式 (4.25) 可见，为计算第 $n+1$ 增量步的应力，需要在计算过程中，存储之前各增量步中的增量应变 $\Delta\varepsilon_{kl}$ 和增量时间 Δt。从数学角度来说，会降低有限元分析的计算效率，但是从物理意义的角度来说，每一个增量步的力学响应都会受到之前所有应力应变历史的影响，符合真实的沥青混合料材料力学性能。

在有限元计算中，需要将一维的本构关系推广到三维情况，可采用体积模量和剪切模量的方法，将前述数值算法扩展到三维情况下。

式 (4.6) 给出了分数阶 Zener 模型的一维松弛模量。类似于松弛模量，也可以将剪切模量 $G(t)$ 和体积模量 $K(t)$ 写为如下形式：

$$\begin{cases} G(t) = G_\infty + G_K E_{\alpha^G} \left(-\eta_K^G t^{\alpha^G} \right) \\ K(t) = K_\infty + K_K E_{\alpha^K} \left(-\eta_K^K t^{\alpha^K} \right) \end{cases} \tag{4.26}$$

式中，G_∞ 和 K_∞ 分别为剪切和体积平衡模量；α^G、α^K、η_K^G 和 η_K^K 分别为对应的 Abel 黏壶参数。

通过泊松比可以将松弛模量 $E(t)$ 转化为剪切模量 $G(t)$ 和体积模量 $K(t)$，现假设泊松比 μ 为常数，则有

$$\begin{cases} G(t) = E(t)/[2(1+\mu)] \\ K(t) = E(t)/[3(1-2\mu)] \end{cases} \tag{4.27}$$

由松弛模量的线性关系可知，$\eta_K = \eta_K^G = \eta_K^K$，$\alpha = \alpha^K = \alpha^G$。

三维的应力张量可写为体积模量和剪切模量的形式：

$$\sigma_{ij}(t) = S_{ij}(t) + \frac{\sigma_{kk}(t)}{3}\delta_{ij}$$

$$= \int_0^t 2G_{ijkl}(t-\tau)\frac{\mathrm{d}e_{kl}(\tau)}{\mathrm{d}\tau}\mathrm{d}\tau + \int_0^t K_{ijkl}(t-\tau)\delta_{kl}\frac{\mathrm{d}\varepsilon_{kk}(\tau)}{\mathrm{d}\tau}\mathrm{d}\tau \tag{4.28}$$

式中，$S_{ij}(t)$ 为偏应力，$S_{ij} = \sigma_{ij} - \frac{\sigma_{kk}}{3}\delta_{ij}$；$e_{ij}$ 为偏应变，$e_{ij} = \varepsilon_{ij} - \frac{\varepsilon_{kk}}{3}\delta_{ij}$；$\sigma_{kk}(t)$ 为体积应力，$\sigma_{kk} = \sigma_{11} + \sigma_{22} + \sigma_{33}$；$\varepsilon_{kk}$ 为体积应变，$\varepsilon_{kk} = \varepsilon_{11} + \varepsilon_{22} + \varepsilon_{33}$。

由式 (4.25) 可知，对于体积应力增量有

$$\Delta\sigma_{kk} = 3\left(K_\infty + K_K\left(E_{\alpha,2}\left(-\eta_K\left(\Delta t\right)^\alpha\right)\right)\right)\Delta\varepsilon_{kk} + \Delta\sigma_{kk}^R \tag{4.29}$$

式中，余项 $\Delta\sigma_{kk}^R = 3K_K \sum\limits_{i=0}^{n-1} R_i \left(\Delta E_{\alpha,2}^{n+1,i} - \Delta E_{\alpha,2}^{n,i}\right)$。

同理可得偏应力增量为

$$\Delta S_{ij} = 2\left(G_\infty + G_K\left(E_{\alpha,2}\left(-\eta_K\left(\Delta t\right)^\alpha\right)\right)\right)\Delta e_{kl} + \Delta S_{ij}^R \tag{4.30}$$

式中，余项 $\Delta S_{ij}^R = 2G_K \sum\limits_{i=0}^{n-1} R_i \left(\Delta E_{\alpha,2}^{n+1,i} - \Delta E_{\alpha,2}^{n,i}\right)$。

则正应力增量为

$$\Delta\sigma_{xx} = \Delta S_{xx} + \frac{\Delta\sigma_{kk}}{3}$$

$$= 2\left(G_\infty + G_K\left(E_{\alpha,2}\left(-\eta_K\left(\Delta t\right)^\alpha\right)\right)\right)\Delta e_{xx}$$

$$+ \left(K_\infty + K_K\left(E_{\alpha,2}\left(-\eta_K\left(\Delta t\right)^\alpha\right)\right)\right)\Delta\varepsilon_{kk} + \Delta S_{xx}^R + \frac{1}{3}\Delta\sigma_{kk}^R \tag{4.31}$$

剪应力增量为

$$\Delta\sigma_{xy} = \Delta S_{xy} = 2\left(G_\infty + G_K\left(E_{\alpha,2}\left(-\eta_K\left(\Delta t\right)^\alpha\right)\right)\right)\Delta e_{xy} + \Delta S_{xy}^R \tag{4.32}$$

为方便书写，定义

$$\begin{cases} G^J = G_\infty + G_K \left(E_{\alpha,2} \left(-\eta_K \left(\Delta t \right)^\alpha \right) \right) \\ K^J = K_\infty + K_K \left(E_{\alpha,2} \left(-\eta_K \left(\Delta t \right)^\alpha \right) \right) \end{cases} \tag{4.33}$$

根据雅可比矩阵定义 $\dfrac{\partial \Delta \sigma}{\partial \Delta \varepsilon}$，以及 $\dfrac{\partial \Delta S_R}{\partial \Delta \varepsilon} = \dfrac{\partial \Delta \sigma_R}{\partial \Delta \varepsilon} = 0$ 可得

$$\frac{\partial \Delta \sigma_{xx}}{\partial \Delta \varepsilon_{xx}} = \frac{\partial \Delta S_{xx}}{\partial \Delta e_{xx}} \frac{\partial \Delta e_{xx}}{\partial \Delta \varepsilon_{xx}} + \frac{\partial \Delta \sigma_{kk}}{\partial \Delta \varepsilon_{kk}} \frac{\partial \Delta \varepsilon_{kk}}{\partial \Delta \varepsilon_{xx}} = K^J + \frac{4}{3} G^J \tag{4.34}$$

式中，$xx = 11, 22, 33$。

$$\frac{\partial \Delta \sigma_{xx}}{\partial \Delta \varepsilon_{yy}} = \frac{\partial \Delta S_{xx}}{\partial \Delta e_{yy}} \frac{\partial \Delta e_{yy}}{\partial \Delta \varepsilon_{yy}} + \frac{\partial \Delta \sigma_{kk}}{\partial \Delta \varepsilon_{kk}} \frac{\partial \Delta \varepsilon_{kk}}{\partial \Delta \varepsilon_{yy}} = K^J - \frac{2}{3} G^J \tag{4.35}$$

式中，$xx = 11, 22, 33$，$yy = 11, 22, 33$，且 $xx \neq yy$。

$$\frac{\partial \Delta \sigma_{xy}}{\partial \Delta \varepsilon_{xx}} = \frac{\partial \Delta S_{xy}}{\partial \Delta e_{xx}} \frac{\partial \Delta e_{xx}}{\partial \Delta \varepsilon_{xx}} = 0 \tag{4.36}$$

式中，$xx = 11, 22, 33$，$xy = 12, 23, 13$。

$$\frac{\partial \Delta \sigma_{xy}}{\partial \Delta \gamma_{xy}} = \frac{\partial \Delta S_{xy}}{\partial \Delta e_{xy}} \frac{\partial \Delta e_{xy}}{\partial \Delta \gamma_{xy}} = G^J \tag{4.37}$$

式中，$xy = 12, 23, 13$

根据式 (4.33)～式 (4.37)，可得到分数阶 Zener 黏弹性模型 UMAT 计算的雅可比矩阵如下：

$$\text{DDSDDE} = \begin{bmatrix} K^J + \dfrac{4}{3} G^J & K^J - \dfrac{2}{3} G^J & K^J - \dfrac{2}{3} G^J & 0 & 0 & 0 \\ K^J - \dfrac{2}{3} G^J & K^J + \dfrac{4}{3} G^J & K^J - \dfrac{2}{3} G^J & 0 & 0 & 0 \\ K^J - \dfrac{2}{3} G^J & K^J - \dfrac{2}{3} G^J & K^J + \dfrac{4}{3} G^J & 0 & 0 & 0 \\ 0 & 0 & 0 & G^J & 0 & 0 \\ 0 & 0 & 0 & 0 & G^J & 0 \\ 0 & 0 & 0 & 0 & 0 & G^J \end{bmatrix} \tag{4.38}$$

因为计算 Mittag-Leffler 函数需要使用全量形式，因此在 UMAT 的编写中也直接计算应力全量。

体积应力和偏应力：

$$\sigma_{kk} = 3 \left(K_\infty \varepsilon_{kk} + K_K \sum_{i=0}^n R_i^K \Delta E_{\alpha,2}^{n+1,i} \right) \tag{4.39}$$

式中，R^K 为体积应变率，$R^K = \dfrac{\Delta \varepsilon_{kk}}{\Delta t}$；

$$S_{ij} = 2 \left(G_\infty e_{ij} + G_K \sum_{i=0}^n R_i^G \Delta E_{\alpha,2}^{n+1,i} \right) \tag{4.40}$$

式中，R^G 为偏应变率，$R^G = \dfrac{\Delta e_{ij}}{\Delta t}$。

正应力和剪应力：

$$\sigma_{xx} = S_{xx} + \frac{\sigma_{kk}}{3} \tag{4.41}$$

$$\sigma_{xy} = S_{xy} \tag{4.42}$$

式中，$xx = 11, 22, 33$，$xy = 12, 23, 13$。

UMAT 子程序流程如图 4.3 所示，主要分为数据输入、数值计算和数据输出 3 个部分。

数据输入：在新的增量步开始时，通过 ABAQUS 主程序将上一个增量步的应力和应变以及当前增量步的应变增量和时间增量传递给 UMAT 子程序。同时输入存储的应变历史数据。

数值计算：通过式 (4.29)~ 式 (4.32) 计算当前增量步的应力，然后计算出 $\Delta\sigma$，进而通过式 (4.33)~ 式 (4.38) 计算雅可比矩阵。

数据输出：更新应力，更新雅可比矩阵，更新应变历史。

分数阶模型的数值计算需要存储大量的应变历史数据，会严重影响到计算效率，因此如何在可接受的范围内减少计算量，成为需要考虑的问题，也直接影响到模型的实用性。

该分数阶模型有限元分析中，需要反复计算 Mittag-Leffler 函数，而该函数为超越函数，计算过程复杂，会占用大量的计算资源，因此可以考虑一种近似方法。

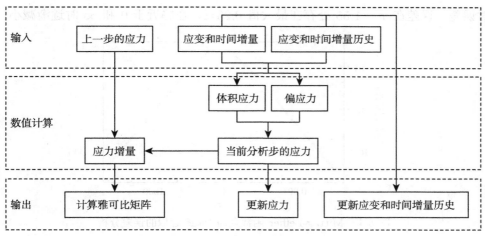

图 4.3 UMAT 子程序流程

全局 Padé 近似是一种通过泰勒级数和渐近级数构建超越函数有理近似的数学方法。Winitzki[4] 利用该方法构建了椭圆函数、误差函数、贝塞尔函数和亚里函数的有理近似。Atkinson 和 Osseiran[5] 则构建了 $\beta = 1$ 时 Mittag-Leffler 函数的有理近似。采用 Zeng[6] 的方法，确定了 $0 < \alpha < 1, \beta = 2$ 时 Mittag-Leffler 函数的有理近似。

$$E_{\alpha,\beta}\left(-x\right) \approx \frac{1}{\Gamma\left(\beta+\alpha\right)}\frac{p_1+x}{q_0+q_1 x+x^2} \tag{4.43}$$

其中

$$p_1 = \frac{\Gamma\left(\beta\right)\Gamma\left(\beta+\alpha\right) - \dfrac{\Gamma\left(\beta+\alpha\right)\left[\Gamma\left(\beta-\alpha\right)\right]^2}{\Gamma\left(\beta-2\alpha\right)}}{\Gamma\left(\beta+\alpha\right)\Gamma\left(\beta-\alpha\right) - \left[\Gamma\left(\beta\right)\right]^2}$$

$$q_0 = \frac{\dfrac{\left[\Gamma\left(\beta\right)\right]^2\Gamma\left(\beta+\alpha\right)}{\Gamma\left(\beta-\alpha\right)} - \dfrac{\Gamma\left(\beta\right)\Gamma\left(\beta+\alpha\right)\Gamma\left(\beta-\alpha\right)}{\Gamma\left(\beta-2\alpha\right)}}{\Gamma\left(\beta+\alpha\right)\Gamma\left(\beta-\alpha\right) - \left[\Gamma\left(\beta\right)\right]^2}$$

$$q_1 = \frac{\Gamma\left(\beta\right)\Gamma\left(\beta+\alpha\right) - \dfrac{\left[\Gamma\left(\beta\right)\right]^2\Gamma\left(\beta-\alpha\right)}{\Gamma\left(\beta-2\alpha\right)}}{\Gamma\left(\beta+\alpha\right)\Gamma\left(\beta-\alpha\right) - \left[\Gamma\left(\beta\right)\right]^2}$$

对全局 Padé 近似的结果进行误差分析，图 4.4 绘制了 $\alpha = 0.48, \beta = 2$(根据第 3 章中数据拟合结果得到的沥青混合料的 α 值) 时，在 $x \in \left[10^{-5}, 10^5\right]$ 内的相

对误差，误差在 $x = 1.55$ 处存在最大值 0.26%，在趋近于 0 和 ∞ 时逐渐减小。

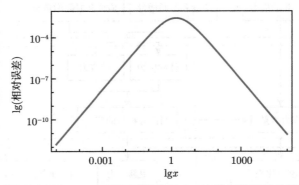

图 4.4　Mittag-Leffler 函数全局 Padé 近似的误差分析

3. 分数阶 Zener 模型的有限元数值算法验证

如前所述，分数阶 Zener 模型数值算法需要在计算过程中存储全部的应变增量历史和时间增量历史，在 UMAT 子程序中，通过 Fortran 语言中的 COMMOM Blocks 数据存储语句实现[7]。将应变增量历史和时间增量历史作为全局变量存储在 COMMOM Blocks 中。实际上 ABAQUS 中状态变量具有相似的作用，也是用来存储全局变量，并且状态变量会自动为每个单元分配存储空间，采用状态变量来存储应变增量历史和时间增量历史将更加简便，但是状态变量数量上限为 1000，显然无法满足结构复杂或时间历程较长的模型的计算需求。

模型如图 4.5 所示，为提高计算效率，仅构建二维模型进行分数阶 Zener 模

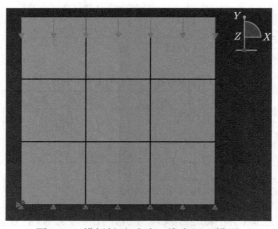

图 4.5　模拟松弛试验二维有限元模型

型数值算法的验证。模型单元个数为 9 个，单元类型采用二维 8 节点缩减积分平面应力单元 CPS8R。边界条件为底面约束竖直方向 (y 方向) 的位移，侧面无约束，为了避免可能的横向移动，约束左下角节点的水平位移。在顶面施加 $80\mu\varepsilon$ 的跃阶荷载。采用黏性分析步 (visco step)，分析步时长 10s，采用固定增量步长 0.1s。材料参数通过 Property 模块中的 User Material 定义，参数共 10 个，1~6 为分数阶 Zener 模型参数，7~10 为全局 Padé 近似模型参数。材料参数在 Property 模块中的输入方式见图 4.6，材料参数对应编号如表 4.1 所示。

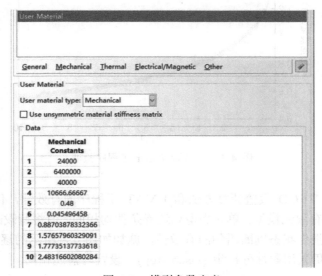

图 4.6 模型参数定义

表 4.1 ABAQUS 参数设置

编号	1	2	3	4	5	6	7	8	9	10
参数	G_∞	G_K	K_∞	K_K	α	η	$\Gamma(\beta-\alpha)$	p_1	q_0	q_1

模拟结果如图 4.7 所示，可见数值模拟得到的松弛模量与分数阶 Zener 模型的松弛模量解析解具有很好的一致性，说明了本章提出的数值算法及 UMAT 子程序是准确有效的。

以上就是分数阶 Zener 模型基于 ABAQUS 有限元的数值算法推导过程、子程序编写实现方法以及验证。

4.1.2 黏弹性连续损伤力学模型 (VECD)

如本书 3.2 节所述，黏弹性连续损伤力学模型 (VECD) 在近 30 年以来，被诸多学者研究用来表征沥青混合料的疲劳损伤性能。但目前的 VECD 模型大多针对宏观的沥青混合料，本章将在此基础上，提出适合沥青砂浆的 VECD 模型，并引入到数值分析中，作为细观有限元模拟的材料模型。

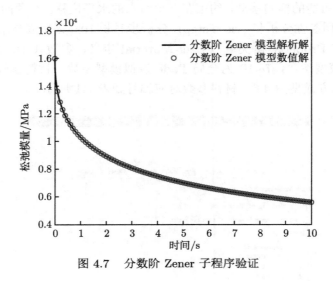

图 4.7　分数阶 Zener 子程序验证

　　为了验证 VECD 数值计算方法和 UMAT 子程序的有效性，仍然使用 4.1.1 节中的 9 单元有限元模型，单元类型和边界条件均相同，但将荷载改为应力控制，并且为了验证损伤状态判断语句的有效性，施加如图 4.8 所示的逐渐增大的周期荷载。分析步仍采用黏性分析步 (visco step)，设置与前述相同。

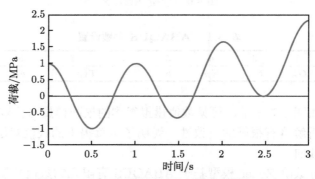

图 4.8　VECD 数值算法验证的荷载施加方式

　　经过计算可以得到应变响应的数值解，将该结果与解析解进行对比如图 4.9 所示。

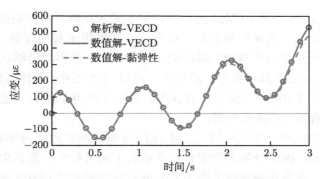

图 4.9 VECD 数值算法及其 UMAT 子程序验证

可见, 有限元模拟计算得到的数值解与公式计算得到的解析解保持一致, 说明本章中提出的 VECD 数值算法及其 UMAT 子程序是准确有效的。通过图 4.9, 也可以看到无损状态的黏弹性响应与发生损伤的黏弹性响应之间的对比, 可以看出, 在加载初期, 损伤还未发生, 黏弹性的应变响应与 VECD 的应变响应几乎相同, 随着受拉加载段的出现, 应变曲线之间的差异逐渐增大, 说明了损伤的逐渐积累。

假刚度随时间变化的曲线如图 4.10 所示。可以看出图中包含数段水平的线段, 说明在该阶段未发生损伤积累, 而随着受拉加载段的出现, 损伤逐渐积累, 假刚度逐渐降低。说明了本章提出的 UMAT 子程序能够准确判断损伤状态, 能够实现预期的功能。

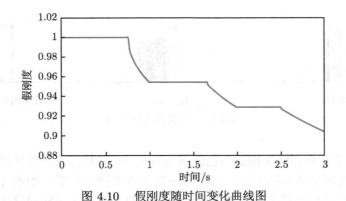

图 4.10 假刚度随时间变化曲线图

4.1.3 黏聚带断裂力学模型 (CZM)

黏聚带断裂力学模型 (cohesive zone model, CZM) 从某种意义上来说是一种损伤模型 [8], 与传统的基于线弹性本构框架的断裂力学 (linear elastic fracture mechanics，LEFM) 不同，CZM 通过损伤的积累来反映材料微裂纹的发展，并以损伤的形式来表征，当损伤积累到一定程度，即发生宏观的开裂。CZM 规避了 LEFM 模型在计算过程中裂缝尖端的应力奇点效应，使得其能够高效稳定地应用于数值分析中。CZM 具有良好的泛用性，可以同时应用于脆性断裂和延性断裂。另外 CZM 可以用于两种不同材料的界面，例如沥青-集料界面，这些界面往往是复合材料发生断裂时的薄弱位置。

由于上述的优势，本章采用 CZM 来同时模拟沥青砂浆内部和沥青-集料界面上的断裂行为，模拟分析沥青混合料在低温下的抗裂性。而且由于 CZM 中包含的损伤概念，本章还将界面上的 CZM 引入沥青混合料的疲劳损伤分析中，与 VECD 损伤模型相结合，更加详细地分析砂浆内部和界面上的损伤演化，研究沥青混合料的抗疲劳性能。

1. CZM 框架

Bažant[9] 形象地总结了不同断裂特征时断裂区中应力分布的差异，如图 4.11 所示。

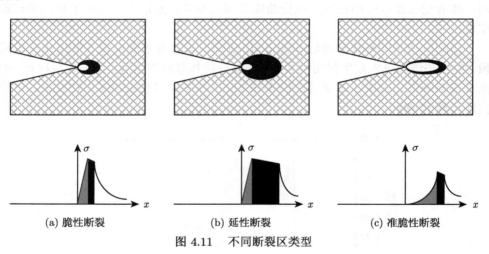

(a) 脆性断裂   (b) 延性断裂   (c) 准脆性断裂

图 4.11   不同断裂区类型

图 4.11 中紧靠裂缝尖端的白色区域为软化区，其外围的黑色区域为非线性硬化区，根据这两个区域的不同，可以将断裂分为不同的类型。如图 4.11(a) 所示，非线性区域的面积相对于结构整体尺寸较小，同时软化区域和硬化区域的面积都比较小。整个断裂过程都发生在裂缝尖端。这类断裂为脆性断裂，通常可以由线弹性断裂力学 (LEFM) 来表征。如图 4.11(b) 和图 4.11(c) 所示，非线性区域的面积相对于结构整体尺寸已经比较显著。图 (b) 中，非线性区域主要由塑性硬化决定，断裂过程 (软化) 所占的比重相对较小。这类断裂称为延性断裂。通常由弹

塑性断裂力学 (elastic-plastic fracture mechanics，EPFM) 来表征。而图 (c) 中，非线性区域则主要由逐渐积累的损伤软化行为决定，塑性硬化区域的面积相对来说非常小，在研究中通常可以忽略。这类断裂称为准脆性断裂，根据以往的研究表明，大多数土木工程复合材料都归类为准脆性材料，如沥青混合料、水泥混合料等，而这类断裂可以通过黏聚带模型 (CZM) 来表征。

黏聚带模型最早可以追溯到 20 世纪 60 年代，由 Dugdale 和 Barenblatt[10,11] 提出的 Cohesive Crack 模型 (CCM)，仅用来表征预设裂缝尖端的断裂行为。随后被 Hillerborg[12,13] 推广应用到结构中无预设裂缝的全部区域，并逐步发展成为 CZM。该模型的基本框架可以由图 4.12 形象地表示。

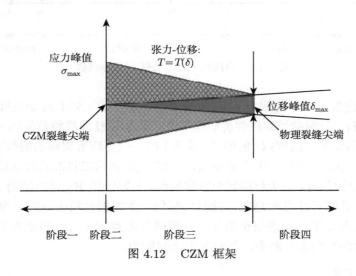

图 4.12 CZM 框架

由图 4.12 可见，CZM 的整个裂缝扩展过程分为四个阶段。在最左侧的阶段一中，认为材料处于完全无损的状态，此时开裂行为还未发生。阶段二即为材料开始发生损伤的时间点，此时材料内部微裂纹已经开始萌生，在数学上通过某一损伤发生准则来表征，例如应力峰值 $\sigma_{\max}$，可以认为是细观的断裂准则。此时出现 CZM 裂缝尖端，但材料的承载能力并未完全丧失。第三阶段为损伤积累的过程，在这个过程中，张力 T(traction) 会随着裂缝尖端的位移 δ(separation) 的增加而逐渐减小，数学上通过张力-位移方程 (也即损伤演化方程) 来表征。第四阶段为微裂纹充分扩展汇聚形成宏观裂纹，从而出现物理裂缝尖端，材料的承载能力完全丧失，此时的位移为断裂位移 $\delta_{\max}$，也可以认为是宏观的断裂准则。

由上述内容可以看出，CZM 的建立需要确定两个判据和一个演化方程，这些变量都可以通过张力-位移曲线来表示，如图 4.13 所示。

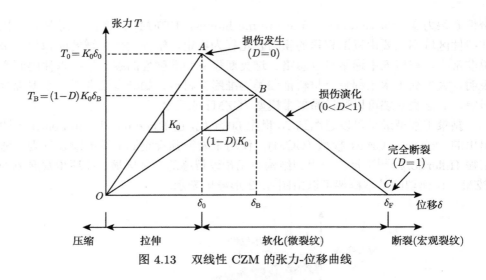

图 4.13　双线性 CZM 的张力-位移曲线

　　通过双线性 CZM 的张力-位移曲线来进一步介绍 CZM 对断裂过程的表征。对于无损材料，当裂缝受到拉伸荷载作用时，张力-位移曲线将首先沿 OA 线段增长，当达到损伤发生的判据 (例如 T_0 或 δ_0) 时，张力随着位移的增长而下降，损伤逐渐积累增大。如果在 B 点处卸载，则张力-位移曲线将沿着卸载段 BO 回到原点。当继续加载时，由于材料已经发生损伤，初始刚度 K_0 将折减为 $(1-D)K_0$，即张力-位移沿着 OB 线段增长，此时的损伤发生判据也相应地变化为 T_B 或 δ_B，达到 B 点后开始下一次的损伤积累，直到损伤达到 $D=1$，即张力-位移曲线达到 C 点，材料出现宏观断裂，彻底失去承载能力。

2. 损伤演化

　　上一节中，通过图表形象地介绍了 CZM 表征断裂力学行为的全过程，对于张力-位移曲线的介绍以最简单的双线性 CZM 为例，但该模型的加载段、卸载段以及损伤演化均为线性，难以准确描述沥青砂浆和集料的断裂。本节将详细阐述后续研究中采用的损伤演化方程。为了便于说明，仍然按照图 4.13 中的编号进行阐述。

　　首先对于加载段和卸载段，也即本构模型的整体框架，本章采用 4.1.1 节中提出的分数阶 Zener 黏弹性本构。张力-位移方程的二维形式可由下式表示：

$$T_i\left(t\right) = \left(1-D\right)\left[\sigma_i^f + \frac{1}{\lambda_i}\int_0^t E\left(t-\tau\right)\frac{\partial\delta_i\left(\tau\right)}{\partial\tau}\mathrm{d}\tau\right] \quad (i=\mathrm{n}\ \text{或}\ \mathrm{s}) \tag{4.44}$$

式中，T 为张力；δ 为位移；E 为松弛模量；σ^f 为损伤发生时的应力；λ 为材料特征长度，用来调整量纲，类似于 VECD 模型中的参考模量 E^R；下标 n 和 s 分别代表法向和切向。

损伤演化方程，即损伤参数 D 的演化，通过基于能量的演化方程来表征，如下式所示：

$$D = \int_{\delta_e^0}^{\delta_e^{\max}} \frac{T_e}{G_c - G_0} \mathrm{d}\delta_e \tag{4.45}$$

式中，G_0 和 G_c 分别为损伤发生时和断裂发生时的断裂能；T_e 和 δ_e 分别为有效张力和有效位移，通过下式计算：

$$T_e = \sqrt{T_n^2 + T_s^2} \tag{4.46}$$

$$\delta_e = \sqrt{\delta_n^2 + \delta_s^2} \tag{4.47}$$

式中，T_n 和 δ_n 分别为法向的张力和位移；T_s 和 δ_s 分别为切向的张力和位移。

与图 4.13 中所示不同，基于能量的损伤演化方程中，应力不会在损伤发生后迅速衰减，在张力峰值处更加光滑。

3. 混合断裂模式

在早期的宏观沥青混合料有限元断裂分析中，材料被视为均一的整体，对于单个断裂类型的模拟中，混合料内部主要的裂缝扩展区域受力状况也相对简单，但对于细观有限元模拟，材料内部的几何形貌复杂，几乎都处在混合受力状况，因此混合断裂模式的确定就显得尤为重要。

混合断裂模式的整体框架如图 4.14 所示。可以看出，混合断裂计算框架的核心思想是将法向和切向的张力-位移曲线在三维坐标系中组成一条新的三维张力-位移曲线，为了便于说明，图 4.14 中以双线性 CZM 为例，但整体思路对于上一节中提出的基于能量的演化方程同样适用。当材料处于混合受拉的状态下时，通过二次名义应力准则 (quadratic nominal stress criterion) 作为损伤发生的判据，并依据幂法则 (power law) 混合断裂损伤演化方程来计算损伤的演化。

混合断裂情况下，式 (4.45) 中 G_0 所对应的断裂能为张力达到以下损伤发生判据时，法向和切向的断裂能的总和，可由下式计算：

$$\left(\frac{\langle T_n \rangle}{T_n^0} \right)^2 + \xi \left(\frac{T_s}{T_s^0} \right)^2 = 1 \tag{4.48}$$

$$\left(\frac{\langle T_n \rangle}{G_n^0} \right)^2 + \xi \left(\frac{T_s}{G_s^0} \right)^2 = 1 \tag{4.49}$$

式中，T_n^0 和 T_s^0 分别为法向和切向的损伤发生判据；T_n 和 T_s 为当前的法向和切向的张力；G_n^0 和 G_s^0 分别为损伤发生时法向和切向的断裂能；ξ 为混合断裂时，法向和切向的相关系数，通过后续的混合断裂试验标定。

式 (4.45) 中 G_c 所对应的断裂能则由下式表示：

$$G_c = 1 \left/ \left[\left(\frac{m_n}{G_n^c} \right)^2 + \left(\frac{m_s}{G_s^c} \right)^2 \right]^{\frac{1}{2}} \right. \tag{4.50}$$

式中，G_n^c 和 G_s^c 分别为法向和切向发生宏观裂纹时的断裂能；m_n 和 m_s 分别为法向和切向当前的断裂能占总断裂能的比值。

本章所采用的 CZM 主要通过 ABAQUS 有限元软件中的功能实现。其中黏弹性框架通过将分数阶模型转化为离散谱 Prony 级数，从而输入到 ABAQUS 中。而损伤发生判据和混合断裂模式则可以通过 ABAQUS 中的 CZM 材料模块实现，不涉及二次开发问题，因此在此不再对算法进行详细阐述。

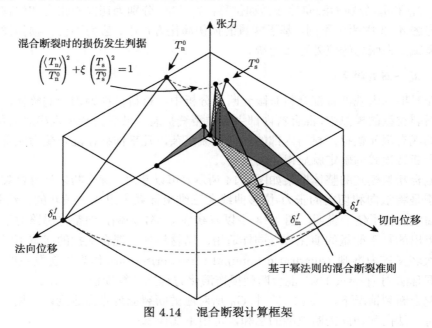

图 4.14 混合断裂计算框架

4.2 沥青混合料本构模型参数获取

4.2.1 基于分数阶本构模型的沥青砂浆黏弹性参数获取

1. 沥青砂浆动态模量试验数据分析

沥青砂浆的动态模量值见图 4.15。可见，沥青砂浆的动态模量随温度降低而增加，并且在所有的试验温度下，均随频率的增加而增加。与沥青混合料的动态模量变化规律基本一致。

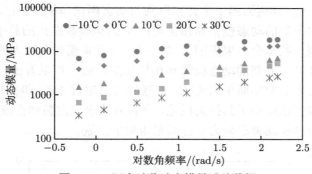

图 4.15 沥青砂浆动态模量试验数据

沥青砂浆的相位角试验数据如图 4.16 所示。相位角随温度的上升而增大，在每个试验温度下，均随频率的增加而减小，并未表现出沥青混合料相位角在高低温下不同变化趋势的现象。总体来说，沥青砂浆相位角的变化规律与其动态模量完全相反。

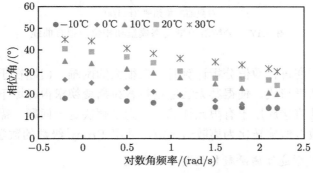

图 4.16 沥青砂浆相位角试验数据

2. 分数阶模型参数标定

分数阶模型的复数模量表达式见式 (4.13)，同样通过参考温度下的特征时间 τ_{ref} 以及 WLF 温度转化方程式 (4.9) 和式 (4.10) 来建立主曲线。拟合算法采用差分进化非线性最小化算法，构建目标函数如下：

$$\min F\left(E_e, E_g, \delta, k, h, \beta, \tau_{\text{ref}}, C_1, C_2\right)$$

$$= \frac{1}{N}\left(\sqrt{\sum_{i=1}^{N}\left(1 - \frac{\left|E_{c,i}^*\right|}{\left|E_{t,i}^*\right|}\right)^2} + \sqrt{\sum_{i=1}^{N}\left(1 - \frac{\phi_{c,i}}{\phi_{t,i}}\right)^2}\right) \tag{4.51}$$

式中，$|E_{c,i}^*|$ 和 $\phi_{c,i}$ 分别为第 i 个计算得到的动态模量和相位角；$|E_{t,i}^*|$ 和 $\phi_{t,i}$ 分别为第 i 个试验得到的动态模量和相位角；N 为试验数据点的总个数。

分数阶模型参数拟合结果见图 4.17。可见分数阶模型在较大的温度范围内均可以准确地表征沥青砂浆的动态模量和相位角主曲线。可以看出，沥青砂浆的相位角随缩减角频率的增加而单调递减，在低频时会超过 45°，即在高温情况下，沥青砂浆的存储模量已经小于其损失模量，沥青砂浆表现出黏弹性液体的力学行为，这也是沥青混合料和沥青砂浆力学性质最本质的区别。

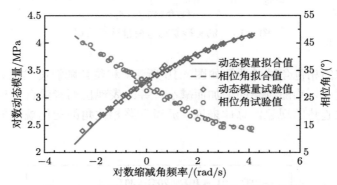

图 4.17　分数阶模型动态模量和相位角拟合曲线

分数阶模型在进行数值分析计算时存在很大的困难，问题在于分数阶模型复杂的复数模量数学形式，使得其无法通过拉普拉斯变换求得时域下的松弛模量解析式，因此无法直接应用于有限元计算中。为了解决这一问题，需要将分数阶模型的连续谱函数近似地转化为离散谱函数，并用 Prony 级数的数学形式表达。

3. 分数阶模型连续谱函数转化离散谱函数

分数阶模型的连续谱函数可以根据下式计算 [14]：

$$H(\tau) = \pm\frac{1}{\pi}\mathrm{Im}E^*\left(\frac{1}{\tau}\mathrm{e}^{\pm\mathrm{i}\pi}\right) \tag{4.52}$$

式中，E^* 为复数模量表达式；Im 表示取复数的虚部；τ 为松弛时间。

由式 (4.52) 可以看出时间谱函数为松弛时间 τ 的连续函数，因此称为连续时间谱。相对地，时间谱函数由离散的若干个松弛时间 τ_i 组成，则称为离散时间谱，常见的广义 Maxwell 模型就是一种离散时间谱模型。根据上式，可求得分数阶模型的连续时间谱函数如下式：

$$H(\tau) = \frac{E_g}{\pi\sqrt{A^2 + B^2}}\sin\varphi \tag{4.53}$$

其中，为了简便书写，令 $A = 1 + \delta\left(\dfrac{\tau_{\text{ref}}}{\tau}\right)^{-k}\cos k\pi + \left(\dfrac{\tau_{\text{ref}}}{\tau}\right)^{-h}\cosh\pi - \left(\dfrac{\tau_{\text{ref}}}{\tau}\beta\right)^{-1}$；

$B = \delta\left(\dfrac{\tau_{\text{ref}}}{\tau}\right)^{-k}\sin k\pi + \left(\dfrac{\tau_{\text{ref}}}{\tau}\right)^{-h}\sinh\pi$；$\varphi = \arctan\dfrac{B}{A}$。

进一步，可以得到离散时间谱与连续时间谱之间的关系如下式：

$$E(t) = E_{\text{e}} + \int_0^\infty \frac{H(\xi)}{\xi}\mathrm{e}^{-t/\xi}\mathrm{d}\xi$$

$$= E_{\text{e}} + \sum_{i=1}^m \left[\frac{H(\tau_i)}{\tau_i}\cdot\Delta\tau_i\right]\mathrm{e}^{-t/\tau_i} \tag{4.54}$$

式中，ξ 为积分符号；t 为时间；τ_i 的集合即为离散时间谱；m 为 Prony 级数个数。

通过对积分的离散化，可以将连续谱转化为离散谱。同时，广义 Maxwell 模型时域下的松弛模量表达式如下式：

$$E(t) = E_{\text{e}} + \sum_{i=1}^m E_i\mathrm{e}^{-t/\tau_i} \tag{4.55}$$

式中，E_i 为离散谱函数中的松弛模量，对应于广义 Maxwell 模型每个子模型里弹簧元件的弹性模量。

对比式 (4.54) 和式 (4.55)，可以得到连续谱转化离散谱的关系式如下：

$$E_i = \frac{H(\tau_i)}{\tau_i}\cdot\Delta\tau_i \tag{4.56}$$

式中，$\Delta\tau_i$ 为离散松弛时间的间隔；其他符号含义同前。

通过式 (4.56) 可以看出，计算离散谱函数需要确定两组变量，即 τ_i 和 $\Delta\tau_i$。对于 τ_i 的选取主要在于确定其在时间轴上的范围，由式 (4.54) 中积分的上下限可见，对于连续谱函数，其能够覆盖全部的松弛时间范围，即从 0 到正无穷大。而离散时间谱中松弛时间在时间轴上的范围由 τ_i 集合中的最大值和最小值来决定，是一个有限域，需要人为进行确定。对于松弛时间间隔 $\Delta\tau_i$，通常都选取为在时间轴上均匀分布，随着 $\Delta\tau_i$ 的减小，近似的离散谱函数将逐渐趋近于连续谱函数。根据 Adolfsson 等 [15] 的研究表明，当 $\Delta\tau_i$ 在线性时间轴上均匀分布时，随着 $\Delta\tau_i$ 的减小，离散谱函数相对于连续谱函数的收敛速度非常慢。当时间轴上仅覆盖 30s 的范围时，即使将 Prony 级数参数个数增加到 1000 个，离散谱函数与连续谱函数的差异仍然很大。后续研究表明，当松弛时间间隔 $\Delta\tau_i$ 在对数时间轴上均匀分布时，离散谱函数的收敛速度将得到显著改善。因此，对连续谱函数作新的定义，将式 (4.54) 改写为

$$E\left(t\right)=E_{\mathrm{e}}+\int_{-\infty}^{\infty}H\left(\xi\right)\mathrm{e}^{-t/\xi}\mathrm{d}\ln\xi \tag{4.57}$$

其中，将积分变量变为 $\ln\xi$，积分上下限变为正负无穷大。

相应地，式 (4.56) 改写为

$$E_i=H\left(\tau_i\right)\cdot\Delta\ln\tau_i \tag{4.58}$$

进一步地，可以将式 (4.58) 写为

$$E_i=H\left(\tau_i\right)\cdot\Delta\ln 10^{1/n} \tag{4.59}$$

其中，n 表示每个数量级中包含的离散的松弛时间的数量。

根据式 (4.53) 中得到的分数阶模型的连续谱函数，绘制不同 n 值时的离散谱函数如图 4.18 所示。图中横坐标为对数时间轴，纵坐标为谱函数值。可见，当 n 增加时，离散谱函数快速地趋近于连续谱函数。当 $n=\ln(10)$ 时，$\Delta\ln 10^{1/n}=1$，即离散谱函数将与连续谱函数重叠。图中横坐标的范围为 $[10^{-20},10^{10}]$，即为 τ_i 的范围。当超出该范围时，连续谱函数的值小于 10MPa。通过积分可以求得在范围 $(-\infty,10^{-20})\cup(10^{10},\infty)$ 内，式 (4.57) 中积分占总积分值的比例小于 5%。因此，本章认为选取该范围作为离散谱函数的覆盖范围，其误差在可接受范围内。另外，松弛时间在时间轴上覆盖的范围，对应于本构模型在频域下所覆盖的频率范围，两者为倒数关系。因此对应到频域下为 $[10^{-10},10^{20}]$，该范围可以覆盖动态模量试验数据的频率范围。

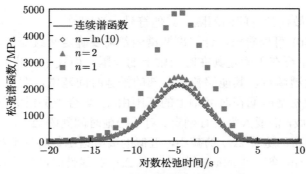

图 4.18   连续谱函数转化离散谱函数

转化后的离散谱函数参数见表 4.2。可见在保证足够的精度时，需要大量的模型参数，相比于前述的分数阶模型及其连续谱模型，离散谱模型在应用时的便捷性更差。

为了进一步验证得到的离散谱函数的有效性，采用表 4.2 中的参数反算沥青砂浆的动态模量和相位角主曲线，并与砂浆的动态模量试验数据进行对比。对比结果见图 4.19。总体上离散谱模型与动态模量和相位角主曲线有较好的一致性。在高频区域的相位角与试验数据存在一定误差，整体的相对误差为 2.53%。

表 4.2 离散谱函数参数

$\lg \tau_i/s$	E_i/MPa	$\lg \tau_i/s$	E_i/MPa	$\lg \tau_i/s$	E_i/MPa	$\lg \tau_i/s$	E_i/MPa
−20.00	14.05	−13.05	354.98	−6.10	4570.31	0.85	1451.90
−19.57	17.86	−12.62	431.15	−5.67	4894.69	1.28	1115.67
−19.13	21.83	−12.18	522.85	−5.23	5139.13	1.71	816.32
−18.70	26.69	−11.75	632.90	−4.80	5284.67	2.15	568.91
−18.26	32.62	−11.31	764.38	−4.37	5320.12	2.58	379.64
−17.83	39.87	−10.88	920.67	−3.93	5244.20	3.02	244.40
−17.39	48.73	−10.45	1105.24	−3.50	5065.62	3.45	152.75
−16.96	59.53	−10.01	1321.51	−3.06	4801.28	3.89	92.83
−16.53	72.73	−9.58	1572.51	−2.63	4472.97	4.32	54.41
−16.09	88.82	−9.14	1860.37	−2.19	4103.59	4.75	29.95
−15.66	108.44	−8.71	2185.74	−1.76	3713.66	5.19	14.67
−15.22	132.34	−8.27	2546.96	−1.33	3318.95	5.62	5.97
−14.79	161.44	−7.84	2939.19	−0.89	2929.14	6.06	1.96
−14.35	196.82	−7.41	3353.53	−0.46	2547.93	6.49	0.54
−13.92	239.80	−6.97	3776.39	−0.02	2174.79	6.93	0.13
−13.49	291.91	−6.54	4189.42	0.41	1808.48	7.36	0.03

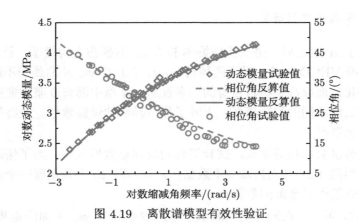

图 4.19 离散谱模型有效性验证

至此，沥青混合料和沥青砂浆的黏弹性参数都已经得到。

4.2.2　VECD 试验结果分析及参数获取

1. 损伤参数 α 的标定

4.1 节中提出，VECD 模型需要确定的参数包括损伤参数 S 函数中的 α，以及 C vs. S 曲线拟合模型中的参数。

对于 α 的取值，本章采取 Kutay 等提出的 $\alpha = 1/m$ 来计算。但由于沥青砂浆与沥青混合料的黏弹性力学行为有所差异，其动态模量在对数坐标下的曲线并不呈现 S 形，但仍可以获取到最大斜率，如图 4.20 所示。其中图 4.20(b) 为通过分数阶模型的离散谱近似方法绘制的松弛模量对数坐标曲线，根据计算可以得到 $\alpha = 2.78$。

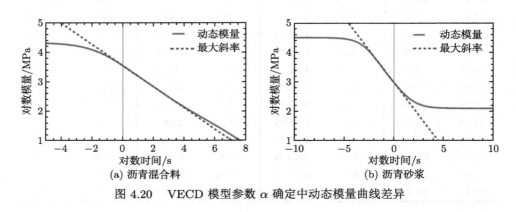

图 4.20　VECD 模型参数 α 确定中动态模量曲线差异

2. Cvs.S 曲线参数标定

在确定了 α 值之后，进一步依据本书 3.3.2 节损伤本构模型，计算出 C vs. S 曲线。根据 VECD 理论，对于同种材料，理论上 C vs. S 曲线应不随温度、荷载的因素变化，而取决于材料自身的力学性质。本章中沥青砂浆的疲劳试验涉及一个温度和三组不同的加载应变，剔除了显著异常的试验数据，最终每个加载应变选取了两组数据。

由于疲劳试验加载周期长，试验得到的数据点数量庞大，为了保证作图的清晰度，在绘制图 4.21 时人为减少了数据点，每间隔 10 个数据取一个点，但实际拟合过程仍然使用了全部的数据点。

由图 4.21 可见，在同样的荷载水平下，砂浆的 C vs. S 曲线走势基本相同。当荷载为 300µε 时，在损伤发展的中段曲线存在一定差异，但是在试验终止条件时，假刚度基本相同。而当荷载为 500µε 和 700µε 时，C vs. S 曲线走势非常接近。

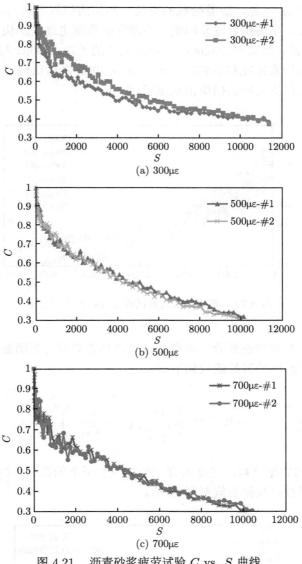

图 4.21 沥青砂浆疲劳试验 C vs. S 曲线

总体来看，在加载的初期，数据的波动较大，而随着损伤的积累，波动相对减小。可能的原因是在加载初期，黏弹性应变处在快速变化和积累的过程，导致计算的损伤数据受到影响。而随着重复加载的进行，黏弹性响应趋于稳定，这时材料的力学行为主要表现为损伤的不断积累。

虽然根据 VECD 理论，材料的 C vs. S 曲线为固有属性，不随荷载大小而变化，但由图 4.22 可见，随着荷载的变化，损伤的积累仍然出现了一定的差别。随着荷载的增加，损伤积累逐渐加快，假刚度的衰减也逐渐加快。其中 300με 与 500με 之间的差距，要大于 500με 与 700με 之间的差距。300με 与 500με 相比，在加载初期的损伤积累速度基本相同，但在 $S > 4000$ 之后出现差异。而 700με 则从加载初期即表现出更快的损伤积累速度。

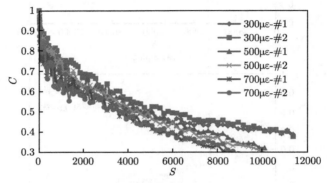

图 4.22　沥青砂浆疲劳试验 C vs. S 曲线汇总

针对 C vs. S 曲线的拟合，本章尝试了自然指数型与幂函数型两种不同的拟合公式，采用了相同的目标函数如下式：

$$\min F = \frac{1}{N}\sqrt{\sum_{i=1}^{N}\left(1 - \frac{C_{\text{cal}}}{C_{\text{test}}}\right)^2} \tag{4.60}$$

式中，N 为总的数据点数，包括所有三个加载水平下的数据；C_{cal} 和 C_{test} 分别为拟合计算的和试验数据的假刚度 C 值。

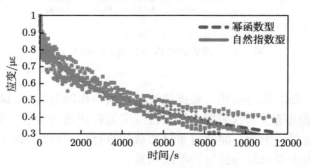

图 4.23　C vs. S 曲线参数拟合结果

拟合结果见图 4.23，可见两种公式均可以得到相似的拟合曲线，拟合误差也基本相同。考虑到自然指数函数在进行数值计算时的便捷性，因此采用自然指数型的模型表征 C vs. S 曲线。具体的模型参数及拟合误差见表 4.3。至此，VECD模型的所有参数均获取完成。

表 4.3　C vs. S 曲线参数

自然指数型			幂函数型		
a	b	拟合误差	a	b	拟合误差
-0.01	0.51	9.65%	0.025	0.36	9.92%

4.2.3　CZM 试验结果分析及参数获取

1. I 型断裂

界面的拉伸断裂试验共进行了 9 组试验，分别标号为 I-N-01 至 I-N-09。其中前 4 个试件为试件制备初期成型，由于操作不熟练，沥青膜厚度较厚，张力-位移曲线出现如图 4.24(a) 所示的"台阶"。通过图 4.24(b) 可以看出，在拉伸过程中，沥青存在明显的拉丝现象。在拉丝过程中，沥青的塑性硬化导致了张力-位移曲线中"台阶"的出现。

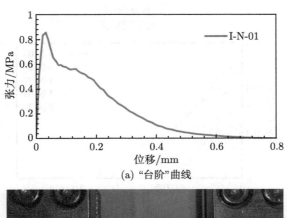

(a) "台阶"曲线

(b) 拉丝现象

图 4.24　界面拉伸断裂试验问题

　　将所有界面拉伸断裂试验结果汇总如图 4.25 所示。由图 4.25(a) 可见，除去前述的 "台阶" 问题，I-N-01 至 I-N-04 的峰值张力与砂浆拉伸断裂试验结果相近，可以认为，断裂并未出现在真正意义的界面上，仍然为沥青内的断裂。另外，不同试件的断裂位移差距较大，因此这 4 组试验数据予以舍去。由图 4.25(b) 可见，I-N-05 至 I-N-09 的峰值张力和断裂位移均比砂浆拉伸断裂的峰值张力和断裂位移要小，验证了界面为沥青混合料开裂过程中的薄弱部位。5 组试验数据的曲线存在一定程度的差异，I-N-05、I-N-06、I-N-08 的峰值张力和断裂位移基本一致，但 I-N-07 和 I-N-09 的曲线出现了较大的波动，可能是由于切割的断面不平整，导致沥青膜黏附不完全。

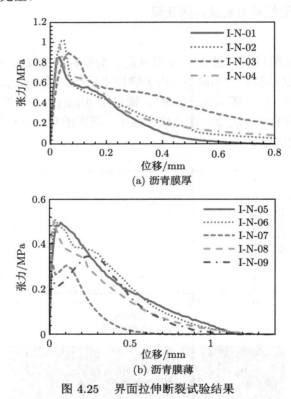

图 4.25   界面拉伸断裂试验结果

　　综合比较之后，选取 I-N-05 试件的张力-位移曲线作为参数获取的曲线。参数汇总如表 4.4 所示。

表 4.4   界面 CZM 法向参数

变量	δ_0/mm	T_0/MPa	δ_c/mm	G_0/(kJ/m^2)	G_c/(kJ/m^2)
数值	0.070	0.496	1.17	0.030	0.226

2. II 型断裂

界面的剪切断裂共有 6 组有效试件。其中 I-S-02 和 I-S-04 由于沥青膜较厚，出现了和砂浆相似的情况，即断裂未发生在界面上。但由于剪切破坏不存在拉丝现象，因此张力-位移并未表现出"台阶"现象。峰值张力接近于砂浆的剪切断裂张力峰值，以此判断断裂发生在沥青内部。试验结果汇总如图 4.26 所示。

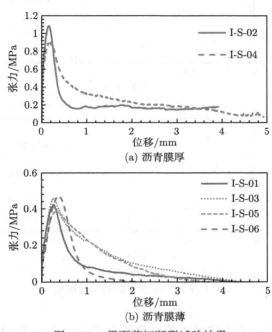

图 4.26 界面剪切断裂试验结果

由图 4.26(b) 可见，4 组试验数据的张力峰值基本一致，除去 I-S-03 以外其他试验的断裂位移也基本一致。另外可以看出，界面在拉伸和剪切方向上强度基本相同。4 组数据中，I-S-01 和 I-S-06 曲线形状相近，而另外两组曲线相近，因此采用 4 组试验的平均值作为 CZM 参数，具体参数汇总如表 4.5 所示。

表 4.5 界面 CZM 切向参数

变量	δ_0/mm	T_0/MPa	δ_c/mm	G_0/(kJ/m^2)	G_c/(kJ/m^2)
数值	0.259	0.442	4.32	0.084	0.458

3. I&II 混合断裂

混合断裂由于切割难度大，最大的问题是切割断面不平整，这将会导致沥青黏附不足或者黏附面积比预期小，从而使得张力计算结果偏小，因此最终有效试件仅有 4 个。试验结果汇总如图 4.27 所示。

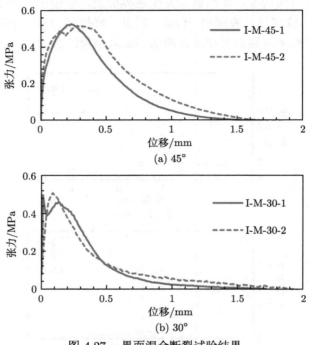

(a) 45°

(b) 30°

图 4.27　界面混合断裂试验结果

由图 4.27 可见，两个角度下的峰值应力差别不大，式 (4.61) 中参数 ξ 可以根据两种角度下的峰值应力来计算。由之前的试验结果可知，$T_n^0 = 0.496$ 和 $T_s^0 = 0.442$，T_n 和 T_s 则可以通过角度与混合断裂模式下的张力峰值建立数学关系，具体可通过下式计算：

$$\left(\frac{\sqrt{2}}{2} \cdot 0.526/0.496\right)^2 + \xi\left(\frac{\sqrt{2}}{2} \cdot 0.526/0.442\right)^2 = 1 \tag{4.61}$$

$$\left(\frac{\sqrt{3}}{2} \cdot 0.510/0.496\right)^2 + \xi\left(\frac{1}{2} \cdot 0.510/0.442\right)^2 = 1 \tag{4.62}$$

计算得出参数 ξ 分别为 0.618 和 0.622，取平均值即 $\xi = 0.620$。

4.3 基于细观结构的沥青混合料疲劳损伤研究

4.3.1 沥青混合料细观疲劳损伤有限元模型验证

本节中，将采用上述的理论和方法，构建疲劳试件细观有限元模型，开展沥青混合料的四点弯曲疲劳虚拟试验，并与室内疲劳试验结果进行对比，验证该沥青混合料细观疲劳损伤有限元模型的有效性和准确性。

本章首先开展了沥青混合料四点弯曲疲劳寿命试验，用来验证细观有限元模型的准确性，试验温度为 10 ℃，与沥青砂浆的参数获取试验温度保持一致。对试件进行 CT 扫描，重构其几何形貌，并通过 Simpleware 软件切割出二维断面用于模拟分析。二维断面尺寸为 380mm×50mm，导入到有限元软件 ABAQUS 中，如图 4.28 所示。

图 4.28 沥青混合料四点弯曲疲劳寿命试验试件细观有限元几何模型

根据四点弯曲疲劳寿命试验条件，设置合理的加载方式及边界条件，使得数值模拟试验与真实的室内试验尽可能接近，以减小模拟结果的误差。本章采用 UTM-25 试验机所配备的夹具开展四点弯曲疲劳寿命试验，试件由四组夹头固定，每组夹头与试件的上下两面均接触，并形成框体。在有限元模拟中，将每组夹头由一个包含两个部分的刚体部件表征，并将参考点设置于两者中间，如图 4.29(a) 所示。四组夹头采用离散刚体建模，对于二维模型即为 4 个离散刚体梁单元。四组夹头中心位置的水平间距为 119mm，底部梁跨距为 357mm。对外侧两组夹头的中心位置参考点施加水平和竖向位移约束，但不约束其转动。对内侧两组夹头，约束其水平位移，但不约束转动，并且施加竖向的位移荷载，模拟应变控制的加载模式。将四组夹头通过面-面接触（surface to surface contact），与疲劳试件绑定（*tie）在一起。

模型的网格划分采用三角形单元，如图 4.29(b) 所示。设置单元边长为 1mm。由于四点弯曲疲劳寿命试验加载时，试件的侧面无约束，因此单元类型选择为平面应力单元，即 6 节点平面应力三角形单元 CPS6M(6-node modified quadratic plane stress triangle)。由于分析过程中涉及黏弹性力学响应，因此需要在模拟过程中反映真实物理时间，模拟分析步选取为 *Visco，为保证收敛性，分析步设置为自动时长。

(a) 夹头部件

(b) 模型整体

图 4.29　　四点弯曲疲劳寿命虚拟试验有限元模型

通过读取中部两组夹头与试件的竖向接触力，求平均值，得到施加荷载，并且读取各个周期的峰值荷载，作为峰值荷载 P，计算得到拉应力。将模拟得到的拉应力随作用次数的变化曲线与试验中得到的曲线进行对比，绘制图 4.30。

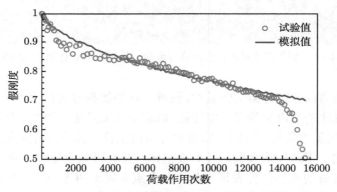

图 4.30　　疲劳虚拟试验结果与室内疲劳试验结果对比

图中可见，在疲劳试验曲线的三个阶段中，模拟结果可以较好地表征第二阶段，即损伤积累的阶段，但在第一和第三阶段中，与试验的拉应力变化曲线存在一定差异。首先，第一阶段的试验数据本身存在较大的波动，可能是由于试验仪器以及黏弹性响应导致的；而第三阶段，由于本章构建的细观模型中，砂浆的部分由 VECD 表征，无法准确表征第三阶段的加速破坏，而细观结构方面，CZM仅施加于集料和砂浆界面，即使在发生断裂之后，也无法扩展为贯穿裂缝，因此无法出现疲劳的加速演化。但从另一个角度分析，在路面结构中，沥青层底在实际车辆荷载作用下，所受拉应力远低于疲劳试验中混合料所受拉应力，因此，路面并不会如此过早发生开裂，进而进入裂纹扩展阶段。对于疲劳损伤研究，本章认为重点在于第二阶段损伤匀速积累阶段，而模拟结果显示，本章提出的细观有限元模型，能够准确地表征该阶段的损伤演化，因此可以认为该细观有限元模型能够用来进一步分析沥青混合料的疲劳损伤演化。

在以往的沥青混合料细观有限元损伤模拟中，通常认为损伤主要由沥青砂浆产生，忽略了集料和集料-砂浆界面上的损伤。但从断裂试验我们可以观测到，集料-砂浆界面是沥青混合料内部的薄弱环节，宏观裂缝也是沿着集料-砂浆界面逐渐扩展，因此本章认为，在进行细观有限元损伤模拟过程中，需要通过力学本构表征界面上的损伤积累。因此将 CZM 应用到集料和砂浆的界面，使得模型不仅考虑了砂浆内部的损伤，也考虑了界面上的损伤积累。为分析界面上的损伤对于结构整体损伤发展的影响，去除界面上的 CZM，并进行了同样的四点弯曲疲劳寿命试验数值模拟，模拟结果如图 4.31 所示。可以看出，当不考虑界面上的损伤演化时，模拟结果中，损伤的积累速度将降低，而且与试验数据出现更大的差异，即低估了损伤的演化。说明本章提出的包含界面损伤的有限元模型，能够更加准确地表征沥青混合料细观结构的疲劳损伤演化。

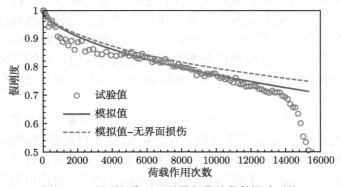

图 4.31　界面损伤对于结构损伤演化的影响对比

4.3.2　沥青混合料细观特征筛选及虚拟试件生成

本小节中，将首先确定后续分析中所考虑的沥青混合料细观结构特征，然后根据这些特定的几何特征，通过随机投放算法，生成多组沥青混合料虚拟试件，并反过来验证所生成的虚拟试件能否表现出预期的几何特征。

首先，对于沥青混合料的细观几何特征，可以分为以下几种。

1) 集料几何特征

集料作为沥青混合料中占比最大的组成材料，虽然在疲劳损伤分析中，认为集料本身不产生损伤演化，但是其在混合料内部的分布特性将极大地影响沥青混合料的力学行为。

从宏观角度，集料的几何特征主要表现为级配，包括级配类型和最大粒径。由于疲劳损伤普遍发生在沥青层底，因此本章选取 AC-25 和 ATB-25 两种大粒径的常用于下面层的混合料类型，出于对比分析的目的，再添加一组 AC-16 混合料。最终根据这三种混合料在规范中的级配曲线中值生成虚拟试件。

从细观角度，集料的几何特征主要表现为在混合料内部的空间分布，包括粗集料的不均匀分布、集料的方向角。出于计算效率的考虑，本章后续建立的细观有限元模型仅为沥青路面结构下面层的局部区域，因此集料的不均匀分布在较小的范围内可以认为并不显著，对于力学性能的影响也有限，因此对于集料细观层面的几何特征，只考虑其方向角。采用与 X 轴的夹角来定义方向角，考虑三组不同的方向角分布：在 $[-\pi/2, \pi/2]$ 范围内均匀分布；在 $[-\pi/4, \pi/4]$ 范围内均匀分布；在 $[-\pi/2, -\pi/4]\cup[\pi/4, \pi/2]$ 范围内均匀分布。

2) 空隙的几何特征

空隙作为沥青混合料中另一种"颗粒"，夹杂于砂浆基体内，其几何特征与集料有相似之处，也有差异。首先空隙不具有级配这样的宏观特征，其宏观特征主要由空隙率来体现。其次在细观层面，空隙与集料类似，具有空间不均匀分布和方向角等特征，但如上所述，本章仅构建了沥青路面的局部区域，因此空间不均匀分布的影响将不考虑。另外，由于空隙的尺寸普遍较小，其形状的棱角性不显著，因此空隙方向角的分布也不作为混合料的几何特征来考虑。最终确定将空隙率作为空隙的几何特征，并生成 4％、7％、10％三种空隙率的虚拟试件。

现将沥青混合料疲劳损伤分析过程中的细观特征因素汇总如表 4.6 所示。由于考虑的影响因素较多，如果全部组合将会有 27 组不同的虚拟试件类型，使得模拟分析的工作量过大，因此本章不进行三种因素的综合分析，仅针对一类几何特征单独进行讨论，共有 7 种不同的混合料虚拟试件类型。其中以级配 AC-25、方向角 $[-\pi/2, \pi/2]$、空隙率 4％为基准试件（类型 #1），针对每种几何特征再扩展出两种混合料类型。

表 4.6　沥青混合料疲劳损伤分析细观特征因素

虚拟试件类型编号	几何特征		
	级配	方向角	空隙率
1	AC-25	$[-\pi/2, \pi/2]$	4％
2	AC-16	$[-\pi/2, \pi/2]$	4％
3	ATB-25	$[-\pi/2, \pi/2]$	4％
4	AC-25	$[-\pi/4, \pi/4]$	4％
5	AC-25	$[-\pi/2, -\pi/4]\cup[\pi/4, \pi/2]$	4％
6	AC-25	$[-\pi/2, \pi/2]$	7％
7	AC-25	$[-\pi/2, \pi/2]$	10％

采用介绍的随机投放算法，对每种混合料类型生成 20 个虚拟试件，共生成 140 个虚拟试件。每种混合料试件示意图如图 4.32 所示。

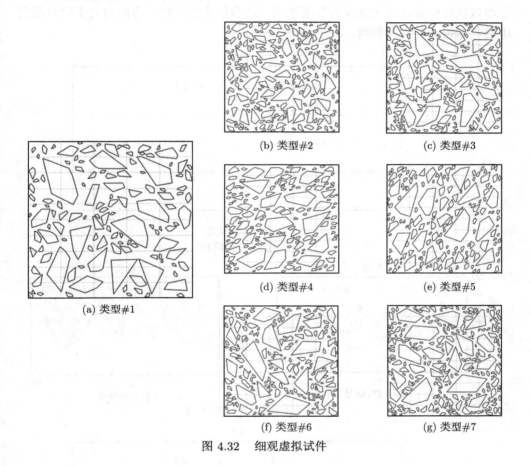

(b) 类型#2   (c) 类型#3

(d) 类型#4   (e) 类型#5

(a) 类型#1

(f) 类型#6   (g) 类型#7

图 4.32   细观虚拟试件

由于随机投放算法存在随机性，因此对于每一个细观虚拟试件，可以在生成后进一步验证其细观几何特征整体的分布情况，以验证所生成的虚拟试件是否满足预期的效果。在随机生成一个试件之后，会重新计算虚拟试件内部的三相结构的面积，以此来评价随机试件几何特征的离散性。由于试件种类较多，因此图 4.33 仅给出几种典型的结果对比。

由图 4.33(a) 可见，通过对比类型 #1、#6、#7，空隙的投放比例精度非常高，基本不存在波动，可能的原因是空隙单个面积小，因此整体精度高。由图 4.33(b) 可见，集料的投放比例因为粗集料的存在有一定程度的波动，对比类型 #1、#2、#3 可见，AC-16 的集料面积波动要小于最大粒径 25 的两种混合料，而砂浆的比例则随着集料投放比例的波动而波动。当最大粒径增大时，集料面积比的波动也随之增大，相应地砂浆面积比的波动也增大。由图 4.33(c) 可见，集料的方向角对于虚拟试件中集料的比例没有显著影响，结合前述的规律，方向角对于砂浆和空隙的分布也没有显著影响。

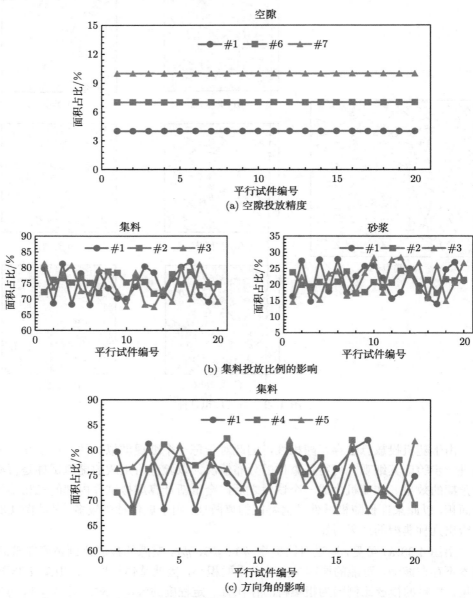

图 4.33　虚拟试件中三相组分的面积占比分析

　　本章所构建的用于疲劳损伤分析的有限元模型仅为路面结构的局部,尺寸为 80mm×80mm,相当于从下面层中部提取出一部分路面结构。因此后续的细观有限元模型构建,也将依照此路面结构位置来设置相应的荷载和边界条件。为了获取真实的沥青路面下面层受力状态,首先建立了整体的路面结构,获取了简单的力学响应,提取响应部位的水平拉应力和竖向压应力作为后续细观有限元分析的输入荷载,如图 4.34 所示。宏观模型的路面结构采用典型的柔性路面结构:36cm 的沥青层,32cm 的级配碎石基层,50cm 的土基。在路面顶部中央施加双轮荷载,大小为标准轴载。虽然沥青结构层具有复杂的力学行为,准确获取层底的受力情况需要赋予沥青混合料复杂的本构模型,但本章主要针对细观结构分析,因此不对此展开研究。此处将沥青层、级配碎石基层以及土基均视为纯弹性体,材料参数如表 4.7 所示。底部施加竖向位移约束,侧向施加水平位移约束。采用静力分析步,获取弹性力学响应,作为后续模拟中所施加的疲劳荷载的峰值。

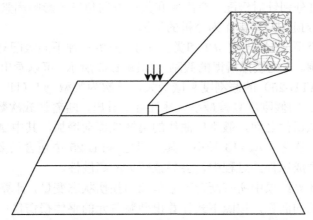

图 4.34　细观有限元疲劳分析荷载及边界条件获取示意图

表 4.7　沥青路面宏观有限元模型参数

层位	杨氏模量/MPa	泊松比
沥青层	1600	0.25
级配碎石基层	500	0.35
土基	40	0.4

　　细观有限元疲劳损伤分析模型底部约束竖向位移,左侧约束水平位移,右侧施加水平位移边界条件,顶面施加竖向位移边界条件,位移荷载的大小为宏观结构力学响应分析获取的层底位置的应变响应,从而模拟控制应变的

加载条件。网格划分和分析步设置与 4.3.1 节中四点弯曲疲劳寿命试验模拟相同，其中单元类型改为平面应变，假设沿行车方向无侧向位移。由于本节主要目的在于分析不同的细观特征对于损伤演化的影响，而不是研究路面结构整体的疲劳寿命，为提高计算效率，仅施加 1000 个周期的等效荷载。对全部 140 个细观结构开展疲劳损伤数值模拟，对模拟结果的分析将在 4.3.3 节中详细阐述。

4.3.3　细观特征对沥青混合料疲劳损伤发展的影响

1. 级配对于沥青混合料疲劳损伤的影响

在疲劳损伤数值模拟结束后，首先得到的最直接的数据为水平方向的应力，并可以进一步计算出结构的假刚度。其次，可以通过有限元的网格划分，计算出所有沥青砂浆单元的平均损伤量。最后，可以计算界面单元的平均损伤量和断裂个数，来分析界面在疲劳损伤中的力学行为。由于虚拟试件类型较多，因此为了叙述更有条理，将分别针对级配、空隙率和集料方向角三个影响因素各自开展对比，以上述三种疲劳损伤的指标作为分析的依据。

对比试件类型 #1、类型 #2 和类型 #3，分析三种不同级配对于混合料疲劳损伤性能的影响。首先模拟所得的假刚度如图 4.35 所示，可以看出在三种级配中，类型 #3（即 ATB-25）的假刚度衰减最大，其次为类型 #1（即 AC-25），类型 #2（即 AC-16）的假刚度衰减最小。并且可以看出，随着加载次数的增加，同一类型的不同虚拟试件之间，假刚度曲线的离散性逐渐增加，其中 ATB-25 的离散性最大，AC-25 次之，AC-16 最小。其原因是 ATB-25 中包含最多的粗集料，而粗集料在随机生成试件的过程中，会导致较大的离散性。

提取模拟计算结果中所有沥青砂浆单元的损伤状态变量，计算其加权平均值，权重为砂浆单元的面积，按照下式计算出砂浆单元的整体损伤量：

$$D_{\text{mastic}} = \frac{\sum\limits_{i=1}^{m} D_i^{\text{mastic}} A_i}{\sum\limits_{i=1}^{m} A_i} \tag{4.63}$$

式中，D_{mastic} 为砂浆单元的整体损伤量；D_i^{mastic} 和 A_i 分别为第 i 个砂浆单元的损伤量和面积；m 为砂浆单元个数。

计算结果绘制如图 4.36 所示，可以看出砂浆的整体损伤量，ATB-25 仍然为最高，其次为 AC-25，AC-16 最小。但是值得注意的是，ATB-25 和 AC-25 之间的差距相比于之前的假刚度（即整体结构的损伤）减小了。可以理解为在 ATB-25 中，界面上发生的损伤较 AC-25 中更多，因此沥青砂浆中的损伤量差距减小了。

为此下面将提取沥青-集料界面上 CZM 单元的破坏信息，来进一步分析界面上的损伤演化。

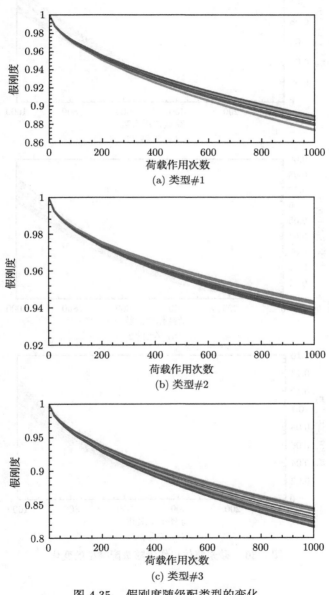

(a) 类型#1

(b) 类型#2

(c) 类型#3

图 4.35　假刚度随级配类型的变化

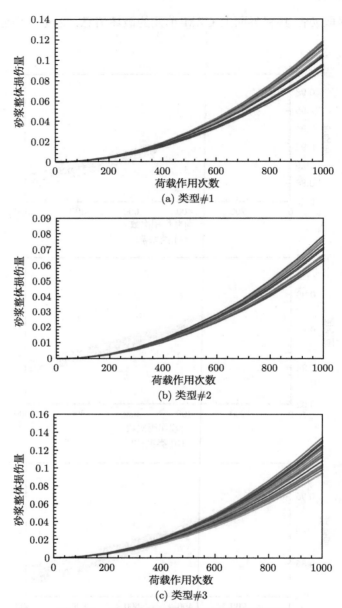

图 4.36　砂浆整体损伤量随级配类型的变化

　　将所有界面 CZM 的损伤量按照式（4.63）类似的加权平均方法计算出 CZM
单元的整体损伤量，区别在于，CZM 单元在建模时均为零厚度单元，因此式（4.63）
相应地改为单元长度，可写为下式：

$$D_{\mathrm{CZM}} = \frac{\sum\limits_{i=1}^{m} D_i^{\mathrm{CZM}} l_i}{\sum\limits_{i=1}^{m} l_i} \tag{4.64}$$

式中，D_{CZM} 为界面 CZM 单元的整体损伤量；D_i^{CZM} 和 l_i 分别为第 i 个界面 CZM 单元的损伤量和长度；m 为砂浆单元个数。

计算结果绘制如图 4.37 所示，可以看出 ATB-25 的界面损伤大于另外两种

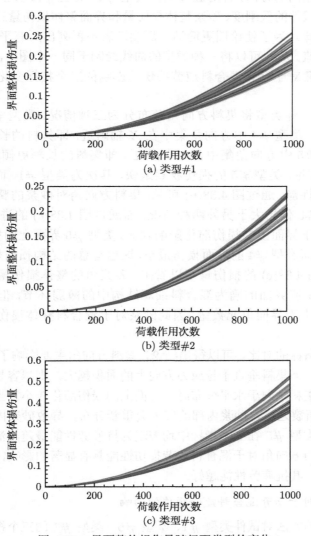

(a) 类型#1

(b) 类型#2

(c) 类型#3

图 4.37　界面整体损伤量随级配类型的变化

级配，并且 ATB-25 不同虚拟试件之间的离散性也更大。ATB-25 中的粗集料比例更大，粗集料的增多会导致混合料内部的骨架结构更加明显，在粗集料和粗集料接触时，容易形成棱角性较强的区域，在加载过程中更容易发生应力集中，从而使得界面上承受更大的应力，反映出的结果即为界面的破坏更加显著。

2. 集料方向角对于沥青混合料疲劳损伤的影响

采用前述相同的方法，针对虚拟试件类型 #1、类型 #4、类型 #5，分别计算各个虚拟平行试件的假刚度、砂浆整体损伤量和界面整体损伤量三个指标随加载次数的变化规律。为了使绘图更简洁，后续图表不再列出所有平行试件的曲线，仅绘制其平均值。从而可以将三种类型的曲线绘制于同一个图中，更便于对比分析。集料方向角对于沥青混合料疲劳损伤的影响的三个指标变化趋势如图 4.38 所示。

三组虚拟试件类型将集料方向角分布分为三种情况：类型 #1 中方向角为完全随机分布；类型 #4 中方向角集中在 X 轴附近，即集料的长轴更倾向于水平方向；类型 #5 中方向角集中在 Y 轴附近，即集料的长轴更倾向于竖直方向。由图 4.38(a) 可见，类型 #5 的损伤积累最快，其次为类型 #1，而类型 #4 具有最好的抗疲劳性能。通过图 4.38(b) 可见，集料方向角对砂浆的整体损伤演化造成影响，类型 #5 仍然大于另外两种情况。而通过图 4.38(c) 的进一步分析可见，集料方向角对于界面上的损伤演化影响较大，类型 #5 界面上的损伤量最大，其次为类型 #1，而类型 #4 的界面损伤最小，这也与总的结构损伤规律相一致。由图 4.38(b) 和图 4.38(c) 的损伤量可以看出，砂浆内的整体损伤量较界面上的整体损伤量小，说明界面的确为混合料细观结构中的薄弱环节，但是由于砂浆内的单元数量远大于界面单元数量，因此砂浆对于混合料整体损伤的影响要大于界面。

通过三个指标的对比，可以得出结论，集料方向角主要影响了沥青-集料界面上的损伤演化，当集料垂直于拉应力方向上的面积越大，则越容易产生界面上的损伤积累，而集料倾向于水平分布时，界面上的损伤演化较小。当界面损伤积累达到 1，出现断裂之后，砂浆内部的应力会重新分布，导致砂浆内部的损伤也加速积累，因此类型 #5 在三个指标中均表现为抗疲劳性能最差的混合料类型。该现象说明集料的方向角对于混合料疲劳损伤性能具有显著的影响，当集料越倾向于水平分布时，其抗疲劳性能越好。

3. 空隙率对于沥青混合料疲劳损伤的影响

采用同样的方法对试件类型 #1、类型 #6、类型 #7 的三个模拟指标进行对比，计算结果绘制如图 4.39 所示。

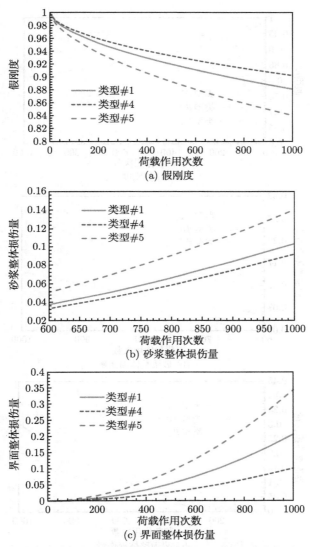

图 4.38　集料方向角对于沥青混合料疲劳损伤的影响

　　三种试件类型分别对应三种不同的空隙率：4%、7%、10%。其中 4% 为最常用的混合料设计空隙率，而 7% 常见于大空隙率如排水路面沥青混合料，10% 则考虑了路面结构中可能出现的由于压实度不够而产生的不利位置的空隙率。实际上在室内试验中不易开展 10% 空隙率的混合料相应的性能评价，因此这也是数值模拟虚拟试验的优势所在，可以考虑极端的情况，并开展多方面的对比分析。从图 4.39(a) 中可以看出，整体上，随着空隙率的增长，沥青混合料的损伤积累

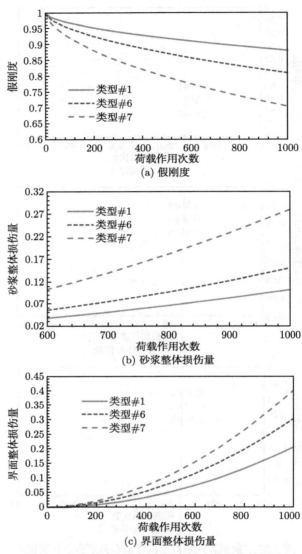

图 4.39   空隙率对于沥青混合料疲劳损伤的影响

速度加快，损伤量增多。从图 4.39(b) 可以看出，随着空隙率的增长，砂浆的整体损伤量逐渐增加，并且增速明显。而从图 4.39(c) 中可以看出，空隙率的增长对于界面的整体损伤量积累影响相较于对砂浆的影响要小一些，但仍然呈现出正相关的性质。可能的原因是，本章中提出的随机投放算法在生成空隙时，是不与集料颗粒接触的，也就是说空隙均分布于砂浆中，因此空隙率的增长对于砂浆中应力分布影响较大，导致砂浆中出现应力集中的现象，从而加剧损伤积累，而对于界面影响相对较小。

4. 三个细观特征因素的横向对比

在进行三个指标各自的纵向比较之后,下面将进一步地横向比较三个因素对于沥青混合料的疲劳损伤的影响程度。对比采用上述模拟结果中,某个因素某一水平的所有平行虚拟试件在加载末期的指标平均值,例如将类型 #1、类型 #2、类型 #3 的假刚度在最后一个周期时的值绘制成曲线,表征级配对于假刚度的影响,同样将另外两个因素对于假刚度的影响也各自绘制一条曲线。由于砂浆内部和界面上的损伤积累受到的影响因素不尽相同,直接进行对比并不合适,因此本部分仅比较了结构整体的疲劳损伤积累,即假刚度的曲线,结果汇总如图 4.40 所示。

图中实心填充的柱状图均为类型 #1 的结果。由图中可以看出,空隙率对于混合料整体的疲劳损伤积累影响最大。在同样粒径下,不同的混合料级配类型对于疲劳损伤积累的影响较小,级配的影响主要还是体现在粒径,随着粒径的增大,抗疲劳性能有所下降。但实际工程应用中,下面层材料不仅要考虑抗疲劳性能,也需要考虑竖向的承载能力等其他因素,因此粒径的选择还需要综合考虑来决定。通过模拟结果,可以看出集料方向角对于疲劳损伤积累也有影响,但是相较于空隙率和粒径的影响程度要小一些。

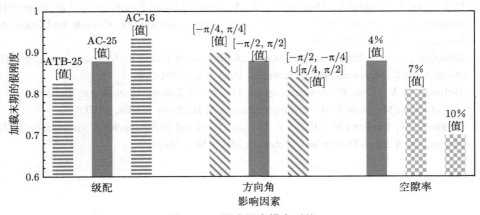

图 4.40　影响因素横向对比

参 考 文 献

[1] Cole K S, Cole R H. Dispersion and absorption in dielectrics I. Alternating current characteristics[J]. The Journal of Chemical Physics, 1941, 9(4):341-351.

[2] Abramowitz M. Handbook of mathematical functions[J]. American Journal of Physics, 1966, 34(2): 177.

[3] Sun L, Zhu Y. A serial two-stage viscoelastic–viscoplastic constitutive model with thermodynamical consistency for characterizing time-dependent deformation behavior of asphalt concrete mixtures[J]. Construction and Building Materials, 2013, 40: 584-595.

[4] Winitzki S. Uniform approximations for transcendental functions[C]//International Conference on Computational Science and Its Applications. Springer, Berlin, 2003, 780-789.

[5] Atkinson C, Osseiran A. Rational solutions for the time-fractional diffusion equation[J]. SIAM Journal on Applied Mathematics, 2011, 71(1): 92-106.

[6] Zeng C, Chen Y Q. Global Padé approximations of the generalized Mittag-Leffler function and its inverse[J]. Fractional Calculus and Applied Analysis, 2015, 18(6): 1492-1506.

[7] 闫彩云, 王红鹰. 程序设计基础——Fortran 95[M]. 北京: 清华大学出版社, 2011.

[8] Song S H, Paulino G H, Buttlar W G. A bilinear cohesive zone model tailored for fracture of asphalt concrete considering viscoelastic bulk material[J]. Engineering Fracture Mechanics, 2006, 73(18):2829-2848.

[9] Bažant Z P, Planas J. Fracture and Size Effect in Concrete and Other Quasibrittle Materials[M]. New York: Routledge, 2019.

[10] Dugdale D S. Yielding of steel sheets containing slits[J]. Journal of the Mechanics and Physics of Solids, 1960, 8(2):100-104.

[11] Barenblatt G I. The mathematical theory of equilibrium cracks in brittle fracture[J]. Advances in Applied Mechanics, 1962, 7: 55-129.

[12] Hillerborg A, Modéer M, Petersson P E. Analysis of crack formation and crack growth in concrete by means of fracture mechanics and finite elements[J]. Cement and Concrete Research, 1976, 6(6):773-781.

[13] Hillerborg A. The theoretical basis of a method to determine the fracture energy GF of concrete[J]. Materials and Structures, 1985, 18(4):291-296.

[14] Tschoegl N W. The Phenomenological Theory of Linear Viscoelastic Behavior: An Introduction[M]. New York: Springer Science & Business Media, 1989.

[15] Adolfsson K, Enelund M, Olsson P. On the fractional order model of viscoelasticity[J]. Mechanics of Time-Dependent Materials, 2005, 9(1):15-34.

第 5 章　沥青路面结构疲劳仿真

本章将在第 3 章介绍沥青混合料黏弹性连续损伤本构模型的基础上，将材料模型代入沥青路面的结构分析，研究沥青路面的疲劳发展规律。由于沥青路面的力学响应显著地受到环境温度的影响，因而本章的内容设置中将同时包含对于沥青路面温度场分析的介绍。

5.1　沥青路面的温度场分析

5.1.1　沥青路面温度场基本理论

在沥青路面温度场的理论计算中，主要涉及的问题是沥青路面内部的热量传递以及路表与环境之间的热量交换。由于降水产生的路表径流等问题较为复杂，本章的研究将暂时忽略降水对于路面温度场的影响，仅研究晴朗天气下的温度场特征。在晴朗天气的假设下，影响沥青路面温度场热传递的主要因素有 4 个：日照辐射对路表的加热；路表向大气的逆辐射；大气与路表的热量对流交换；路面内部的热量传递[1-6]。以下将分别介绍 4 个基本的热传递过程。

1) 日照辐射

日照通过辐射的方式向路面传递热量，由于沥青路面主要为黑色，故主要吸收其中的短波部分。路面对日照辐射的吸收方程可以用以下形式表示：

$$q_{\mathrm{abs}} = \gamma_{\mathrm{abs}} q_{\mathrm{sol}} \tag{5.1}$$

式中，q_{abs} 为沥青路面的热吸收功率，$\mathrm{W/m^2}$；q_{sol} 为日照辐射功率，$\mathrm{W/m^2}$；γ_{abs} 为热辐射吸收率，与材料的颜色、纹理以及材料类型有关，对于沥青混合料，其热辐射吸收率一般在 0.5~0.9 之间。

2) 路面逆辐射

沥青路面在接受太阳辐射的同时，也向大气中辐射热量。热量的辐射遵循斯特藩-玻尔兹曼 (Stefan-Boltzmann) 定律：

$$q_{\mathrm{rad}} = \varepsilon \sigma (T_{\mathrm{road}}^4 - T_{\mathrm{atm}}^4) \tag{5.2}$$

式中，q_{rad} 为沥青路面的逆辐射功率，$\mathrm{W/m^2}$；ε 为发射率或称黑体辐射系数，主要受到材料的密度与颜色的影响，对于沥青路面而言，发射率一般在 0.8~0.9 之间；σ 为 Stefan-Boltzmann 常数，$\sigma = 5.67 \times 10^{-8}\mathrm{W}/(\mathrm{m}^2 \cdot \mathrm{K}^4)$；$T_{\mathrm{road}}, T_{\mathrm{atm}}$ 分别为路表与大气的热力学温度，K。

3) 路表-大气热交换

在忽略降水影响的情况下，路表与环境之间的接触热交换仅仅发生在路表与大气之间。固体与流体之间的热对流遵循牛顿冷却定律，即

$$q_{\mathrm{conv}} = \gamma_{\mathrm{film}}(T_{\mathrm{atm}} - T_{\mathrm{road}}) \tag{5.3}$$

式中，q_{conv} 为热对流功率，W/m^2；γ_{film} 为传热膜系数，$\mathrm{W}/(\mathrm{m}^2 \cdot {}^\circ\mathrm{C})$。

4) 路面内部热传导

除路表与环境之间的热交换外，路面内部不同温度的材料之间，同样也发生热交换。固体之间的热交换遵循傅里叶定律：

$$q_{\mathrm{cond}} = -\lambda \cdot \mathrm{grad}\, T \tag{5.4}$$

式中，q_{cond} 为热传导功率，W/m^2；λ 是固体的热传导率，$\mathrm{W}/(\mathrm{m} \cdot {}^\circ\mathrm{C})$；$\mathrm{grad}\, T$ 为路面温度梯度，如式 (5.5) 所示：

$$\mathrm{grad}\, T = i\frac{\partial T}{\partial x} + j\frac{\partial T}{\partial y} + k\frac{\partial T}{\partial z} \tag{5.5}$$

对于路面而言，由于其长宽在尺度上远大于深度，对于其温度梯度的处理可以转化为沿深度方向的一维的形式，即

$$q_{\mathrm{cond}} = -\lambda \cdot \frac{\mathrm{d}t}{\mathrm{d}z} \tag{5.6}$$

因此，基于以上 4 种热交换方程，可以写出路面内部任意点的热平衡方程：

$$c\rho\frac{\partial T}{\partial t} = q_{\mathrm{abs}} - q_{\mathrm{rad}} + q_{\mathrm{conv}} + q_{\mathrm{cond}} \tag{5.7}$$

式中，c 为材料的比热容，$\mathrm{J}/(\mathrm{kg} \cdot {}^\circ\mathrm{C})$；$\rho$ 为材料的密度，kg/m^3。

5.1.2   路面温度场边界条件

以上的热平衡方程在有限元的热分析模块中已经有完整的定义。因此，路面温度场的数值实现主要是对路表温度边界条件以及道路材料的热学参数定义。

路面温度场的边界条件与 5.1.1 节中介绍的 3 种与路表相关的热传递方式一一对应。

1. 日照辐射边界条件

与日照辐射相对应的热边界条件在有限元软件 ABAQUS 中通过荷载 (load) 模块的面热流 (surface heat flux) 功能进行实现。功能中需要对日照辐射的幅值 (amplitude) 进行定义。

路表位置的日照辐射功率的精确值可以通过相应的传感器采集实际的日照数据，在缺少数据的情况下，可由气象网站查询道路所在地区的历史数据获得。日照辐射功率在一天中随太阳照射角度的变化而变化，Barber 提出日照辐射功率随时间的变化可以用分段余弦函数表示 [7]，如式 (5.8) 所示：

$$q_{\text{sol}}(t) = \begin{cases} 0 & 0 \leqslant t < 12 - \dfrac{c}{2} \\ q_0 \cos \omega (t - 12) & 12 - \dfrac{c}{2} \leqslant t < 12 + \dfrac{c}{2} \\ 0 & 12 + \dfrac{c}{2} \leqslant t \leqslant 24 \end{cases} \tag{5.8}$$

式中，q_0 为日照辐射功率峰值，W/m^2；c 为单日有效日照时长，h；ω 为日照辐射变化角频率，$\omega = \pi/c$。

基于日照辐射功率的余弦函数的假设，可以得到单日辐射总能量与日照辐射功率峰值之间的关系，如式 (5.9) 所示：

$$q_0 = \frac{1}{3600} \frac{\omega}{2} Q \tag{5.9}$$

式中，Q 为日辐射总能量，可以从气象网站的地区历史数据中查询。根据气象网站的单日太阳辐射总能量以及式 (5.8)、式 (5.9) 定义日照辐射的幅值变化曲线。

2. 路面逆辐射边界条件

由于路面的逆辐射涉及热辐射问题，要实现该边界条件首先需要在模型文件中定义 Stefan-Boltzmann 常数以及热力学零度。

软件中对于路面逆辐射的实现通过相互作用 (interaction) 模块中的面辐射 (surface radiation) 功能实现。功能中需要进行定义的参数包含发射率 (emissivity) 以及环境温度。

对于路面而言，环境温度即大气温度，在进行短期温度场的模拟时，可以采用实测数据或短期的准确气象数据。而在路面设计或对路面性能进行长期预测时，多年的历史气温数据平均值更能代表地区的气象条件。大气温度在特定的季节中也具有明显的周期性，对我国大部分地区而言，日最高气温出现在午后 14 时左右，而日最低气温出现在凌晨 4 时。严作人在研究中采用式 (5.10) 所示的二阶傅里叶级数对气温的日变化进行模拟，其结果与实际情况拟合较好 [8,9]。

$$T_a(t) = \overline{T_a} + T_m \left[\sin \frac{\pi}{12} (t - 8) + 0.14 \sin \frac{\pi}{6} (t - 8) \right] \tag{5.10}$$

式中，T_a 为大气温度拟合值；$\overline{T_a}$ 为大气日平均温度；T_m 为大气温度日极差。

大气温度与日照辐射的幅值 (amplitude) 函数在 ABAQUS 均可通过工具 (tool) 中的幅值功能定义傅里叶级数 (periodic) 或将相应的数据以表格 (Tabular) 的形式进行定义。

3. 路表-大气热交换

路表-大气热交换在有限元软件 ABAQUS 中通过相互作用 (interaction) 模块中的膜条件 (surface film condition) 进行定义。功能中需要定义的内容包含传热膜系数以及环境温度。其中，环境温度与路面逆辐射边界条件定义中的大气温度相同，可以采用实测数据或是利用多年平均数据进行傅里叶级数拟合。而传热膜系数可由流体热力学理论的经验公式得出。根据热传递的理论，半无限空间体之间的传热膜系数 γ_{film} 可以表示为如下形式[10]：

$$\gamma_{film} = 5.6 + 0.332 \cdot Re^{0.5} \cdot Pr^{0.33} \cdot K_{air} \tag{5.11}$$

式中，Re 为空气的雷诺数；Pr 为普朗特数，表示对流与扩散的相对比例；K_{air} 为空气的热传导率。

流体热力学解虽然形式明确，但过于复杂，且在实际情况下难以应用。为简化计算，并便于表示不同季节条件下的传热膜系数，本章中 γ_{film} 使用 Barber 的经验公式 (5.12) 进行表示[11]：

$$\gamma_{film} = \begin{cases} 5.6 + 4.0v & v < 5 \\ 7.2 + v^{0.78} & v \geqslant 5 \end{cases} \tag{5.12}$$

式中，v 为风速，单位为 m/s。

风速可以通过实际使用的风速检测装置获取实测数据或直接使用当地的多年平均历史气象数据。

5.1.3　路面材料热学参数

与温度相关的材料属性主要包括材料的密度、比热容、热传导率等。其中密度是沥青混合料设计的重要数据之一，可在沥青混合料的设计过程中获得；而比热容与热传导率为材料的热学参数，需要由特定的热学试验获取。

由于沥青混合料是由石料、沥青、空隙组成的三相混合物，混合料性质由三者共同决定。但不同研究者的研究结果表明，混合料的热学参数尽管有一定的离散性，但仍保持在一个范围内。黄大强、王芳芳、邝文山、延西利、牛俊明等研究者均对沥青混合料的热学性质进行了试验测定，不同研究者的结果之间具有明显的一致性[9,11−14]。根据以上研究者的试验结果，可得到混合料比热容的试验结果均在 800 ∼ 920J/(kg·℃) 范围内，其中密级配混合料较高，在 900J/(kg·℃) 附近，而开级配混合料的比热容取值则相对较低。材料的热传导率，根据王芳芳、郎文山等的研究成果，具有明显的温度依赖性，其中王芳芳的试验结果如图 5.1 所示。根据图 5.1，以 SMA-13、AC-13 为代表的密实型混合料的热传导率基本相同；而以 AC-20 为代表的中粒式密实型混合料由于具有更大的石料粒径，在相同的尺度内具有更好的连续性，使得热传导率较细粒式沥青混合料更大；以 OGFC-13 为代表的开级配混合料由于孔隙率明显大于密级配混合料而具有较低的热传导率。图 5.1 也同样表明，热传导率在道路的常规使用温度条件下 (−10∼60℃) 具有明显的线性特征。此外，根据蒋默识的研究结果[15]，半刚性基层材料与沥青混合料类材料由于在质量与体积上绝大部分均由石料组成，因此二者的热学参数也基本相同，其取值可参考中粒式或粗粒式密级配沥青混合料。

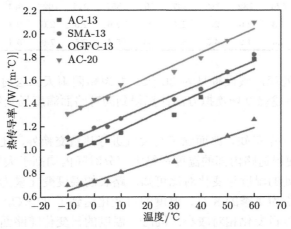

图 5.1 不同沥青混合料的热传导率

综合以上分析，本章将道路材料分为以下几种，并取以下代表值进行路面温度场的计算。如表 5.1 所示。

表 5.1 沥青路面热学参数典型取值

材料	密度 /(kg/m³)	比热容 /[J/(kg·℃)]	热传导率 /[W/(m·℃)]
细粒式密级配沥青混合料	2400	900	$0.00964T+1.10$
细粒式开级配沥青混合料	2300	820	$0.0077T+0.729$
中粒式与粗粒式沥青混合料	2400	850	$0.0106T+1.41$
水泥稳定粒料材料	2300	800	1.4
级配碎石	2200	700	1.2
路基	1800	1300	1.5

5.1.4　沥青路面温度场分析

本节将对典型的柔性基层沥青路面的温度场进行模拟分析。其中，柔性沥青路面厚度设置为 36cm 的沥青层、32cm 的级配碎石层，由于密级配之间的热学参数差异很小，对于沥青层的热学设置将统一以细粒式密级配沥青混合料的热学参数为准。大气参数使用气象网站公布的南京地区 2014~2016 年的平均气象数据，如表 5.2 所示，并利用式 (5.8)、式 (5.10)、式 (5.12) 所述方法将日照辐射、气温、风速等气象数据转换为有限元边界条件。

表 5.2　南京 2014~2016 年平均气象参数

月份	1	2	3	4	5	6	7	8	9	10	11	12
月均气温/°C	2.4	4.2	8.7	15.2	20.5	24.4	27.8	27.4	22.8	17.1	10.4	4.5
月均高温/°C	7	8.8	13.3	20.3	25.6	28.7	31.9	31.7	27.3	22.2	15.9	10
月均低温/°C	−1.2	0.6	4.7	10.6	15.9	20.7	24.5	24.2	19.3	12.9	6.1	0.4
日辐射峰值 /(W/m^2)	674	732	789	847	905	857	948	1026	981	806	629	630
风速/(m/s)	2.3	2.6	2.9	2.7	2.6	2.6	2.5	2.6	2.3	2.1	2.2	2.2
日照时间/h	4.4	4.2	4.5	5.1	5.6	5.4	7.5	7.8	5.4	5.2	5	4.8

为方便数据处理，假设每月为 30 天，并忽略阴雨天云层对日照辐射的遮蔽作用，利用前文所述温度场模拟方法计算得到沥青路面温度场全年变化，如图 5.2 所示。

由图 5.2(a)~(c) 可知，路面除了与大气进行热量交换外，还接受来自日照辐射的热量输入，使得道路内部的温度在绝大部分时间内均高于大气的月平均温度。由路面不同深度处的温度年变化对比可知，路表的温度变化最为剧烈，其中日温度变化最大的月份为夏季的 8 月，温度的日变化达到了 27.8°C，而常温季节与低温季节的路表温度日变化相对较小。同时，温度的日变化随路面深度的增加而逐渐减小，至路面以下 32cm 处，温度的日变化仅为 2~3°C。事实上，沥青层底的温度与大气平均温度之间具有显著的相关性，图 5.3 为月平均大气温度与相应温度场计算得出的沥青层底月平均温度之间的关系，通过对二者进行线性拟合，可以得到沥青层底部的平均温度在大气平均温度之上 6.5°C。

此外，由图 5.2(a) 可知，路面温度的最大值出现在夏季 8 月，为 54.7°C；而路面温度的最小值出现在冬季 1 月，为 1.1°C。月均气候条件所计算出的路面温度场虽无法反映出极端天气 (寒潮、极端高温等) 产生的影响，但却能反映出地区在一段时间内路面的整体状况。因此，本章在后续研究温度对于路面长期性能衰变的影响中将主要考虑月均温度场所产生的影响，极端天气条件在对路面的性能预估有明显影响时将单独考虑。

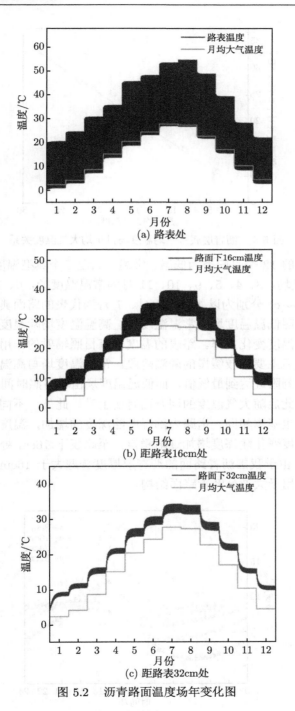

(a) 路表处

(b) 距路表16cm处

(c) 距路表32cm处

图 5.2 沥青路面温度场年变化图

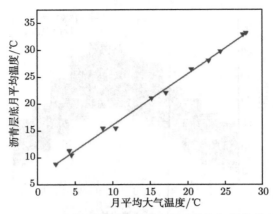

图 5.3   沥青层底月平均温度与月平均大气温度关系

本章将全年的 12 个月归类为低温、常温、高温三个典型温度场，其中 1、2、12 月为低温温度场，3、4、5、9、10、11 月为常温温度场，6、7、8 月为高温温度场。图 5.4(a)~(c) 分别为以 1 月、4 月、7 月为代表的路面典型温度场的日变化图。图 5.4 表明低温温度场、常温温度场、高温温度场除温度存在差异外，整体上具有相同的温度变化规律。路表的温度在有日照辐射的作用下变化巨大，而在日出前与日落后主要为较缓慢的降温阶段。常温温度场与高温温度场中的路表温度均在日出时刻附近达到最低值，而低温温度场由于日照时间较短，在 6 时附近达到最低值，此后随大气温度的回升而有所上升。此外，不同温度场中温度随深度的变化规律也基本相同。道路内部温度随深度的增加，温度的升降出现一定的滞后性。且温度变化随深度增加逐渐稳定，至路表下 16cm 处，温度的日变化仅有 5℃ 左右。由于我国沥青路面的沥青层厚度普遍大于 16cm，因此该温度场的规律也同样适用于大部分沥青路面结构。

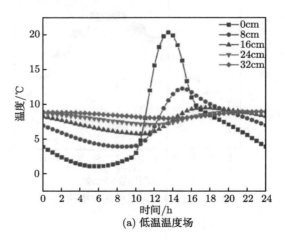

(a) 低温温度场

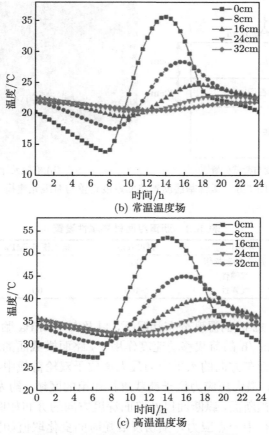

(b) 常温温度场

(c) 高温温度场

图 5.4 沥青路面典型温度场日变化图

5.2 沥青路面结构疲劳分析

5.2.1 沥青路面黏弹性与损伤基本响应

本章选取如图 5.5(a) 所示的典型柔性基层结构作为基本的研究对象，按照柔性基层路面的一般层厚设置，设置为 36cm 的沥青层与 32cm 的级配碎石层。路面各层之间完全黏结，材料属性设置如表 5.3 所示。路面在横断面方向以轴对称方式进行建模，根据图 5.5(b) 的荷载尺寸，设置双轮荷载中心距模型边界为 93cm，双轮荷载间距为 32cm。根据其尺寸要求，相应的路面有限元建模如图 5.5(b) 所示，为获得较高的计算精度，沥青层中部的网格尺寸设置为 2cm，其他区域则为节省计算相应减少网格密度。

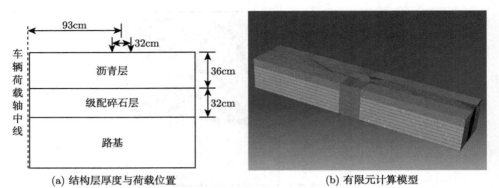

(a) 结构层厚度与荷载位置　　　　　　　　　　　(b) 有限元计算模型

图 5.5　柔性基层沥青路面厚度设置与有限元建模

表 5.3　沥青路面材料属性设置

层位	本构模型	厚度/cm	杨氏模量/MPa	泊松比
沥青层	黏弹-黏塑损伤	36	—	—
级配碎石层	线弹性	32	350	0.35
路基	线弹性	>100	60	0.4

在常温温度场 12 时的温度分布状况下，以及在 700kPa 胎压、100kN 轴重的标准单轴荷载、60km/h 的荷载移动速度作用下，路面横截面的水平正应力响应如图 5.6 所示。其中行车方向的水平应力最大值位于双轮荷载中心线以下的沥青层底，约为 0.25MPa，最大压应力位于荷载直接作用的区域，约为 0.7MPa。沥青层底水平应力在路面横断面、纵断面以及路面深度方向的分布如图 5.7(a)~(c) 所示，双轮荷载中心线路径中一点应力与损伤发展随时间变化取值如图 5.7(d) 所示。

由图 5.7(a) 可知，沥青层底沿横断面方向水平的应变分布出现较强的非对称性，由于同轴异侧轮胎荷载的影响，在靠近车辆中轴线方向的应变要略大于自由端的水平拉应变；由于沥青混合料的非线性特征，水平拉应力的非对称性要远小于水平拉应变的非对称性。由于本章的损伤模型归根结底是一种与应力相关的模型，且荷载作用正下方处高应变区域仍表现出较强的对称性，因此，本章认为同轴异侧荷载的影响可忽略不计，荷载作用下的损伤分布可认为按照对称分布。

由图 5.7(b) 可知，在路面的纵断面方向上，荷载作用下的沥青层底沿行车方向的应力与应变分布具有高度的非对称性。首先，荷载作用区域正下方水平应力为拉应力，其分布在车辆前进方向的 0.93m 以及后方的 0.47m 的范围内，而在此区域之外，荷载作用在沥青层底产生的为压应力，并随着与荷载的距离先增大然后逐渐减小至 0。由于沥青混合料的黏弹性，在荷载作用之后材料开始进入黏弹性的恢复阶段，原本处于拉应力的沥青层底将由于黏弹性响应而处于压应力的状态。因此，在距荷载驶过方向的 0.47m 之外，由于黏弹性恢复产生的压应力以及

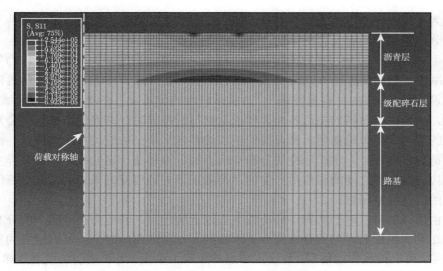

图 5.6 路面横截面水平拉应力响应云图

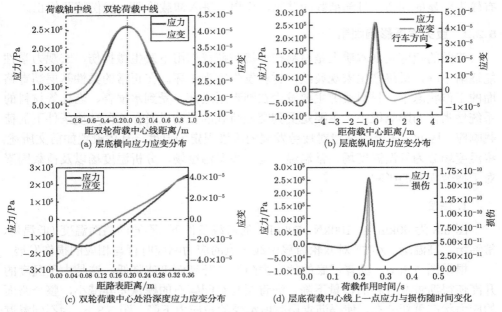

图 5.7 沥青层黏弹性与损伤响应

荷载本身在远端产生的压应力进行叠加，使得荷载作用下在车辆后方产生的压应力要远大于车辆的前进方向，该压应力在距荷载后方 1.08m 处达到最大，最大值为 0.064MPa，达到荷载中心处最大拉应力的 24%。而由于多联轴货车的轴距一般约为 1.3m, 恰位于荷载产生最大压应力的位置附近, 这也使得在多轴条件下的应力分布与单轴具有显著的区别。

由图 5.7(c) 可知, 在双轮荷载的中线上, 随路面深度增加, 水平压应力先增大后减小, 并在深度约 0.20m 处发生拉压转换。由于本章中沥青混合料的各向同性假设, 且沥青层的材料属性统一, 故拉压转换的位置发生在沥青层中部区域。事实上, 当考虑到材料的拉压各向异性以及材料的差异时, 路面的中性轴将会发生一定的移动, 但无论如何, 沥青层的中部均存在一个小的应力拉压过渡区。而在双轮荷载中心线上, 水平应变的分布与应力的分布存在一定的差异, 该差异主要是由应力与应变之间的相位角产生的, 荷载正下方的应变尚未达到与应力峰值相对应的应变峰值相位。

由图 5.7(d), 对于沥青层底荷载中心线上的一点, 其应力在时间上的分布与应力在路面纵断面方向的分布规律基本相同。在荷载作用时刻, 具有最大的拉应力响应, 而在荷载作用前后, 均出现明显的压应力阶段。对于损伤的发展规律, 由于损伤速率与有效应力近似 4 次方的关系, 损伤速率随时间的曲线变化较拉应力的变化更为剧烈, 对于 60km/h 的荷载移动速度, 仅在荷载作用期间的 0.02s 内有较为明显的损伤, 且随荷载的驶离, 作用点进入卸载阶段, 损伤随即停止。

5.2.2　疲劳发展影响因素

路面的疲劳发展本质上是材料在环境与荷载作用下发生微损伤, 宏观力学性能逐渐下降, 最终产生宏观裂纹, 材料发生宏观破坏。在正常的柔性基层沥青路面的工作状态下, 材料疲劳主要发生在沥青层底部, 受到水损害、老化等材料的系统性劣化的影响很小, 主要是受到交通荷载的影响以及在不同环境条件下的荷载响应。因此, 本节将环境对疲劳发展的因素限定为温度, 具体设置如前文所述, 将温度场分为低温温度场、常温温度场、高温温度场, 分析温度场以及荷载因素对于疲劳损伤的影响。

1. 温度

图 5.8 为 60km/h, 100kN, 700kPa 的荷载条件下, 不同的路面温度 (低温场、常温场、高温场 12 时) 对双轮荷载中线一点的应力响应时程与相应的损伤发展。

根据图 5.8(a), 沥青层底的拉应力随温度升高而迅速降低, 这是由于温度的升高使得沥青混合料的模量下降, 沥青层与级配碎石的模量差异减小, 整个路面的应力状态重新分布, 使得沥青层底所承受的拉应力下降。图 5.8(b) 为不同温度场下的沥青层底拉应变随荷载作用的变化规律对比, 由于沥青混合料的模量随温度上升而减小, 沥青层底的拉应变与拉应力规律呈现出相反的规律, 层底拉应变呈现高温温度场更大, 而低温温度场更小的现象。图 5.8(c) 与 (d) 显示出不同温度场下路面的疲劳发展速率存在数量级上的差异。高温条件下, 沥青层发生的损伤可以忽略不计，而在低温状态下，沥青层的疲劳发展速率远高于常温，相同荷载作用下低温场中产生的损伤可以达到常温状态下的 3 倍以上。

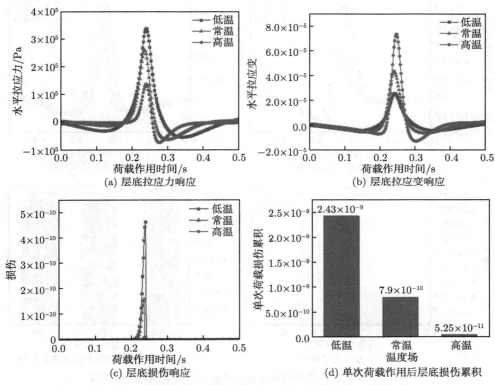

图 5.8　不同温度条件的沥青层底的应力应变响应与疲劳发展

因此，温度是能够系统地改变路面的应力分布状态，进而能够系统地改变沥青路面的疲劳发展的因素。

2. 胎压

图 5.9 展示了常温温度场 12 时，100kN 的轴重，60km/h 的荷载移动速度条件下，不同的胎压 (700kPa，800kPa，900kPa) 对双轮荷载中线一点的应力响应时程与相应的损伤发展。

由 5.9(a) 和 (b) 可知，胎压产生的荷载的集中效应对于沥青层底的影响微乎其微，胎压增加产生的沥青层底的应力与应变增加可忽略不计。图 5.9(c) 和 (d) 为三者在沥青层底发生的损伤对比与单次荷载作用下损伤累积对比，也进一步说明不同胎压在沥青层底产生的影响基本没有差异，产生的损伤基本相同。

因此，在当前的常见载重汽车的胎压范围内，可认为胎压对于路面的疲劳发展没有影响。

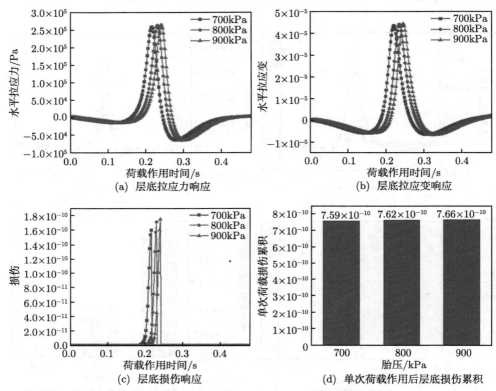

图 5.9　不同胎压条件的沥青层底的应力应变响应与疲劳发展

3. 轴重

图 5.10 展示了常温温度场 12 时，60km/h，700kPa 的条件下，不同的荷载轴重 (80kN，100kN，120kN) 对双轮荷载中线一点的应力响应时程与相应的损伤发展。

由图 5.10(a)，轴重虽不像温度一样能够在数量级上改变沥青层底的拉应力，但轴重的增加依然能够显著增加沥青层底拉应力的峰值。80kN 轴重产生的沥青层底的拉应力峰值为 100kN 轴重的 85%，而 120kN 轴重产生的沥青层底的拉应力峰值则为 100kN 轴重的 125%。因此沥青层底拉应力峰值与轴重之间基本呈线性关系。图 5.10(b) 为不同轴重产生的层底拉应变对比，其与拉应力的规律基本相同。图 5.10(c)、(d) 分别为不同轴重在沥青层底发生的损伤对比与单次荷载作用下损伤累积对比，由于损伤与有效应力近似呈 4 次方的关系，轴重的增加使沥青层产生的损伤大幅增加，80kN 与 120kN 单次荷载产生的损伤累积分别为 100kN

标准荷载的 37% 与 190%。

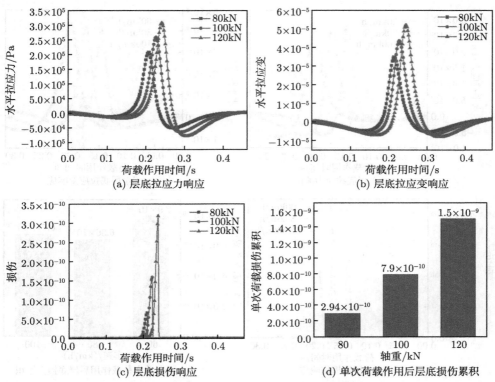

图 5.10 不同轴重条件的沥青层底的应力应变响应与疲劳发展

因此，当其他条件相同时，轴重能够明显改变沥青层底的拉应力，进而改变沥青层底的损伤发展规律。

4. 车速

图 5.11 展示了常温温度场 12 时，700kPa，100kN 的标准荷载作用下，不同的荷载移动速度 (60km/h，80km/h，100km/h) 对双轮荷载中线路径中一点的应力响应时程与相应的损伤发展。

与其他影响因素不同，车速产生的影响是多方面的。由图 5.11(a) 可知，随着车速的增加，沥青层底的拉应力峰值有小幅度的增加，但同时也伴随荷载作用时间的减小。高车速对应的应力峰值虽较大，但同时应力峰也较窄。由于高车速对应高的荷载频率，同样会使得沥青层的动态模量增加，因此，图 5.11(b) 中拉应变的峰值对比与应力也呈相反的规律，层底拉应变随车速增加而减小。图 5.11(c)、(d) 为不同车速在沥青层底发生的损伤对比与单次荷载作用下损伤累积对比。在 60～100km/h

的车速区间内，单次荷载产生的损伤随车速增加呈现出先减小后增加的规律。

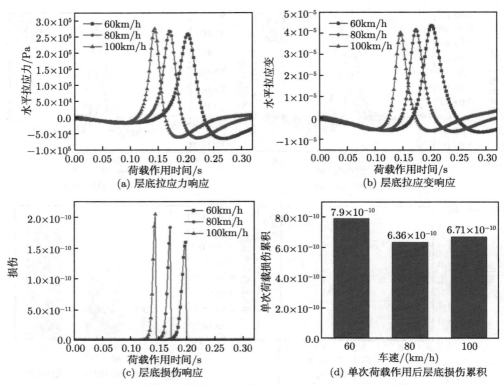

图 5.11   不同车速条件下的沥青层底的应力应变响应与疲劳发展

由于重载车辆在高速公路上的运行速度主要集中在 60~80km/h 内，且不同荷载移动速度之间产生的损伤差异与轴重、温度的影响相比较小。因此，本章认为在无特殊情况下，荷载的移动速度对于损伤的影响可忽略不计。

综上分析可知，车辆荷载的轴重、车速、胎压与路面温度场的变化均会不同程度地影响路面的疲劳损伤发展。但由于损伤发展的区域主要在远离路表的沥青层底部，胎压增大造成的荷载集中对此区域的应力状态影响很小，故可忽略胎压对于路面疲劳发展的影响。而车辆行驶速度的增加既会使得沥青层底拉应力的峰值增大，也会使得受力时间变短，综合作用下车速对于损伤的影响并不显著。因此，本章将忽略荷载的胎压与行驶速度，着重考虑温度与轴重对损伤发展规律的影响。

5. 联轴效应

由于重型货车的后轴均为多轴设计，多联轴之间的距离一般远小于后轴与前轴之间的距离、不同车辆之间的距离，因此联轴之间对沥青层底的应力分布存在着相互影响，并进一步影响到沥青路面的损伤发展规律。

图 5.12 为单轴与双联轴在常温温度场 12 时，平均单轴轴重 100kN，700kPa，60km/h 的荷载环境条件下的沥青层底拉应力分布对比图。由拉应力的分布图可直观地看出，双联轴第一轴的拉应力分布与单轴分布类似，但第二轴受到第一轴驶过后材料产生的黏弹性恢复的影响，所产生的应力明显低于第一轴。

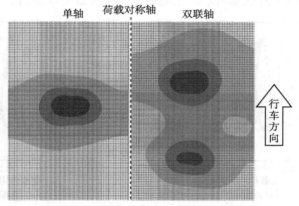

图 5.12　单轴与双联轴沥青层底拉应力分布对比

图 5.13 为双联轴在双轮荷载中线一点的应力响应与应变响应。根据图 5.13(a)，双联轴的第一轴由于受到第二轴的影响，应力响应较单轴相比略小；而第二轴除了受到第一轴的直接影响之外，还叠加了第一轴驶离后由于黏弹性恢复产生的压应力，使得第二轴产生的应力峰值明显低于第一轴。根据图 5.13(b)，黏弹性效应对于应变的影响并没有应力响应产生得明显，前后两轴产生的拉应变峰值基本相同，但由于两轴产生的边界效应的互相影响，使得双联轴产生的层底拉应变峰值小于单轴产生的拉应变峰值。三联轴与双联轴产生的规律类似，但三联轴的第二轴，将同时受到第一轴与第三轴的影响，产生的拉应力与拉应变小于第一轴与第三轴。

因此，由双联轴与三联轴的应力响应及单轴的应力响应对比可知，多联轴单次荷载产生的损伤应小于相同条件下单轴作用多次产生的损伤。

产生联轴效应的本质原因一方面是多轴导致的边界效应，另一方面是沥青混合料的黏弹性力学特性，因此能够影响二者的因素，例如温度、车速、轴距均会影响联轴效应。考虑到实际状况中货车的轴距分布均集中在 1.3m，车速集中在 60~80km/h，因此，本章仅考虑温度场对于联轴效应的影响。此外，由于高温下产生的损伤与常温、低温场相比可以忽略不计，因此本章将忽略高温场产生的损伤。

图 5.14(a) 为胎压 700kPa，平均单轴轴重 100kN，车速 60km/h 条件下常温场与低温场 12 时单次荷载产生的损伤累积对比。图 5.14(b) 为联轴与单轴的累积

损伤比值，即多联轴的联轴转换系数。由于低温条件下沥青混合料的性质更接近弹性，因此多联轴的相互影响也较常温场更小，因此低温场的联轴转换系数大于常温场。此外，由于三联轴的第二轴受到的影响较大，产生的拉应力与拉应变均较小，而损伤又与有效应力近似呈 4 次方的关系，使得第二轴产生的损伤远低于第一轴与第三轴。因此，三联轴产生的损伤与双联轴产生的损伤基本相同，进而使得相同平均轴重下三联轴与双联轴的联轴转换系数基本相同。

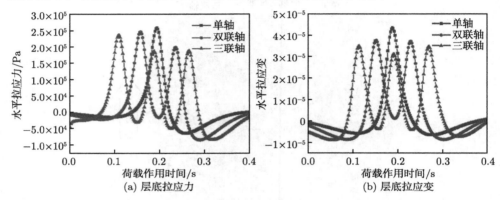

图 5.13　单轴与联轴层底水平拉应力与拉应变对比

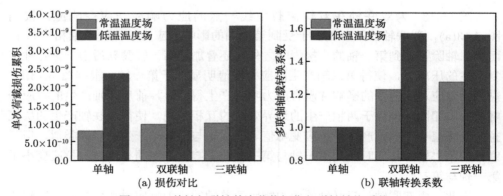

图 5.14　单轴与联轴单次荷载损伤与联轴转换系数

为方便后续的损伤预估，本章中联轴转换系数按照常温场与低温场进行加权平均得出，由于我国常温季长度为低温季的两倍，因此常温季的比重设为 2。联轴转换系数计算公式如下：

$$r_{\mathrm{axle}} = \frac{2 \cdot r_{\mathrm{axle-m}}}{2 \cdot r_{\mathrm{axle-m}} + r_{\mathrm{axle-l}}} + \frac{r_{\mathrm{axle-l}}}{2 \cdot r_{\mathrm{axle-m}} + r_{\mathrm{axle-l}}} \tag{5.13}$$

式中，r_{axle} 为联轴转换系数；$r_{\mathrm{axle-m}}$ 与 $r_{\mathrm{axle-l}}$ 分别为常温场与低温场的联轴转换系数。

根据公式 (5.13) 计算得出双联轴与三联轴的联轴转换系数分别为 1.43 与 1.45，即相同平均单轴轴重下，双联轴造成的损伤为单轴的 1.43 倍，三联轴造成的损伤为单轴的 1.45 倍。

5.2.3 疲劳发展规律

随沥青层的疲劳发展，路面的整体受力分布会发生很大的变化。图 5.15 的左右部分分别为使用寿命初期与寿命末期在低温温度场中，80kN 轴重，700kPa 胎压，60km/h 的荷载作用下沥青层中的水平拉应力的分布。与路面使用寿命初期相比，路面使用寿命末期在路表处的压应力的分布基本相同，但沥青层底的拉应力的分布发生了巨大的变化。伴随沥青层底部的损伤发展，损伤区域内的模量大幅度下降，使得沥青层底在结构中所承担的拉应力大幅下降。

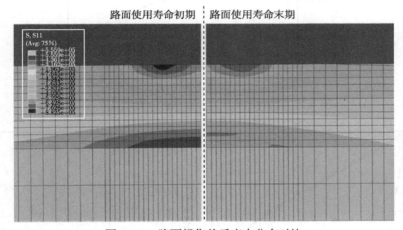

图 5.15　路面损伤前后应力分布对比

尽管由于损伤的发展，沥青层底所承受的拉应力逐渐减小，但驱动损伤发展的有效应力并没有立即随之减小。图 5.16 为沥青层总厚度 28cm 的柔性基层路面随通车年限的增长，沥青层底危险点处的水平拉应力与有效应力的变化趋势。与路面使用寿命初期相比，路面使用寿命末期的拉应力减小至初期的 50% 不到，但有效应力在很长一段时间内保持在一个稳定的范围内，直到路面寿命末尾，路面开始加速破坏时，沥青层底的有效应力才开始有所下降。

此外，沥青层的损伤破坏在使用过程中并不是一个匀速的过程。图 5.17(a) 为三条沥青层总厚度不同的路面的剩余寿命随道路的通车年限的下降趋势。其中沥青层厚度为 22cm 的路面由于寿命过短，其发展规律并不显著；沥青层总厚度分别为 28cm 与 36cm 的路面的剩余寿命均随通车年限的增加呈现快速下降的趋势。

将路面年损伤增量与路面通车后第一年的损伤增量的比值作为其损伤速率

比，建立损伤速率比与路面损伤程度的关系，如图 5.17(b) 所示。根据图 5.17(b)，在路面损伤发展的前半部分，即路面的损伤程度达到 0.5 之前，路面的损伤发展基本保持在一个稳定的状态内；但之后路面损伤发展速率随路面损伤程度呈指数函数增长，在无维护的状态下，路面的损伤在服务寿命末期快速发展，使得路面迅速发生破坏。

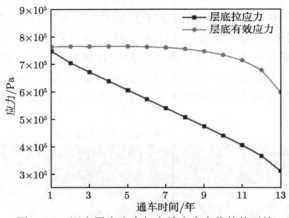

图 5.16　沥青层底应力与有效应力变化趋势对比

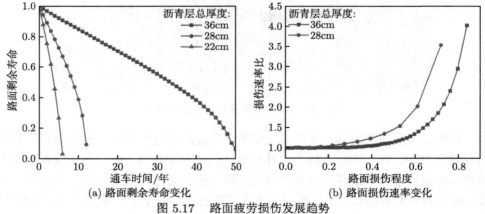

(a) 路面剩余寿命变化　　　　　　　　(b) 路面损伤速率变化

图 5.17　路面疲劳损伤发展趋势

　　根据本章的黏弹性-损伤模型，在沪宁高速的交通荷载作用下，36cm 的沥青层总厚度的路面结构疲劳寿命可达到 50 年，28cm 的沥青层总厚度的路面结构疲劳寿命可达到 13 年。考虑到 50 年内路表结构由于车辙发展、材料老化等问题不可能一直保持服务状态，路面在 50 年的使用寿命内一定会进行养护维修，而 13 年的结构使用寿命也与我国当前高速公路的路面设计寿命相近。基于此，本章将根据 28cm 的沥青层总厚度路面结构得出的损伤发展规律对路面寿命的预测模型进行归纳。

对图 5.17(b) 中沥青层总厚度为 28cm 的结构损伤速率与路面损伤程度的关系进行指数函数的拟合，得到式 (5.14) 所示的路面结构疲劳发展模型。

$$k = 0.00746 \cdot \exp\left(\frac{\phi}{0.123}\right) + 1 \tag{5.14}$$

式中，k 为损伤速率比；ϕ 为路面材料的损伤密度。

进一步根据本章之前所得出的结论，可以将以黏弹性-损伤本构模型为基础的柔性基层沥青路面的疲劳寿命预估方法总结为以下 6 个步骤：

(1) 根据道路所在区域的气象数据与道路的设计精度要求，将全年划分为 i 个温度场，通过历史气象数据，获得各温度场的大气平均温度 T_i^{atm}，并依据 5.1.4 节所述的温度场分析方法计算沥青层底的月平均温度 T_i，将其作为沥青层的等效温度。

(2) 对设计道路的交通量组成进行预测，将通车后第一年的交通荷载按照 1-型轴计做 2-型轴，取双联轴 1.43、三联轴 1.45 的联轴转换系数，将各种轴型转换为等效平均轴重的 2-型单轴轴载次数，并根据设计精度要求，将 2-型轴划分为 j 个轴重等级。

(3) 利用本章所示的黏弹性-损伤本构模型，按照道路设计速度对等效温度 T_i 下的第 j 个轴重进行计算，得到单次轴载作用下产生的损伤量 $\Delta\phi_{ij}$，之后根据各温度场以及各轴重的轴载次数，计算通车后第一年内路面产生的损伤增量 $\Delta\phi_1^{\text{year}}$。

(4) 根据第一年内的损伤增量，可得到当前路面的损伤状态：

$$\phi_1 = 0 + \Delta\phi_1^{\text{year}} \tag{5.15}$$

根据当前道路的损伤状态，并将第一年的损伤增量 $\Delta\phi_1^{\text{year}}$ 以及交通量预测模型代入式 (5.16)，得到第二年的损伤增量：

$$\phi_2^{\text{year}} = \Delta\phi_1^{\text{year}}(1+\gamma)^1 \cdot k \tag{5.16}$$

式中，γ 为交通量预测模型中的交通增量率。

(5) 重复步骤 (4)，即可得到通车后第 3，4，$\cdots$ 年内的路面损伤程度 ϕ_3，ϕ_4，$\cdots$。

(6) 根据设计要求，使得设计年限 k 年内的路面损伤程度 $\phi_k < 1$，即可满足柔性基层沥青路面的疲劳设计要求。

参 考 文 献

[1] Gedafa D S, Hossain M, Romanoschi S A. Perpetual pavement temperature prediction model[J]. Road Materials and Pavement Design, 2014, 15(1): 55-65.

[2]   Herb W, Velasquez R, Stefan H, et al. Simulation and characterization of asphalt pavement temperatures[J]. Road Materials and Pavement Design, 2009, 10(1): 233-247.

[3]   陈嘉祺, 罗苏平, 李亮, 等. 沥青路面温度场分布规律与理论经验预估模型 [J]. 中南大学学报 (自然科学版), 2013, 44(4): 1647-1656.

[4]   Qin Y, Hiller J E. Modeling temperature distribution in rigid pavement slabs: Impact of air temperature[J]. Construction and Building Materials, 2011, 25(9): 3753-3761.

[5]   Hermansson Å. Simulation model for calculating pavement temperatures including maximum temperature[J]. Transportation Research Record, 2000, 1699(1): 134-141.

[6]   AASHTO. Mechanistic-Empirical Pavement Design Guide: A Manual of Practice[M]. Washington: American Association of State Highway Transportation Officials, 2015.

[7]   Barber E S. Calculation of maximum pavement temperatures from weather reports[J]. Highway Research Board Bulletin, 1957, (168): 1-8.

[8]   严作人. 层状路面体系的温度场分析 [J]. 同济大学学报, 1984, (3): 76-85.

[9]   延西利, 李绪梅, 孙毅, 等. 基于傅立叶导热定律的沥青混合料热传导试验 [J]. 交通运输工程学报, 2013, 13(6): 1-6.

[10] Qin Y. Pavement surface maximum temperature increases linearly with solar absorption and reciprocal thermal inertial[J]. International Journal of Heat and Mass Transfer, 2016, 97: 391-399.

[11] 牛俊明, 戴慧莹, 赵平均, 等. 排水性沥青抗滑层混合料热学性能研究 [J]. 西安公路交通大学学报, 1998, 18(1): 20-22.

[12] 王芳芳. 沥青路面温度场的数值模型研究 [D]. 西安: 长安大学, 2015.

[13] 黄大强. 高寒地区沥青路面温度与荷载耦合动力行为 [D]. 成都: 西南交通大学, 2016.

[14] 邝文山. 热稳流理论在道路冻深计算中的应用 [J]. 中国公路学报, 1992, 5(1): 8-13, 28.

[15] 蒋默识. 水泥稳定碎石基层热物性参数研究 [D]. 西安: 长安大学, 2012.

第 6 章　沥青混合料低温断裂仿真

沥青路面的低温开裂是路面典型的病害形式，并会进一步加剧路面水损害等次生病害，严重影响路面服役寿命与服役质量。由于沥青混合料是由砂浆、集料与空隙组成的三相复合材料，其裂缝的萌生位置和扩展路径与混合料的细观结构紧密相关，因此本章将基于第 4 章中的本构理论与细观有限元建模方法，重点针对沥青混合料低温断裂行为开展仿真分析，研究细观结构特性对于沥青混合料低温断裂的影响规律。

6.1　沥青砂浆 CZM 参数获取

在 4.2.3 节中已经通过试验获取了沥青-集料界面的 CZM 参数，本章中将进一步获取沥青砂浆的断裂模型参数，用以开展沥青混合料断裂行为仿真。

6.1.1　I 型断裂

沥青砂浆的拉伸断裂试验共有 7 个有效试件，其中前两个试件仅在一侧切割了预制裂缝，试验发现，裂缝扩展不均匀，并且裂缝在扩展过程中会造成试件的转动，影响试验结果的稳定性。因此之后的试件均采用了双侧切口。两种不同切口的试验结果如图 6.1 所示，可以清楚地看出，单侧切口的试件断裂不规则，试件在裂缝的扩展过程中由于受力不均存在转动，而双侧切口的试件断裂面较为整齐。

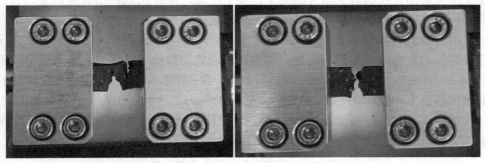

(a) 单侧切口　　　　　　　　　　　　(b) 双侧切口

图 6.1　沥青砂浆拉伸断裂试验预制裂缝对比

将试验结果经处理之后得到张力-位移曲线，如图 6.2 所示。

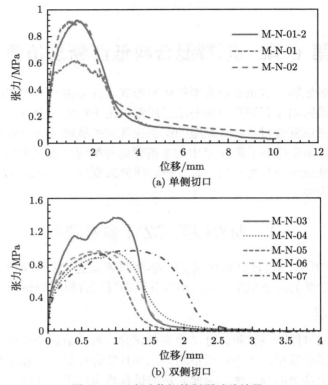

(a) 单侧切口

(b) 双侧切口

图 6.2　沥青砂浆拉伸断裂试验结果

编号 M 代表砂浆，N 代表法向拉伸。其中第一个试件 M-N-01 试验时仅使用了原位对称拉压试验仪自身的夹头，发生滑动，但砂浆试件不宜施加过大的夹持力，因此通过双面胶加强了试件和夹头的黏合力，之后的试验中未出现滑动。

由图 6.2(a) 可见，由于 M-N-01-2 和 M-N-02 为单侧切口，不均匀断裂会导致残存应力，导致断裂位移的获取不准确。双侧切口的试验结果见图 6.2(b)，除了 M-N-03 以外，其余试件的峰值张力基本一致；除了 M-N-07 以外，其余试件的断裂位移基本一致，最终选取 M-N-06 试件的张力位移曲线作为参数获取的曲线。

根据式 (4.45)，可通过积分获取张力-位移曲线与 X 轴包络的面积，计算得到 $G_0 = 0.616$，$G_c = 1.193$。CZM 全部参数如表 6.1 所示。

表 6.1　沥青砂浆 CZM 法向参数

变量	δ_0/mm	T_0/MPa	δ_c/mm	G_0/(kJ/m²)	G_c/(kJ/m²)
数值	0.775	0.949	2.75	0.616	1.193

6.1.2 Ⅱ 型断裂

砂浆的剪切断裂共有 3 个有效试件，试验结果如图 6.3 所示。采用 Ⅰ 型断裂相同的方法来计算砂浆的 CZM 剪切参数，如表 6.2 所示。

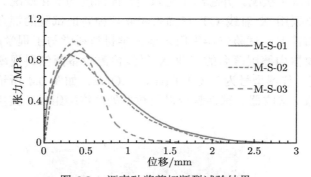

图 6.3 沥青砂浆剪切断裂试验结果

表 6.2 沥青砂浆 CZM 切向参数

变量	δ_0/mm	T_0/MPa	δ_c/mm	G_0/(kJ/m^2)	G_c/(kJ/m^2)
数值	0.449	0.893	2.70	0.301	0.880

6.2　沥青混合料细观有限元模型构建方法

本章的主要研究内容为沥青混合料在细观尺度下的各种力学行为的数值仿真模拟，对于细观有限元的构建并不是本章的重点，因此在本节中，更多采用的是现有较为成熟的细观结构构建方法，针对本章后续的研究内容进行微调，以保证准确高效地构建出沥青混合料的细观几何构造。

6.2.1　CT 数字图像处理及细观结构重构

数字图像处理技术，使得研究者能够对获取的数字图像中所关注的要素特征进行强化，从而更方便地对这些特征进行定性及定量的分析。随着有限元、离散元等数值模拟方法的发展，数字图像技术也成为构建数值模型几何形态的一种高效方法。

在道路工程领域，数字图像技术最初被用来研究热拌沥青的表面纹理特征。Masad 等 [1,2] 通过数字图像处理，定量分析了集料颗粒在混合料内部的分布方向、级配以及不同粒径的分布均匀性。并进一步地研究分析了沥青路面压实水平的各影响因素，以及室内试验压实情况与现场压实情况之间的差异。Elseifi 等 [3] 基于高清数字摄像机获取沥青混合料高分辨率数字图像，研究了混合料中的沥青膜厚度。You 等 [4] 基于 X 射线 CT 扫描，获取了沥青混合料内部各组分的空间分布，包括集料方向、级配、砂浆分布以及空隙分布。通过对 CT 灰度图像的处理，确定各组分的空间坐标信息。Kassem 等 [5] 基于三维 X 射线 CT 扫描图像分析了足尺沥青路面结构层的压实情况。图像分析给出了各沥青层中空隙的分布情况，用来评价压实状况。并总结了空隙随路面深度的变化情况。

　　本章中主要采用 X 射线 CT 扫描来获取几种验证试验的混合料试件中的各组分的集合分布情况。试验仪器采用东南大学材料科学与工程学院的 X 射线断层扫描仪。该仪器由德国著名的工业 X 射线检测设备商依科视朗国际有限公司 (YXLON) 研制，仪器型号为 Y.CT PRECISIONS，如图 6.4 所示。X 射线断层扫描仪由发射源、接收器、试件载台以及数据处理终端组成，其主要技术参数如表 6.3 所示。

图 6.4　X 射线断层扫描仪

表 6.3　X 射线断层扫描仪技术参数

高压范围	操作模式	像素数量	放大倍数
10～225kV	锥束扫描	1024×1024	1.6～200 倍

　　在扫描过程中，试件载台水平匀速转动，同时 X 光束由高能射线源发出，照射沥青混合料试件，另一侧的接收器接收穿透试件后的 X 射线，并转化为电信号。获取一个水平断面图像之后，试件载台在竖直方向上匀速移动，获取下一个水平断面扫描图像。两个相邻的扫描图像在竖直方向上相隔 0.1mm。X 射线强度在穿透不同材料时会产生不同程度的衰减，与材料的密度有关，密度越高，衰减越严重。沥青混合料中的各组分，如集料、空隙以及砂浆，在密度上有很大差别，因

此可以通过 X 射线准确地进行区分。在旋转过程中，不同方向的 X 射线衰减均被记录下来，通过后处理生成断面的灰度信息图，其中低密度材料由较深的颜色表示，高密度材料由更亮的颜色表示，如图 6.5 所示。

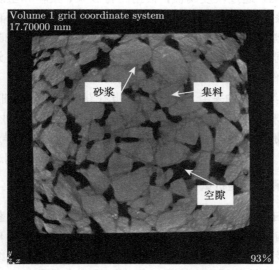

图 6.5 沥青混合料 X 射线扫描图像

针对第 3 章中提到的三种沥青混合料验证试验——动态模量试验、四点弯曲疲劳寿命试验以及半圆弯曲试验，分别对其试验试件进行 X 射线断层扫描获取 CT 数字图像。三种试验的扫描方向以及几何形态重构如图 6.6 所示。

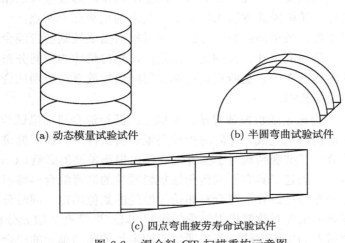

(a) 动态模量试验试件　　(b) 半圆弯曲试验试件

(c) 四点弯曲疲劳寿命试验试件

图 6.6 混合料 CT 扫描重构示意图

获取到的混合料 CT 扫描图片通过 Simpleware ScanIP 软件进行逆向重构，得到混合料的细观几何形态。首先，将原始的 X 射线扫描图像导入到软件中，通过递归高斯算法进行图像降噪处理，增加对比度，使得集料和空隙边界更清晰。然后，创建图像 Mask，通过灰度阈值，根据沥青砂浆、集料和空隙三种组分的不同灰度强度，对图像区域进行分割。整个灰度范围从 0 到 255，其中空隙灰度范围为 0~15，沥青砂浆灰度范围为 15~60，集料灰度范围为 60~255。最后，对所有的 CT 图像进行同样的图像分割，获取到混合料三组分的位置分布。在三维视图中，创建 STL 文件，重构出三维的混合料细观结构。

由于本章中后续研究均采用二维模型，因此在获取到混合料细观结构完整的三维几何形态之后，并未进一步采用 Simpleware ScanFE 进行网格划分与 ABAQUS 有限元软件导入，而是从三维几何模型中切割出相应的二维断面，导入到 ABAQUS 中进行数值模拟分析。细观有限元模型的构建将在 6.3 节中详细阐述。

6.2.2　随机投放算法及随机试件生成

X 射线 CT 扫描及图像处理，可以在室内试验之前无损地获取真实沥青混合料试件的细观结构，并将模拟结果与试验数据进行对比，检验有限元模拟的准确性。但对于进一步的路用性能分析，则需要逐一开展不同细观结构特性对混合料力学行为影响的敏感性分析，在这个过程中，需要大量的具有特定细观结构混合料几何形态，例如不均匀分布的空隙、不均匀分布的集料以及不同的级配类型等。通过室内试验的方法制备相应的试件，很难实现特定的细观几何特征。

为了解决这个问题，随机投放算法被逐步地开发出来。该方法首先随机生成表征集料颗粒的多边形或多面体几何形状，再向特定尺寸的二维或三维空间内，按照混合料级配投放这些集料颗粒，最后再生成空隙颗粒，形成包含三相组分的沥青混合料虚拟试件。随机投放方法相比于 CT 技术的优势在于两点：一方面，可以批量生成虚拟试件，效率高；另一方面，可以根据需要控制沥青混合料的细观几何特性，如单个集料的尺寸、长细比、棱角度，集料整体的空间分布、长轴方向分布，空隙的整体分布等。这两点优势都使得随机投放算法特别适合沥青混合料细观结构路用性能模拟。

Castillo 等 [6] 提出了随机投放算法，生成二维沥青混合料虚拟试验。集料颗粒和空隙颗粒先后被随机生成，并同时投放到混合料试件中。该研究进一步采用黏弹性损伤本构分析了细观结构对于沥青混合料内损伤发展的影响。Chen 等 [7,8] 采用分层多尺度方法创建了具有不同棱角性集料颗粒的沥青混合料虚拟试件，并针对不同的空隙分布特性进行了混合料热传导性能的数值模拟。同时分析了二维虚拟试件与三维虚拟试件对数值模拟结果的影响。Ma 等 [9] 在离散元分析过程中，提出了三维虚拟试件的生成方法。首先通过不同半径的圆球单元的组合构成不规则集料模型，再用空隙单元和砂浆单元填充混合料虚拟试件形成几何形态，最后由规则的小粒径球体来表征该几何形态，进行离散元仿真模拟。分析了细观几何形态对于沥青混合料蠕变力学行为的影响。

本章中后续的有限元分析均采用二维模型，因此，采用随机投放算法生成二维混合料虚拟试件。

通过上述的文献综述可以看出，随机投放算法主要分为两个步骤：首先生成随机的二维多边形来表征集料颗粒和空隙，然后将这些多边形逐步投放到特性的几何空间中，该几何空间即为要模拟的试件的整体几何尺寸。

首先，需要对单个集料的几个主要的几何特性做如下定义。

(1) 颗粒的长轴

单个颗粒的示意图如图 6.7 所示。其中 AD 两个顶点的连线为所有顶点连线之间的最大值，将该线段定义为颗粒的长轴。

(2) 颗粒的粒径

由图 6.7 可见，当连接两个顶点之后，可以从其余各个顶点向该对角线作垂线。将对角线两侧最长的垂线段相加，即定义为颗粒在该方向上的宽度。图中长轴方向的宽度即为 $CC' + FF'$。对于凸多边形，当连接的顶点为相邻顶点，则多边形全部位于连线的一侧，这时最长的垂线段即为宽度。比较所有方向上的宽度，其最小值即为颗粒的粒径。

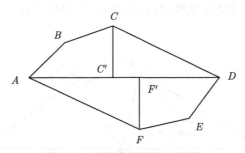

图 6.7　随机生成颗粒示意图

(3) 颗粒的角度

颗粒的角度定义为颗粒长轴与 X 轴正方向之间的夹角，其变化范围为 $[-\pi/2, \pi/2)$。

(4) 颗粒的长宽比

颗粒的长宽比定义为长轴与其方向上的宽度之比。图中长宽比 $= AD/(CC' + FF')$。

生成的细观结构需要导入到有限元分析软件中，就需要详细的定量坐标信息，因此后续的随机投放算法的核心就是计算各个颗粒的平面坐标信息。具体可分为以下几个步骤。

步骤一：生成多边形

首先在局部坐标系中生成一个多边形。为了便于后续的坐标变换，颗粒长轴的两个端点均位于 X 轴上，原点为长轴的中点，长轴的长度暂定为 2，因此长轴上的两个端点的极坐标为 $(1,0)$、$(1,\pi)$。接着随机生成 N 个顶点，其极坐标分别为 $(\rho_1,\theta_1),(\rho_2,\theta_2),\cdots,(\rho_N,\theta_N)$。对于真实的集料颗粒或空隙，其形状的边缘纹理使得 N 理论上趋近于无穷大，但是过大的 N 值会导致后续有限元网格尺寸过小，而在显示动力分析中，收敛速度直接由最小的单元尺寸决定，因此本章中将 N 取值为 [4,9]。通过对极角的排序，将单个颗粒的所有顶点坐标信息存入一个向量矩阵中。

步骤二：凸多边形修正

随机生成的多边形可能出现凹多边形，这在实际应用以及数值模拟中都会带来不利影响，因此本章中生成的多边形均调整为凸多边形。利用 convexHull 函数对上一步中生成的顶点信息矩阵进行凸多边形判定，并对相应节点进行调整。如图 6.8 所示，对于错误顶点 (ρ_3,θ_3) 和 (ρ_6,θ_6) 进行删除，使得凹多边形变为凸多边形。并重新检查顶点数量，如小于 4，则返回第一步重新生成基础多边形。为保证 X 轴为长轴，随机生成顶点坐标时限制极轴为 $\rho_i < 1$，该约束同时也保证了多边形在长轴方向的宽度即为颗粒的粒径，便于后续的粒径调整。在确定了顶点极坐标信息之后，通过坐标变换将极坐标转化为直角坐标，便于后续的计算。坐标转化公式不再赘述。

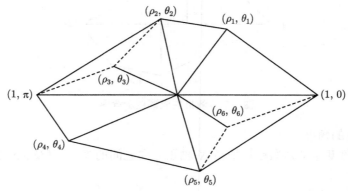

图 6.8　凸多边形修正

步骤三：颗粒长宽比、粒径调整

对于生成的凸多边形，需要再进一步进行调整，其中最主要的就是长宽比和粒径。长宽比越大的集料颗粒越扁平，在受到荷载作用时越容易发生断裂，在工程应用中应当避免，因此本章中对长宽比的取值定为 [1,3] 的区间。由于之前生成的多边形坐标信息中，长轴为 X 轴，因此只需读取各个顶点的纵坐标，计算出当前长宽比，再根据目标长宽比，调整各顶点纵坐标即可，横坐标无须改变。以图 6.8 中点 1 为例，其坐标按照下式调整：

$$
\begin{cases}
x_{\text{new}}^1 = x_{\text{old}}^1 \\
y_{\text{new}}^1 = y_{\text{old}}^1 \cdot \dfrac{ar_{\text{new}}}{ar_{\text{old}}}
\end{cases}
\tag{6.1}
$$

式中，x_{new}^1 和 y_{new}^1 分别为点 1 调整后的新坐标；x_{old}^1 和 y_{old}^1 分别为点 1 调整前的旧坐标；ar_{old} 和 ar_{new} 分别为当前长宽比和目标长宽比。

在确定了长宽比之后，需要根据级配曲线对粒径进行调整。其方法与调整长宽比类似，区别在于按照当前粒径与目标粒径之比进行坐标调整时，横坐标和纵坐标同时参与计算，几何意义上即令多边形整体缩放到目标粒径大小。其坐标按照下式调整：

$$
\begin{cases}
x_{\text{new}}^1 = x_{\text{old}}^1 \cdot \dfrac{ps_{\text{new}}}{ps_{\text{old}}} \\
y_{\text{new}}^1 = y_{\text{old}}^1 \cdot \dfrac{ps_{\text{new}}}{ps_{\text{old}}}
\end{cases}
\tag{6.2}
$$

式中，ps_{old} 和 ps_{new} 分别为当前粒径和目标粒径；其他符号意义同式 (6.1)。

步骤四：颗粒角度调整

目前生成的多边形颗粒，其长轴均与 X 轴平行，即角度为 0。显然在真实的混合料中，集料颗粒的方向是随机分布的，因此需要给每个颗粒多边形分配一个随机的角度，并通过坐标计算，使得多边形绕原点转动。随机角度的范围取为 $[-\pi/2, \pi/2)$。坐标变换的过程为，先将直角坐标转化为极坐标，保持极轴不变，将转动角度加入原极角值，再将极坐标还原到直角坐标。具体计算过程如下式：

$$
\begin{cases}
x_{\text{new}}^1 = \sqrt{\left(x_{\text{old}}^1\right)^2 + \left(y_{\text{old}}^1\right)^2} \cos\left(\arctan \dfrac{y_{\text{old}}^1}{x_{\text{old}}^1} + \varphi\right) \\
y_{\text{new}}^1 = \sqrt{\left(x_{\text{old}}^1\right)^2 + \left(y_{\text{old}}^1\right)^2} \sin\left(\arctan \dfrac{y_{\text{old}}^1}{x_{\text{old}}^1} + \varphi\right)
\end{cases}
\tag{6.3}
$$

式中，φ 为转动角度；其他符号意义同式 (6.1)。

步骤五：级配曲线确定

上述步骤说明了集料颗粒的生成过程，接下来通过随机投放生成完整的沥青混合料虚拟试件。首先需要根据试件尺寸、油石比和空隙率来确定虚拟试件中集料所占的比例，即多边形总体的几何面积以及空隙的几何面积。再根据级配曲线，计算出各档集料的几何面积。然后按照步骤一～步骤四，生成相应各档集料的几何多边形。

步骤六：生成混合料试件

将步骤五中得到的各档集料多边形，按照粒径由大到小的顺序，逐一投放到虚拟试件的边界中。具体到一次投放，首先生成一组随机的坐标信息，将单个集料局部坐标系的原点移动到该随机全局坐标，对集料的各个顶点坐标做相同的移动。然后判断当前的集料多边形与试件边界是否相交，与已投放的其他集料颗粒是否相交。如果相交，则重新生成随机坐标；如果不相交，则继续投放下一个颗粒。集料填充完之后，再填充空隙多边形，最后得到完整的沥青混合料虚拟试件。

步骤七：导入 ABAQUS 有限元程序

上述步骤一～步骤六的随机投放算法，将通过 MATLAB 编程实现，计算结果输出到 Microsoft Excel 中。将 Excel 中的坐标信息，通过命令行的形式导入到 Auto CAD 中，使用 region 命令将单个颗粒离散的节点信息转化为闭合的线段，并保存为 *.sat 格式文件。最后通过 ABAQUS 软件的 import 命令，将 *.sat 格式文件导入到有限元中建立几何模型。

6.3　沥青混合料细观断裂有限元模型

6.3.1　有限元模型构建

由于有限元断裂模型中涉及 CZM 单元的插入和大量的接触计算，因此其构建方法有别于之前的有限元模型，本小节将详细介绍沥青混合料细观有限元断裂模型的构建过程。并且结合半圆弯曲室内试验，验证构建的有限元断裂模型的有效性。

1. 细观有限元模型构建

对于半圆弯曲试件的几何形态获取，将不再采用 CT 扫描，仅通过图像处理技术提取集料和空隙分布。通过 MATLAB Image Segmenter 工具箱获取集料和空隙边界信息，以数组格式将边界信息输出到 CAD 中，如图 6.9 所示，保存为 *.sat 文件，以便导入 ABAQUS 中的草图 (Sketch)。

上述步骤与第 5 章中四点弯曲疲劳寿命试验的小梁试件的建模方法基本相同，但接下来，断裂模型的构建就需要不同的建模方法了。

首先，在第 4 章中提到，CZM 采用黏弹性框架，而 ABAQUS 中 CZM 的黏弹性只能应用于 ABAQUS Explicit 求解器，因此需要采用显式数值算法进行求解，而显式算法过程中，会产生大量的增量步 (incrementation)，这对于分数阶黏弹性模型的全量数值算法来说，会导致大量的增量应变和增量时间历史数据的存储，再加上细观模型单元数量众多，对于硬盘容量的要求过大，导致计算无法开展。因此 CZM 的黏弹性框架将采用 4.1.3 节中的离散谱转化方法，将分数阶黏弹性模型近似为 Prony 级数形式，而 Prony 级数中自然指数核函数的数学形式，保证其可以写为增量格式，从而避免了历史数据的存储。

图 6.9　集料边界的 CAD 图形

　　其次，通过第 4 章的 CZM 框架图 4.12 可知，CZM 仅在受拉时才会发生损伤积累和断裂等力学行为，同样 ABAQUS 中的 CZM 单元也仅能承受法向的拉应力，而法向的压应力会导致 CZM 单元两侧的网格出现重叠，会极大地影响计算的收敛性。为了解决这个问题，需要对 CZM 单元定义全局接触，而这要求模型必须为三维模型。由于本章的研究均基于二维结构，因此将构建薄板型的三维模型，通过楔形 (wedge) 单元划分网格，在厚度方向上仅包含一个单元，并通过边界约束保证厚度方向上变形和应力分布的均匀性。

　　对于三维模型的细观结构切割，也将采用特殊的处理方法。为了方便后续的 CZM 单元批量插入，需要采用前述导入的集料和空隙边界草图，将半圆形模型进行几何切割，形成内部边界，但是 ABAQUS 中三维的切割只能进行单连通形状的切割，因此对每个颗粒都要进行一次操作，导致效率低下。本章采用装配模块 (Assembly) 的几何边界融合 (Merge) 命令来实现批量的三维几何切割。首先将半圆形部件通过物理切割形成集料和砂浆两个部件，再通过保留内部边界 (intersecting boundaries) 的边界融合将两部分重新组合为整体，从而变相地实现了批量的几何切割，构建了细观几何模型。整个过程如图 6.10 所示。

　　模型的边界条件根据半圆弯曲试验而设置，在底部相应的位置约束水平和竖向位移，来模拟支座的作用，在顶部施加速率恒定的位移荷载来模拟等应变率加载模式。在侧面施加侧向的对称边界约束，以保证不发生厚度方向的非预期不规则变形。I 型断裂的半圆弯曲虚拟试件如图 6.11 所示。

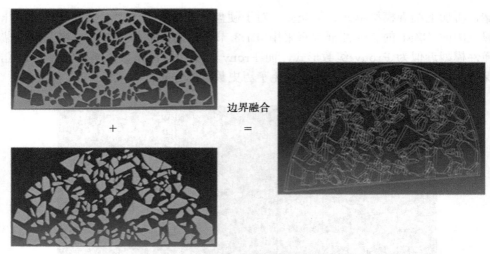

图 6.10 三维模型的细观结构切割方法

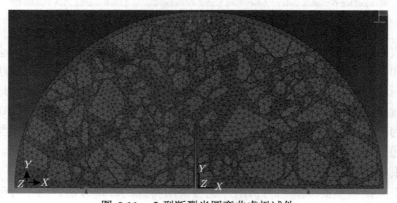

图 6.11 I 型断裂半圆弯曲虚拟试件

2. CZM 单元插入

ABAQUS 中的 CZM 单元可分为两种类型，一种为传统的材料参数方法，将 CZM 赋予宏观单元，另一种是将薄层单元插入到现有网格单元边界处，形成类似于接触的 CZM 界面单元。本章将通过修改节点编号的方法，将零厚度 CZM 单元插入到图 6.11 的细观有限元模型中。

节点 (node) 为有限元模型构成中最基础的元素，每个节点包括 4 个数据，编号和 X、Y、Z 方向的坐标。在现有单元之间插入 CZM 单元，首先需要插入额外的节点，将原本相邻的单元分开。由于 ABAQUS 输入文件中，对于节点编号的连续性没有要求，因此可以利用这一便利条件方便有序地进行节点的插入。

如图 6.12 所示，在两个单元之间插入一个零厚度的单元，由于单元编号不需要连续，生成一个坐标信息不变，但编号远大于原始节点总数的单元编号。按照有限元单元节点顺序，写入一个新的单元，该单元同其他单元一样拥有 8 个节点，但是其中每两对节点拥有相同的坐标信息，即该节点在某个方向上没有厚度。

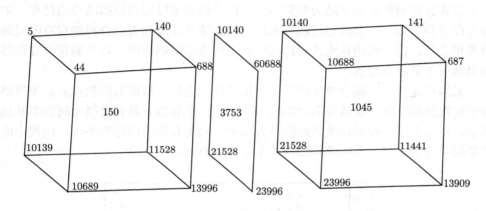

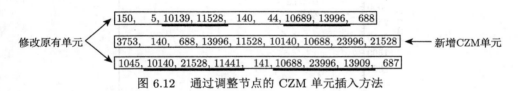

图 6.12　通过调整节点的 CZM 单元插入方法

前文提到，断裂模型单元划分时采用楔形 (wedge) 单元，目的在于保证厚度方向只有一层单元，即厚度方向仅有两层节点，并且两层节点的 X、Y 坐标能够一一对应，仅 Z 坐标不同，这样将在很大程度上简化节点插入的计算量。

由于断裂模型中 CZM 将同时作用于砂浆内部和沥青-集料界面上，并且两部分的 CZM 参数也不相同，因此 CZM 单元的插入也分为两部分，分别建立相应的集合 (set)，以便于进行材料参数的赋值。

3. 准静态分析验证

前文中提到了断裂模型的计算将采用 ABQAUS Explicit 显式算法，该算法本质上是一种动态求解算法，基于中心差分数值计算方法和动力学方程进行计算。该方法最初是用以分析高度冲击问题，而在这类问题中，惯性会产生显著的影响。在动力平衡求解过程中，非平衡力将以应力波的形式在有限元单元之间传播。在整个系统的能量分布中，动能所占的比重较大，内能所占的比重小。

显式计算所采用的中心差分法，规避了隐式 Newmark 算法需要求解联立非线性方程组的问题，直接采用线性外插的方法来求解位移和加速度，使得计算的收敛性得到很大改善，但同时要求时间增量步不能过大。在 ABAQUS 中通过最大稳定增量步长这个变量来控制，其与材料密度和最小单元尺寸等因素有关，要远小于隐式算法的增量步长，从而使得增量步数量远大于隐式算法。这也是前文提到断裂分析不使用分数阶本构的原因。

　　显式计算虽然是基于动力学提出的，但是仍然可以用来模拟准静态过程。半圆弯曲试验即为一个准静态过程，在通过显式算法计算沥青混合料细观有限元断裂模型之前，需要明确数值分析过程中动力因素的影响程度，以检验模拟过程是否仍然属于准静态过程。

　　采用前述的沥青混合料半圆弯曲虚拟试件，进行 I 型断裂的模拟。从模拟结果中读取结构整体的能量信息，将外力功、动能、断裂能以及弹性能绘制如图 6.13 所示。可以看出，在结构整体的能量分布中，动能几乎可以忽略不计，结构中的能量均由内能主导，说明模拟过程基本处于准静态。

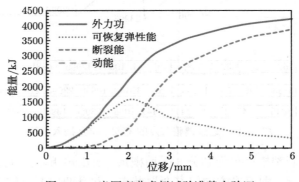

图 6.13　半圆弯曲虚拟试验准静态验证

6.3.2　有限元模型验证

1. 半圆弯曲试验结果

　　采用沥青混合料的半圆弯曲试验作为宏观验证试验，来对所构建的细观断裂模型进行验证。半圆弯曲试验共进行了三组，分别针对 I 型、II 型和 I&II 型混合断裂三种不同断裂模式。每组共包含 5 个有效试件，试验过程记录 UTM 压头的力-位移曲线。将试验结果汇总如下。

　　由图 6.14 可见，整体来说，半圆弯曲试验的稳定性较好，对于同一种断裂模式，力-位移曲线中，峰值荷载的大小以及对应的位移均差别不大。对比不同的断裂类型，在断裂位移方面，I 型断裂发生得最早，大约在 0.9mm 时即产生开裂，1mm 时试件完全断裂失去承载能力；II 型断裂和混合断裂的峰值荷载所对应的位移相似，均为 1.5mm。在峰值荷载方面，I 型断裂的峰值荷载在 6~7kN 之间波动，而 II 型断裂和混合断裂的峰值荷载均大于 I 型断裂，约为 10~12kN。作者认为，可能的原因是 II 型和混合断裂时均存在剪切变形，而混合料不规则断面在断裂过程中提供了额外的承载力，使得峰值荷载增加。

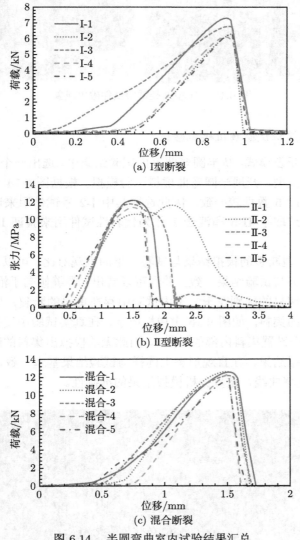

(a) I 型断裂

(b) II 型断裂

(c) 混合断裂

图 6.14　半圆弯曲室内试验结果汇总

图 6.14(b) 中 II 型断裂的试件 2 和试件 3 的力-位移曲线，出现了两个荷载峰值，其原因在于试件底部接近预设裂缝的支座位置出现了破碎现象，使得荷载出现了短暂的下降，如图 6.15 所示。预设裂缝切割过程对于试件内部的扰动导致

了非预期的断裂薄弱面。

图 6.15　II 型断裂试验试件破碎现象

2. 半圆弯曲虚拟试验数值模拟验证

对于每一种断裂模式，从半圆弯曲室内试验结果中，选出一个混合料试件，构建其细观有限元模型，开展半圆弯曲虚拟试验模拟。根据图 6.14 可见，对于 I 型断裂，试件 2、4、5 数据较一致，因此选取其中 I-2 号试件用来进行细观模型的验证，同样地，选取了 II-5 和混合-1 作为代表性试件用来验证 II 型和混合断裂情况。

图 6.16 为 I 型断裂的模拟结果与试验结果的直观对比，可以看出，有限元模拟的裂缝整体走势与试验结果一致，并且可以看出，裂缝倾向于沿着沥青-集料界面扩展。但其中明显的区别在于，室内试验中存在集料的断裂，例如最明显的位于预设裂缝尖端的集料，如图 6.16 中白框所示，在真实试验中发生了断裂，而模拟过程中，因为未设置集料内部的 CZM，因此无法模拟出集料的断裂。II 型断裂与混合断裂的模拟结果，在直观形态上同样与试验结果基本一致，下面将提取模拟结果的荷载-位移曲线，定量分析模拟结果的准确性。

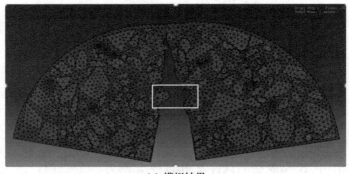

(a) 模拟结果

(b) 试验结果

图 6.16 半圆弯曲裂缝形态

数值模拟与室内试验荷载-位移曲线的重要差别在于加载初期荷载的增加时间。室内试验由于压头和支座与试件在加载初期接触并不紧密，导致荷载-位移曲线的初期荷载基本为零，等到压头和试件充分接触之后才会产生荷载。而数值模拟的荷载通过位移边界条件加载，显然不会出现上述现象，因此在图 6.17 的对比中，将试验数据的曲线相应地向 X 轴左侧平移，以便于模拟结果对比。

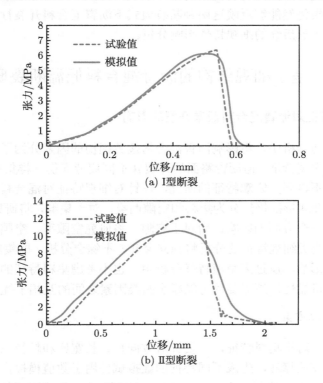

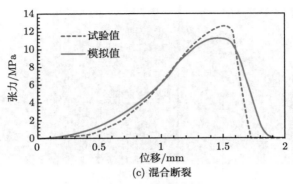

(c) 混合断裂

图 6.17　半圆弯曲数值模拟与试验对比

由图 6.17 可见，I 型断裂的模拟结果与试验结果非常接近，说明本章所构建的细观有限元断裂模型可以较好地模拟沥青混合料的 I 型断裂。由 II 型断裂和混合断裂的结果可以看出，模拟结果的峰值荷载均略小于试验结果，其原因在于真实试验中，混合料的三维结构在断裂后的断裂面较模拟中的二维结构的断裂面更为复杂，所能提供的抵抗剪切变形的额外承载力更大，因此导致了模拟结果的偏小。但模拟结果仍然能够反映这两种断裂模式下沥青混合料开裂行为的大部分力学信息，可以用于后续的细观特性影响分析。

6.4　基于细观结构的沥青混合料低温断裂研究

6.4.1　集料特征对沥青混合料低温开裂的影响

在疲劳损伤分析中，将影响沥青混合料疲劳损伤的因素分为了两大类，分别为细观特征和宏观特征。但沥青路面的开裂并不同疲劳损伤一样集中于特定区域，因此本章中将不再展开宏观特征的研究，仅针对细观特征对混合料低温开裂的影响进行分析。细观特征仍然分为集料和空隙两类，对于集料，将研究集料方向角、长宽比和粒径三个方面的影响，而对于空隙，将研究空隙率、空隙尺寸两个方面的影响。对于两类细观特征的分析将独立展开，不综合分析，即集料特征分析中，不考虑空隙的影响，反过来空隙特征分析中，也不考虑集料特征的影响。为了提高分析结果的可靠性，还需要尽可能减小两类因素之间的互相干扰。

1. 数值模拟方案

如上所述，对于集料特征，主要针对方向角、长宽比和粒径三方面。通过之前介绍的随机投放算法，生成不同特征的虚拟试件用于数值模拟，每种类型生成 20 个随机试件。由于集料在混合料内部所占比例较大，生成不同的集料时难以保证内部的空隙分布相同，因此为了消除不同空隙分布对结果的干扰，对于集料特征模拟的虚拟试件中将不生成空隙。具体的虚拟试件生成方案如表 6.4 所示。

表 6.4 集料方向角特征分析方案

虚拟试件类型编号	集料特征		
	方向角	长宽比	最大粒径
A-1	$[-\pi/2, \pi/2]$	1.4	16
A-2	$[-\pi/4, \pi/4]$	1.4	16
A-3	$[-\pi/2, -\pi/4] \cup [\pi/4, \pi/2]$	1.4	16
A-4	$[-\pi/2, \pi/2]$	1.2	16
A-5	$[-\pi/2, \pi/2]$	1.6	16
A-6	$[-\pi/2, \pi/2]$	1.4	13

其中，方向角设置与第 5 章中相同，以 $\pi/4$ 为分界点；长宽比设置为 1.2、1.4、1.6；最大粒径设置为 16mm 和 13mm 两种，采用 AC 级配设计中值曲线。

2. 模拟结果分析

为了定量分析各组虚拟沥青混合料试件的断裂行为，本章将通过以下几个指标来进行比较。首先是荷载峰值，表征了混合料结构层面的抗裂性能。其次，将计算断裂的 CZM 单元中处于沥青-集料界面上和砂浆内部的单元长度。由于与支座接触的位置必然产生较强的应力集中现象，因此对于 CZM 单元的统计仅针对裂缝扩展的主要区域，如图 6.18 所示。

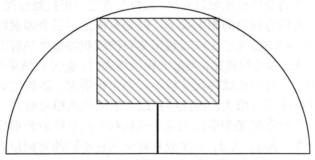

图 6.18 半圆弯曲模拟中裂缝扩展区域

图 6.19 分别给出了考虑集料特征影响的 6 组不同沥青混合料虚拟试件半圆弯曲模拟中，结构断裂性能的结果对比。

A-1、A-2、A-3 分别对应三种不同的方向角，随着集料方向角度的减小，荷载峰值增大，说明混合料的抗裂性能提高。随着方向角的增加，集料棱角朝向与裂缝扩展方向逐渐平行，使得裂缝扩展路径上受到的大集料颗粒的阻碍逐渐减小，因此裂缝扩展更容易，抗裂性能下降。

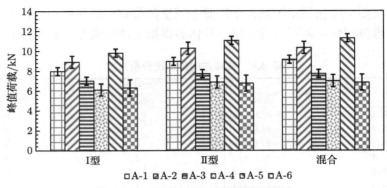

图 6.19　集料特征对峰值荷载的影响

　　A-1、A-4、A-5 分别对应三种不同的长宽比，可以看出，随着长宽比的增大，荷载峰值增大，说明混合料的抗裂性能提高。随着长宽比的增加，集料的棱角性增加，在面积相同的情况下，集料的边界更长，裂缝扩展过程中，绕过集料颗粒所需要的路径更长。但需要指出的是，由于本章中未考虑集料的破坏，长宽比影响的结论得出的前提是集料不发生破坏，但实际工程中当集料的长宽比过大，很容易在荷载作用下破碎，因此长宽比的选择，需要综合考虑。

　　A-1、A-6 分别对应两种不同的最大粒径，可以看出，随着粒径的增大，荷载峰值减小，说明混合料的抗裂性能下降。随着粒径增大，集料的长边界增加，裂缝更容易在沥青-集料界面这样的薄弱环节扩展，因此影响了混合料的抗裂性能。

　　通过荷载峰值的变化程度可以看出，集料长宽比对于抗裂性能的影响最大，其次为最大粒径，集料方向角的影响最小，但是整体上，三个因素对于混合料半圆弯曲的荷载峰值影响均超过了 10%，说明集料的细观特征会显著地影响混合料宏观的抗裂性能。对比误差线可见，当最大粒径增大时，会导致结果的波动加剧，误差增大，这是由于半圆弯曲试件尺寸较小，当粒径增大，随机生成的试件内部细观结构的差异性就会显著增大，因此模拟结果的误差也相应增大。

　　图 6.20 中，每种断裂类型中的六条堆积柱状图从左往右分别代表 A-1 至 A-6 六种虚拟试件类型。A-1、A-2、A-3 分别对应三种不同的方向角，可见随着方向角的减小，界面上的裂缝长度逐渐增大，而砂浆中的长度也相应增大，不过增幅较小一些。类似的情况在长宽比 A-1、A-4、A-5 三组虚拟试件中也同样存在，不过长宽比对于裂缝长度的影响较方向角更大一些。粒径的增大也同样会增加界面和砂浆中的断裂。不同断裂类型之间比较，II 型断裂对于集料细观特征表现出最强的敏感性，其次为混合断裂，I 型断裂的变化最小。总体来说，集料主要影响了界面上裂缝的扩展长度，进而影响了整个混合料的抗裂性能。

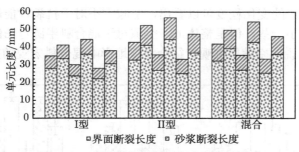

图 6.20 集料特征对断裂部位长度的影响

6.4.2 空隙特征对沥青混合料低温开裂的影响

1. 数值模拟方案

对于空隙率特征,主要考虑空隙率和空隙尺寸两个影响因素。通过前文介绍的随机投放算法,生成不同特征的虚拟试件用于数值模拟,每种类型生成 20 个随机试件。具体的虚拟试件生成方案如表 6.5 所示。

表 6.5 集料空隙率特征分析方案

虚拟试件类型编号	集料特征	
	空隙率/%	空隙尺寸/mm
V-1	4	随机
V-2	2	随机
V-3	6	随机
V-4	4	1
V-5	4	2
V-6	4	3

2. 模拟结果分析

图 6.21 为空隙特征对沥青混合料低温开裂影响的结果对比。

V-1、V-2、V-3 分别对应三种不同的空隙率,随着空隙率的增大,荷载峰值逐渐减小,混合料的抗裂性能降低。当空隙率增大,砂浆内部的空隙分布更密,裂缝扩展过程中更容易寻找到就近的薄弱部位,裂缝扩展更为顺畅,因此会对整体的抗裂性能产生不利影响。

V-1、V-4、V-5、V-6 分别对应四种不同的空隙尺寸。从空隙尺寸的变化可以看出,荷载峰值随着空隙尺寸的减小而增大,即抗裂性能增强。空隙尺寸的增大,会加剧空隙周围砂浆的破坏,从而更容易成为结构的薄弱环节,加剧裂缝的扩展。值得注意的是,其中 V-5 对应 2mm 空隙尺寸,与随机尺寸的 V-1 结果相近,这是因为随机生成试件时,基准的空隙尺寸也为 2mm,但由于空隙尺寸对峰值荷载影响较大,因此 V-1 的数据波动较 V-5 更大。

通过荷载峰值的变化程度可以看出，空隙大小对于抗裂性能的影响较大，空隙率的影响相对小一些，但是整体上，空隙对于混合料半圆弯曲的荷载峰值影响均超过了 15%，说明空隙的细观特征会显著地影响混合料宏观的抗裂性能。

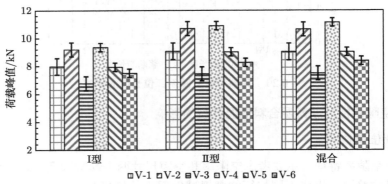

图 6.21　空隙特征对峰值荷载的影响

图 6.22 中，每种断裂类型中的六条堆积柱状图从左往右分别代表 V-1 至 V-6 六种虚拟试件类型。结果分析显示，空隙率对于断裂部位影响不大，因此改为分析断裂单元和严重损伤单元的长度。对于严重损伤的定义为损伤量大于 0.5。其中 V-1、V-2、V-3 对应空隙率的变化，可以看出，随着空隙率减小，断裂单元长度增加，说明裂缝更加弯曲。V-1、V-4、V-5、V-6 对应空隙尺寸的变化，可以看出，随着空隙尺寸增大，断裂单元长度略微减小，但损伤单元显著降低。其原因在于，空隙率不变的情况下，空隙尺寸增大，则空隙数量减小，空隙与砂浆接触的边界也减小，因此砂浆中空隙边界处的损伤单元数量减少，损伤单元长度也自然相应减小。对比不同断裂模式可见，II 型断裂对空隙的变化最为敏感，混合断裂其次，I 型断裂影响相对较小。总体来说，空隙主要影响了砂浆中损伤的积累，从而影响裂缝在砂浆中的扩展，进而影响整体的混合料抗裂性能。

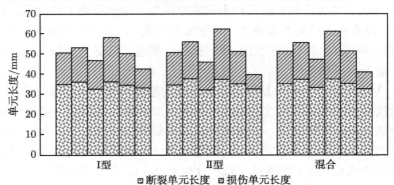

图 6.22　空隙特征对断裂单元长度的影响

参 考 文 献

[1] Masad E, Muhunthan B, Shashidhar N, et al. Internal structure characterization of asphalt concrete using image analysis[J]. Journal of Computing in Civil Engineering, 1999, 13(2):88-95.

[2] Masad E, Jandhyala V K, Dasgupta N, et al. Characterization of air void distribution in asphalt mixes using X-ray computed tomography[J]. Journal of Materials in Civil Engineering, 2002, 14(2):122-129.

[3] Elseifi M, Al-Qadi I, Yang S H, et al. Validity of asphalt binder film thickness concept in hot-mix asphalt[J]. Transportation Research Record, 2008, 2057(1): 37-45.

[4] You Z, Buttlar W G. Micromechanical modeling approach to predict compressive dynamic moduli of asphalt mixtures using the distinct element method[J]. Transportation Research Record, 2006, 1970(1): 73-83.

[5] Kassem E, Masad E, Lytton R, et al. Measurements of the moisture diffusion coefficient of asphalt mixtures and its relationship to mixture composition[J]. International Journal of Pavement Engineering, 2009, 10(6): 389-399.

[6] Castillo D, Caro S, Darabi M, et al. Studying the effect of microstructural properties on the mechanical degradation of asphalt mixtures[J]. Construction and Building Materials, 2015, 93: 70-83.

[7] Chen J, Wang H, Li L. Determination of effective thermal conductivity of asphalt concrete with random aggregate microstructure[J]. Journal of Materials in Civil Engineering, 2015, 27(12):04015045.

[8] Chen J, Wang H, Li L. Virtual testing of asphalt mixture with two-dimensional and three-dimensional random aggregate structures[J]. International Journal of Pavement Engineering, 2017, 18(9): 824-836.

[9] Ma T, Wang H, Zhang D, et al. Heterogeneity effect of mechanical property on creep behavior of asphalt mixture based on micromechanical modeling and virtual creep test[J]. Mechanics of Materials, 2017, 104: 49-59.

第 7 章　沥青路面结构开裂仿真

本书的第 5 章已经介绍了沥青材料损伤本构模型研究沥青路面的疲劳发展规律的方法，但路面的疲劳发展末期往往伴随着开裂现象。开裂作为一种间断力学，其力学特征已经无法用连续损伤力学进行描述。因此，尽管用损伤力学是一种有效分析路面疲劳开裂的手段，但对于路面末期的寿命描述，以及路面的开裂状况的预估就显得力不从心。本章以损伤力学为基础，同时引入疲劳极限与剩余强度的概念，并使用扩展有限元方法 XFEM 模拟路面的疲劳-开裂的全过程。

7.1　疲劳本构模型的构建

7.1.1　疲劳极限的确定

依据 3.3 节所述的损伤力学本构模型，首先确定本章进行后续计算的基础损伤演化模型，如式 (7.1) 所示 [1-5]：

$$\frac{\mathrm{d}D}{\mathrm{d}N} = \alpha \left(\frac{\sigma}{\sqrt{1-D}} \right)^m \tag{7.1}$$

路面材料在某一应力或应变水平下，存在可以经受无数次的重复荷载作用而不发生破坏的现象，即没有疲劳损伤产生或者产生的疲劳损伤非常小，可以忽略不计。该应力或应变水平通常称为疲劳极限，亦可称为疲劳阈值、疲劳门槛值。疲劳极限对沥青混合料的疲劳特性具有重要的意义，也是长寿命路面结构的理论基础。因此，为了能够更好地描述路面材料的疲劳行为，本节将疲劳极限引入疲劳损伤模型之中，具体形式如下 [6-10]：

$$\frac{\mathrm{d}D}{\mathrm{d}N} = \begin{cases} \alpha \left(\dfrac{\sigma - \sigma_{\mathrm{th}}(1-D)}{\sqrt{1-D}} \right)^m & \sigma > \sigma_{\mathrm{th}}(1-D) \\ 0 & \sigma \leqslant \sigma_{\mathrm{th}}(1-D) \end{cases} \tag{7.2}$$

式中，σ_{th} 为以应力表征的疲劳极限，下标为英文 "threshold"(阈值) 的缩写，由于疲劳极限一般用应变 $\varepsilon_{\mathrm{th}}$ 来表示，则有

$$\sigma_{\mathrm{th}} = E\varepsilon_{\mathrm{th}} \tag{7.3}$$

将式 (7.3) 代入，式 (7.2) 可进一步表示为

$$\frac{\mathrm{d}D}{\mathrm{d}N} = \alpha E^m \left(\frac{\varepsilon(1-D) - \varepsilon_{\mathrm{th}}(1-D)}{\sqrt{1-D}} \right)^m = \alpha E^m \left[(\varepsilon - \varepsilon_{\mathrm{th}})\sqrt{1-D} \right]^m \tag{7.4}$$

必须指出的是，式 (7.2) 考虑了疲劳极限的两个重要特征，分别为：

(1) 对于无损材料，当循环应力 σ 低于某一常值 σ_{th} 时，材料中将不发生疲劳损伤；

(2) 对于已含有疲劳损伤的材料，疲劳极限 $\sigma_{\mathrm{th}}(1-D)$ 一般会比无损时的值要小。

对于第二个特征，可以从控制应变模式下的力学特征来理解。由于控制应变疲劳过程中材料所受的疲劳应力逐渐降低至零，假设疲劳极限为定值，不随损伤的发展而减小，则总会出现某一时刻，使得疲劳应力低于疲劳极限。因此，疲劳损伤在达到最大值之前就不再累积，材料进入零损伤累积状态，永远不会破坏，而这种情况在实际中是不可能发生的。实际上，疲劳过程中循环应力下降的同时，疲劳极限随着损伤的累积也在不断下降。

至此，确定了如式 (7.4) 所示的修正疲劳损伤模型，后续计算都将采用这一模型。在引入了疲劳极限之后，另一个需要解决的问题是疲劳极限的确定方法。可采用外推法预估低应变水平下的疲劳寿命，再从应变-寿命曲线上直观获取疲劳极限的大小。

国外对沥青混合料的疲劳极限已经做了较多的研究，本书采用数理统计中的回归分析方法，根据辽宁省交通科学研究院的沥青混合料疲劳试验数据，对高模量 AC-20、改性 AC-20、AC-25、ATB-25 四种混合料的疲劳方程进行回归，探讨疲劳极限的确定方法。常规的沥青混合料疲劳试验一般在中等或高应变水平下进行，所得到的疲劳寿命应变曲线在双对数坐标下表现为线性，即两参数疲劳方程，如式 (7.5) 所示 [9,10]：

$$\lg N_f = A_0 - B_0 \lg \varepsilon \tag{7.5}$$

式中，N_f 为沥青混合料的疲劳寿命，试验中设定劲度下降到初始劲度 50% 为疲劳破坏；A_0，B_0 为与材料性质有关的常数，由回归分析得到；ε 为疲劳试验过程中的应变水平，本章后续分析均以微应变计。

为了得到疲劳极限，需要在低应变水平下考察材料的疲劳性能。而在低应变条件下，两参数方程往往不能很好地描述疲劳寿命与应变的关系，也无法求得疲劳极限。因此，在两参数方程中引入疲劳极限，得到三参数方程，如式 (7.6) 所示 [10,11]：

$$\lg N_f = A - B \lg(\varepsilon - C) \tag{7.6}$$

式中，C 为沥青混合料的疲劳极限，其他变量意义与式 (7.5) 相同。

　　本节通过对两参数、三参数方程的回归分析, 讨论两种方程在不同条件下的适用性以及采用三参数方程确定疲劳极限的合理性, 得到疲劳极限出现的规律, 并对以后的疲劳试验方案制定给予一定的指导。

　　首先, 对高模量 AC-20(添加了 0.4% 的高模量外掺剂) 的疲劳数据进行回归分析, 疲劳寿命数据如表 7.1 所示。考虑到低应变水平下疲劳寿命太长导致加载时间太长, 最后一组数据不是实测数据, 而是采用外推法估算得到的疲劳寿命。具体方法为: 在低应变水平下加载到一定次数后, 根据前文所述的模量稳定阶段的衰变规律, 回归得到模量衰变方程, 再外推得到模量衰变 50% 时的作用次数。

表 7.1　高模量 AC-20 疲劳寿命试验数据

微应变	500	400	300	200	150	100*
疲劳寿命	13847	43890	137777	882227	27201612	186706576745*

　　* 根据劲度模量的衰变方程, 采用外推法估算的疲劳寿命。

　　选择前 5 组数据进行两参数与三参数方程的回归分析, 结果如图 7.1(a)、表 7.2 所示。表 7.2 中的 t 检验是为了检验某一个参数对疲劳寿命是否有显著影响, F 检验是为了检验回归方程整体是否显著。t 检验 P 值与 F 检验 P 值为结果可信度程度的一个递减指标, 代表根据当前样本得到的结果认为有效的犯错概率。P 值越小, 犯错的概率越小, 结果的可信度越高。一般预先定义一个很小的值 (0.05, 0.01 等) 作为可接受错误的边界水平, 即统计学上所谓的显著性水平 α, 本章分析取 $\alpha=0.05$。因此, 通过直接比较 P 值与给定显著性水平的大小, 就可以对方程及其参数的可信度进行检验。如果 t 检验 $P < \alpha$, 表示相关的参数对疲劳寿命有显著影响, 具有统计意义, 回归得到的数值可信。

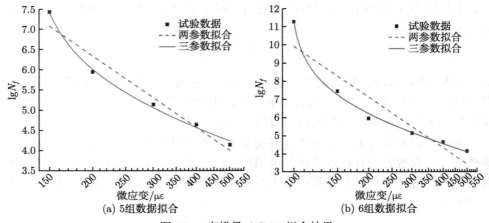

图 7.1　高模量 AC-20 拟合结果

　　从图 7.1(a) 可以直观看出, 两参数方程的拟合效果不如三参数方程, 表 7.2

中的相关系数也可以说明这一点，这间接证明了疲劳极限的存在。值得注意的是，两参数方程的 t 检验均满足要求，甚至优于三参数方程，可见相关系数与 t 检验显著性水平没有必然的联系。三参数方程得到疲劳极限为 $133\mu\varepsilon$，且各项检验指标均满足要求。当采用 6 组数据进行回归时 (表 7.3)，两参数方程的相关系数进一步降低，表明其在低应变水平下的适用性越来越差。而三参数方程仍然具备很好的拟合效果，从 t 检验 P 值来看，随着应变的降低，其 P 值越小，拟合的效果也更可信。6 组数据下回归得到的疲劳极限为 $96\mu\varepsilon$，检验结果也比 5 组数据下的结果更好，但是本章认为疲劳极限应该定义为 $133\mu\varepsilon$，理由如下：

(1) 第 6 组数据本身不是实测数据，外推值存在一定的误差；

(2) $100\mu\varepsilon$ 下疲劳寿命已经高达 1.8×10^{11}，对于沥青混合料来说这一寿命几乎是无限大的，有理由认为疲劳极限位于 $[100,150]$ 的区间内；

(3) 疲劳试验方案不科学，这也是最重要的一点。由三参数方程回归分析的特性可知，得到的疲劳极限必然小于数据中的最小应变。从 5 组数据已经得到可信的疲劳极限，如果需要增加数据点来进一步验证、修正这一参数，选择的应变水平不应比 $133\mu\varepsilon$ 小。否则，得到的疲劳极限会越来越小，无法确定真实值。

表 7.2　高模量 AC-20 的 5 组数据拟合结果

拟合方法	参数名称	取值	t 检验 P 值 (Prob>$\lvert t\rvert$)	相关系数 R^2	F 检验 P 值 (Prob> F)
两参数方法	A_0	19.848	0.0020	0.9492	0.0001
	B_0	5.870	0.0049		
三参数方法	A	10.420	0.0051	0.9962	0.0002
	B	2.410	0.0159		
	C	133	0.0025		

表 7.3　高模量 AC-20 的 6 组数据拟合结果

拟合方法	参数名称	取值	t 检验 P 值 (Prob>$\lvert t\rvert$)	相关系数 R^2	F 检验 P 值 (Prob>F)
两参数方法	A_0	28.386	0.0028	0.8659	0.0001
	B_0	9.242	0.0049		
三参数方法	A	13.443	0.0004	0.9964	0.0000
	B	3.580	0.0016		
	C	96	0.0000		

表 7.4 为改性沥青混合料 AC-20 的疲劳寿命，可见其应变水平均处于中等水平以上，没有涉及低应变水平。无论是 5 组数据还是 6 组数据，两参数方程都表现出了很好的相关性，且各项检验显示参数拟合值的可信度很高，如图 7.2、表 7.5、表 7.6 所示。另外，三参数方程回归分析结果显示其相关性也很高，甚至略好于两参数方程。但是，三参数方程回归得到的参数 t 检验不满足要求，疲劳极

限值 C 对应的 t 检验 P 值均大于 0.05。如表 7.5 中的 C_1 所示，在不对参数取值范围进行限定的条件下，得到的疲劳极限为 -235，不具物理意义。当限定疲劳极限大于零后，得到新的参数值为 8.7×10^{-13}，即 $C_2\approx0$，而其他两个参数 A_2、B_2 与两参数方程的结果完全相同，此时的三参数方程实际上回到了两参数方程的形式。因此，可以得到如下结论：

(1) 在中高应变水平下，三参数方程相关系数 R^2 满足要求，但 t 检验不通过。也就是说，虽然也具有很好的拟合效果，但是回归得到的参数值不可信，此时两参数方程的回归结果更可信。

表 7.4　改性 AC-20 疲劳寿命试验数据

微应变	800	600	500	400	300	250*
疲劳寿命	1028	12554	101490	613375	5319710	69863477*

* 根据劲度模量的衰变方程，采用外推法估算的疲劳寿命。

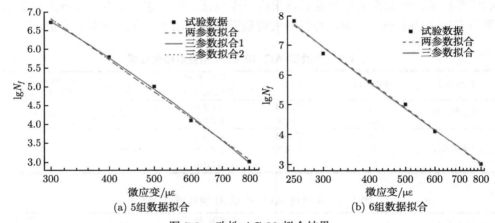

(a) 5组数据拟合　　　　　　　　　　(b) 6组数据拟合

图 7.2　改性 AC-20 拟合结果

表 7.5　改性 AC-20 的 5 组数据拟合结果

拟合方法	参数名称	取值	t 检验 P 值 (Prob>$|t|$)	相关系数 R^2	F 检验 P 值 (Prob>F)
两参数方法	A_0	28.707	0.0001	0.9951	0.0000
	B_0	8.834	0.0001		
三参数方法	A_1	42.599	0.0916	0.9978	0.0002
	B_1	13.140	0.0885		
	C_1	-235	0.4177		
	A_2	28.707	0.0017	0.9951	0.0005
	B_2	8.834	0.0025		
	C_2	8.7×10^{-13}	—		

注：下标 1 代表不对参数取值范围进行限定得到的回归结果，下标 2 代表限定 $C>0$ 得到的回归结果。

表 7.6 改性 AC-20 的 6 组数据拟合结果

拟合方法	参数名称	取值	t 检验 P 值 (Prob>|t|)	相关系数 R^2	F 检验 P 值 (Prob>F)
两参数方法	A_0	29.927	0.0000	0.9940	0.0000
	B_0	9.276	0.0000		
三参数方法	A	26.597	0.0198	0.9944	0.0000
	B	8.190	0.0240		
	C	49	0.6011		

(2) 为了得到疲劳极限，必须存在这样一个低应变数据点，使得两参数方程的相关性明显低于三参数方程，这可以作为疲劳极限出现的标志。

AC-25 的 7 组疲劳寿命数据如表 7.7 所示，由于包含了低应变水平的数据点，6 组数据与 7 组数据下得到的两参数方程的相关性均低于三参数方程，如图 7.3 所示，且应变越低，两参数方程的相关性越低，而三参数方程的相关性越高。根据 6 组数据回归得到的疲劳极限为 78με，t 检验满足要求，如表 7.8 所示。如表 7.9 所示，在增加了应变水平为 90με 的数据点后，得到新的疲劳极限为 76με，t 检验 P 值进一步减小至 0.0001，说明回归得到的疲劳极限已经趋于稳定。值得一提的是，如果新增加的应变低于 78με，就无法得到当前的稳定结果。

表 7.7 AC-25 疲劳寿命试验数据

微应变	500	400	300	200	150	100	90*
疲劳寿命	10245	17954	69110	152440	1239870	19222455	75245185*

* 根据劲度模量的衰变方程，采用外推法估算的疲劳寿命。

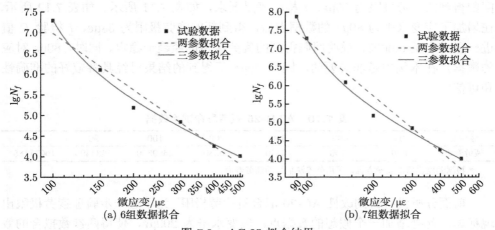

(a) 6组数据拟合　　　　　　　　(b) 7组数据拟合

图 7.3 AC-25 拟合结果

对本例的分析，可以进一步证明关于疲劳极限出现标志的结论，只要两参数方程的相关系数明显小于三参数方程，且参数能通过 t 检验，就可以得到准确的疲劳极限。

表 7.8　AC-25 的 6 组数据拟合结果

拟合方法	参数名称	取值	t 检验 P 值 (Prob>$|t|$)	相关系数 R^2	F 检验 P 值 (Prob>F)
两参数方法	A_0	16.026	0.0002	0.9566	0.0000
	B_0	4.524	0.0007		
三参数方法	A	10.756	0.0016	0.9904	0.0000
	B	2.574	0.0073		
	C	78	0.0046		

表 7.9　AC-25 的 7 组数据拟合结果

拟合方法	参数名称	取值	t 检验 P 值 (Prob>$|t|$)	相关系数 R^2	F 检验 P 值 (Prob>F)
两参数方法	A_0	17.271	0.0000	0.9540	0.0000
	B_0	5.019	0.0002		
三参数方法	A	10.892	0.0001	0.9944	0.0000
	B	2.627	0.0006		
	C	76	0.0001		

　　表 7.10 为 ATB-25 的 7 组疲劳试验数据，对两种方程的回归结果如图 7.4、表 7.11、表 7.12 所示。对比可知，ATB-25 的回归结果与 AC-25 具有类似的规律。6 组数据与 7 组数据下得到的两参数方程的相关性均低于三参数方程，且应变越低，两参数方程的相关性越低，而三参数方程的相关性越高。根据 6 组数据回归得到的疲劳极限为 59με，t 检验满足要求，如表 7.11 所示。如表 7.12 所示，在增加了应变水平为 80με 的数据点后，得到新的疲劳极限为 58με，t 检验 P 值进一步减小至 0.0003，说明回归得到的疲劳极限已经趋于稳定。同时，80με 对应的数据点在本例中是非必要的，因为 90με 下得到的结果已经具备较好的准确性和可信度。

表 7.10　ATB-25 疲劳寿命试验数据

微应变	500	400	300	200	100	90	80*
疲劳寿命	3660	5790	13140	90230	2689320	5434490	16071185*

* 根据劲度模量的衰变方程，采用外推法估算的疲劳寿命。

　　前面分析没有得到改性 AC-20 混合料疲劳极限，为了进一步验证疲劳极限出现标志，此处增加一个假想的数据点，应变水平为 200με，使得两参数拟合的效果变差，如图 7.5 所示。回归结果如表 7.13 所示，可见三参数方程得到的疲劳极限为 155με，且通过 t 检验，结果可信，也说明对疲劳极限出现标志的论述是正确的。

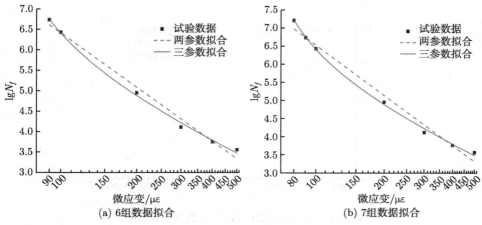

(a) 6组数据拟合　　　　　　　(b) 7组数据拟合

图 7.4　ATB-25 拟合结果

表 7.11　ATB-25 的 6 组数据拟合结果

拟合方法	参数名称	取值	t 检验 P 值 (Prob>$\|t\|$)	相关系数 R^2	F 检验 P 值 (Prob>F)
两参数方法	A_0	15.185	0.0000	0.9871	0.0000
	B_0	4.386	0.0001		
三参数方法	A	10.991	0.0011	0.9973	0.0000
	B	2.839	0.0037		
	C	59	0.0110		

表 7.12　ATB-25 的 7 组数据拟合结果

拟合方法	参数名称	取值	t 检验 P 值 (Prob>$\|t\|$)	相关系数 R^2	F 检验 P 值 (Prob>F)
两参数方法	A_0	15.721	0.0000	0.9850	0.0000
	B_0	4.598	0.0000		
三参数方法	A	11.064	0.0000	0.9982	0.0000
	B	2.866	0.0002		
	C	58	0.0003		

　　综上所述，回归得到的高模量 AC-20、AC-25、ATB-25 的疲劳极限分别为 $133\mu\varepsilon$、$76\mu\varepsilon$、$58\mu\varepsilon$，比较相同应变条件下三种材料的疲劳寿命，可以判断疲劳性能从高到低的排序为：AC-20>AC-25>ATB-25。因此，可以推断：疲劳性能越好的沥青混合料其疲劳极限越大。三种混合料回归得到的三参数方程分别如下：

$$\lg N_f = 10.420 - 2.410\lg(\varepsilon - 133) \quad (\text{高模量 AC-20}) \tag{7.7}$$

$$\lg N_f = 10.892 - 2.627\lg(\varepsilon - 76) \quad (\text{AC-25}) \tag{7.8}$$

$$\lg N_f = 11.064 - 2.866\lg(\varepsilon - 58) \quad (\text{ATB-25}) \tag{7.9}$$

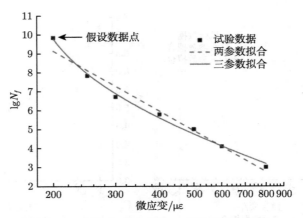

图 7.5　改性 AC-20 假设 7 组数据拟合结果

表 7.13　改性 AC-20 的 7 组数据拟合结果*

拟合方法	参数名称	取值	t 检验 P 值 (Prob>|t|)	相关系数 R^2	F 检验 P 值 (Prob>F)
两参数方法	A_0	33.584	0.0000	0.9697	0.0000
	B_0	10.615	0.0001		
三参数方法	A	19.301	0.0003	0.9944	0.0000
	B	5.731	0.0007		
	C	155	0.0003		

* 第 7 组数据是假设的数据，使得两参数法的相关系数降低。

7.1.2　剩余强度的概念

完成了损伤模型的修正之后，需要进一步将模型应用到理论与数值计算当中。首先，根据模型公式 (7.2)，按照控制应力模式下的封闭解推导可得

$$\frac{\mathrm{d}D}{\mathrm{d}D_{\mathrm{c}}} = \left[\frac{\sigma - \sigma_{\mathrm{th}}(1-D)}{\sigma_{\mathrm{c}} - \sigma_{\mathrm{th}}(1-D_{\mathrm{c}})} \cdot \frac{\sqrt{1-D_{\mathrm{c}}}}{\sqrt{1-D}} \right]^m \tag{7.10}$$

为了简化方程，将应力以应变形式表示，有

$$\frac{\mathrm{d}D}{\mathrm{d}D_{\mathrm{c}}} = \left[\frac{E\varepsilon(1-D) - E\varepsilon_{\mathrm{th}}(1-D)}{E\varepsilon_{\mathrm{c}}(1-D_{\mathrm{c}}) - E\varepsilon_{\mathrm{th}}(1-D_{\mathrm{c}})} \cdot \frac{\sqrt{1-D_{\mathrm{c}}}}{\sqrt{1-D}} \right]^m$$

$$= \left(\frac{\varepsilon - \varepsilon_{\mathrm{th}}}{\varepsilon_{\mathrm{c}} - \varepsilon_{\mathrm{th}}} \cdot \frac{\sqrt{1-D}}{\sqrt{1-D_{\mathrm{c}}}} \right)^m \tag{7.11}$$

将控制应力模式下的封闭解代入式 (7.11)，得

$$\frac{\mathrm{d}D}{\mathrm{d}D_{\mathrm{c}}} = \left(\frac{\kappa\varepsilon_0 - \varepsilon_{\mathrm{th}}}{\kappa\varepsilon_{c0} - \varepsilon_{\mathrm{th}}} \cdot \frac{\sqrt{1-D}}{\sqrt{1-D_{\mathrm{c}}}} \right)^m \tag{7.12}$$

由于广义位移 κ 与材料当前的损伤状态有关, 所以不能直接对式 (7.12) 作积分运算, 为简便计算, 此处忽略疲劳极限 ε_{th}, 得到下式:

$$\frac{\mathrm{d}D}{\mathrm{d}D_\mathrm{c}} = \left(\frac{\varepsilon_0}{\varepsilon_{c0}} \cdot \frac{\sqrt{1-D}}{\sqrt{1-D_\mathrm{c}}} \right)^m \tag{7.13}$$

分别对 D、D_c 积分, 并设 $m>2$, 可得

$$C_1 - \frac{2}{2-m}(1-D)^{\frac{2-m}{2}} = \left(\frac{\varepsilon_0}{\varepsilon_{c0}} \right)^m \left[C_2 - \frac{2}{2-m}(1-D_\mathrm{c})^{\frac{2-m}{2}} \right] \tag{7.14}$$

考虑到 $D_\mathrm{c}=0$ 时, $D=0$, 则有

$$D = 1 - \left[1 - \left(\frac{\varepsilon_0}{\varepsilon_{c0}} \right)^m + \left(\frac{\varepsilon_0}{\varepsilon_{c0}} \right)^m (1-D_\mathrm{c})^{\frac{2-m}{2}} \right]^{\frac{2}{2-m}} \tag{7.15}$$

将式 (7.15) 代入控制应力模式下的封闭解, 由于损伤表达式的复杂性, 发现难以得到以 D_c 表示的广义位移 κ 一般表达式, 从而也无法得到疲劳寿命的一般公式。可见, 当损伤模型较为复杂时, 理论计算的工作量与难度会显著增加, 这也是理论计算方法的局限性。尽管如此, 式 (7.15) 仍然给出了修正模型下的小梁损伤分布理论解。

对于控制应变模式, 由于应变恒定, 疲劳寿命封闭解的推导过程较为简便。直接对式 (7.4) 积分, 可得

$$\alpha E^m (\varepsilon - \varepsilon_{\text{th}})^m N_1 = \int_0^{D_m} \left(\frac{1}{\sqrt{1-D}} \right)^m \mathrm{d}D = \frac{2}{m-2} \left[(1-D_m)^{\frac{2-m}{2}} - 1 \right] \tag{7.16}$$

一般情况下, 有 $m>2$, 则式 (7.16) 中的指数部分为负值。当最大疲劳损伤取值为 $D_m=1$ 时, 式 (7.16) 右端部分为正无穷大, 从而起裂寿命 N_1 为无穷大, 这显然不符合实际情况, 造成这一现象的原因是最大疲劳损伤的取值有问题。

讨论这一问题, 就必须引入疲劳损伤临界值的概念。在疲劳损伤过程中, 无论采用哪一种物理量来定义损伤, 如模量、强度、有效应力等, 这些物理量在断裂发生之前均不可能衰变至零, 而是在断裂发生前积累到一个临界值, 该临界值即为疲劳损伤临界值, 其物理意义与最大疲劳损伤相同。无论荷载的历史如何, 当且仅当损伤达到临界疲劳损伤时材料发生破坏。根据传统的疲劳损伤累积理论, 疲劳开裂时的临界损伤为常数, 但事实并非如此。比如, 若直接用耗散能表示损伤, 由试验结果可知疲劳破坏时的总耗散能并不是常量, 而与应力水平有关。

疲劳开裂的判断依据为当前材料所受的应力水平是否达到了材料的剩余强度, 即是否满足下式:

$$\sigma \geqslant S \tag{7.17}$$

式中，S 为材料的剩余强度，其大小与当前的疲劳损伤状态有关。

这个判据表明，疲劳开裂是由损伤和当前外部应力共同决定的。一方面，在一定的外部应力作用下，开裂与否取决于材料的损伤程度；另一方面，在一定的损伤状态下，开裂与否取决于当前的外部应力水平。因此，确定临界疲劳损伤的核心工作就是寻找疲劳开裂判据成立的条件与时间，即寻找到这样一个加载周期，该周期内如果失效判据恰好成立，则此时的累积疲劳可视为临界疲劳损伤。

7.1.3　疲劳损伤临界值的确定

根据前人的研究，由剩余强度退化定义的疲劳损伤临界值与损伤力学中以有效应力定义的损伤临界值一致。如果以强度的衰变来定义损伤，则有 [12,13]

$$D_S = 1 - S/S_0 \tag{7.18}$$

式中，D_S 为以强度定义的损伤变量；S_0 为材料的初始强度。

疲劳开裂发生时，材料的剩余强度应等于临界强度。在控制应力模式作用下，如果应力水平保持绝对不变，则可得临界疲劳损伤为

$$D_{ms} = 1 - \sigma_0/S_0 = 1 - t^e \tag{7.19}$$

式中，D_{ms} 为以强度定义的疲劳损伤临界值；σ_0 为初始时刻的应力；t^e 为初始时刻的应力比。

由于强度试验与疲劳试验条件的差异 (主要是加载速率)，疲劳分析中的强度测试应该按照疲劳试验中的条件来进行，得到的结果为了与传统的强度 (静载强度) 作区分，称之为动载强度，相应的应力比称之为真实应力比 t^e，应力与静载强度的比称为名义应力比 t。刘宏富 [14] 根据沥青混合料 AC-13 室内直接拉伸试验的结果分析，当名义应力比在 0.2~0.8 内变化时，由式 (7.19) 计算得到的临界疲劳损伤范围为 0.93~0.787。可见即便名义应力比的变化范围很大，真实应力比与临界疲劳损伤的变化幅度很小。根据试验数据回归得到名义应力比与真实应力比的关系，如图 7.6 所示。则式 (7.19) 可进一步表示为

$$D_{ms} = 0.965 - 0.2094t \tag{7.20}$$

从式 (7.19) 还可以看出，当临界疲劳损伤取值为 $D_{ms}=1$ 时，应力比 $t^e=0$，表明此时的疲劳寿命为无限大，刘宏富的研究也认为疲劳损伤临界值的极大值为 1。郑健龙等 [15] 的研究结果将临界损伤值进一步表示为

$$D_{ms} = 1 - \left(\frac{1}{N_f}\right)^{1/\beta} \tag{7.21}$$

式中，N_f 为加载次数；β 为与材料疲劳特性相关的常数。由式 (7.21) 同样可得，当 $D_{\mathrm{ms}} = 1$ 时，$N_f \to +\infty$。

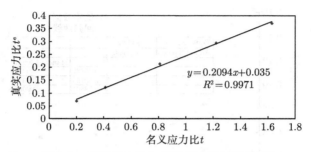

图 7.6　真实应力比与名义应力比对应关系

以上结论均与根据式 (7.16) 理论分析得到的结果一致，间接表明了提出的修正损伤模型的有效性。而传统损伤模型给出的理论解不能反映这一规律，由控制应变状态下的封闭解可知：临界疲劳损伤的取值可以取为 1，而计算得到的寿命不会趋向无穷大。

在很多情况下，疲劳过程中的循环应力不是恒定的，甚至是随机荷载，例如实际路面所受的各种不同的行车荷载，控制应变模式下材料的应力会逐渐减小等。即使是控制应力模式下的小梁试件，由于横截面上损伤的不均匀分布，会导致应力的重新分布，每一点处的应力也不是恒定的。因此，在某一损伤水平时是否发生疲劳破坏，取决于此时的应力水平与剩余强度。对于随机荷载，由于各种水平的应力随机出现，损伤临界值也是一个随机变量，可以表示为应力的函数。如果疲劳过程中的应力水平逐渐减小，根据式 (7.19)，可以预见损伤临界值将会大于初始时刻的真实应力比。

以上讨论的均为以强度衰变定义的疲劳损伤临界值，而本章采用的损伤是以劲度的衰变来定义的，二者之间不尽相同。在试验过程中，试件在完全断裂前模量不可能衰变至零，即以劲度定义的损伤临界值也不可能达到 1。刘宏富通过测定直接拉伸试验断裂前最后 5 次的动态模量以及初始模量，按照式 (7.22) 直接计算出疲劳损伤临界值。

$$D_{\mathrm{m}} = 1 - E_{\min} / E \tag{7.22}$$

式中，$E_{\min}$ 为开裂前的劲度；E 为初始劲度。

结果表明，当名义应力比在 0.2～0.8 内变化时，疲劳损伤临界值的变化范围为 0.46～0.26。实际上，开裂状态不应该理解为试件完全断裂状态，开裂状态应为劲度下降速度转折点处对应的状态。因此，本节重新计算了 $E_{\min}$，并采取幂函数方程对临界损伤进行了回归，结果如图 7.7 所示。回归得到名义应力比与临界

疲劳损伤的具体关系为

$$D_{\mathrm{m}} = 0.0519 + 0.00765 t^{-1.586} \tag{7.23}$$

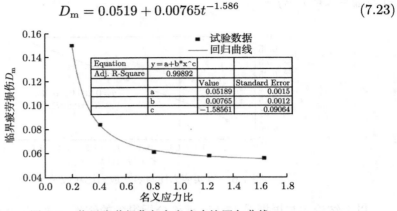

图 7.7　临界疲劳损伤与名义应力比回归曲线

从图 7.7 中可以看出，以劲度表示的损伤临界值 D_{m} 明显小于以强度定义的损伤临界值 D_{ms}，但同样随着应力比的增大而减小，且减小的速度具有非线性。当应力比从 0.2 增至 0.8 时，损伤临界值快速下降，从 0.15 减至 0.06。当应力比继续增大时，损伤临界值保持稳定，说明在高应力水平下损伤临界值基本不变。

劲度定义的损伤 (以 D_{E} 来表示) 与以强度定义的损伤 (以 D_{S} 来表示)，二者之间不能任意画等号，两种损伤是以不同的物理量来衡量的，本质上不同，结果自然存在差别。一般来说，只有剩余强度的下降速度大于应力的下降速度时，才能出现这样一个起裂时刻，使得剩余强度等于当前应力，这就要求 $D_{\mathrm{E}} < D_{\mathrm{S}}$，正好与试验结果吻合。

7.1.4　剩余强度的衰变模型研究

为了在后续分析中准确地模拟疲劳破坏，需要确定剩余强度与疲劳损伤之间的变化规律。本节将根据相关试验所得数据分析剩余强度的变化规律。首先，计算疲劳损伤需要得到疲劳损伤模型中的参数，根据 AC-13 控制应力模式下的疲劳试验数据，按照疲劳极限修正中的回归方法进行分析，结果如图 7.8 所示，回归得到三参数方程为

$$\lg N_f = 3.080 - 2.590 \lg(\sigma - 0.0727) \tag{7.24}$$

从式 (7.24) 可以直接得到疲劳损伤模型中的两个参数：σ_{th}=0.0727MPa，m=2.590。由于无法得到控制应力模式下的封闭表达式，参数 α 难以直接得到。已知控制应力试验得到的疲劳方程，形式如式 (7.25)：

$$\lg N_f = A - B \lg(\sigma - C) \tag{7.25}$$

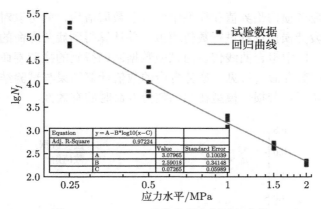

图 7.8   AC-13 三参数疲劳方程回归曲线

本节中参数 α 的确定采用以下的近似积分方法：第一步，假定循环应力水平保持不变，忽略损伤模型中疲劳极限的衰变特性，即假定疲劳极限恒定，直接对模型进行积分，将积分后的表达式与疲劳方程对比，得到一个参数 α 的估计值；第二步，根据此估计值进行数值计算，分析计算疲劳寿命与实际寿命的差异，调整参数 α 的值直到结果满足要求为止。值得注意的是，对于本例中的直接拉伸疲劳试验，由于应力分布均匀，循环应力水平始终是恒定的。具体积分过程如下：

$$\alpha(\sigma - \sigma_{\text{th}})^m N_1 = \int_0^{D_{\text{m}}} \left(\sqrt{1-D}\right)^m \mathrm{d}D = \frac{2}{m+2}\left[1 - (1-D_{\text{m}})^{\frac{m+2}{2}}\right] \qquad (7.26)$$

在实际计算时，应力值的单位取为 10MPa，即式 (7.26) 中的应力应该除以10。对式 (7.26) 两边取对数，可得

$$\lg N_1 = I_\sigma - \lg(\alpha/10^m) - m\lg(\sigma - \sigma_{\text{th}}) \qquad (7.27)$$

式中，$I_\sigma = \lg\left\{\frac{2}{m+2}\left[1 - (1-D_{\text{m}})^{\frac{m+2}{2}}\right]\right\}$，此处的临界疲劳损伤 D_{m} 可以取其变化范围内的中间值。对比式 (7.25) 与式 (7.27)，得到参数 α 的估计值为

$$\alpha = 10^{m+I_\sigma - A} \qquad (7.28)$$

另外，易知参数 m 的取值为 $m = B$，疲劳极限的取值为 $\sigma_{\text{th}} = C$。

对于本例，D_{m} 取名义应力比为 0.81 时对应的临界疲劳损伤，即 $D_{\text{m}}=0.061$。求出 I 后代入式 (7.28)，计算得到 $\alpha=0.01896$。而经过修正后的实际取值为 $\alpha=0.0155$，二者相当接近，可见采用本章的近似积分方法来估计参数 α 的取值是可行的。

在确定了疲劳损伤临界值和模型中的各参数取值后，就可以对不同应力水平下的直接拉伸疲劳损伤过程进行数值模拟，并计算得到疲劳寿命的数值解，结果如图 7.9 所示。图中拟合曲线代表由试验数据回归得到的疲劳寿命，即疲劳方程 (7.27) 对应的疲劳寿命。可见，疲劳寿命的数值计算结果与试验结果吻合程度很高，进一步证实了疲劳损伤模型在预估疲劳寿命时的有效性。

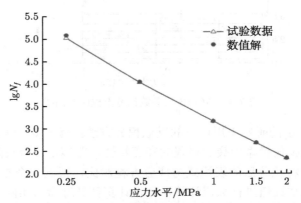

图 7.9　直接拉伸试验疲劳寿命数据与数值解的对比

另外，疲劳寿命的计算结果与疲劳损伤临界值具有直接的关系，只有确定了损伤临界值，才能使计算得以进行，而损伤临界值的大小对结果也有显著的影响。图 7.10 为三种应力水平下的损伤累积规律，可以看出，损伤基本上呈线性增大 (图中的割线代表绝对线性)。理论来说，由于应力恒定，损伤的累积速度应该越来越大，即表现出非线性特征。但是非线性特征在损伤较大时才能明显表现出来，而本例中疲劳损伤较小，所以非线性特征不明显。在这种情况下，疲劳寿命对损伤临界值的依赖性很大，比如：如果损伤临界值增加一倍，疲劳寿命也会近似增加一倍。因此，疲劳寿命计算结果的准确性可以间接反映损伤临界值确定方法的合理性，显然，式 (7.23) 给出的幂函数损伤临界值方程是有效的。

在疲劳过程中，剩余强度一般是逐渐下降的，而且下降速度先慢后快，即为非线性衰变。另外，当应力达到剩余强度时，开裂立刻发生，即存在"突然死亡"的特点。为了描述剩余强度的变化规律，提出了相应的剩余强度的模型。

Charewicz 等 [16] 给出了剩余强度的通用模型，形式如下：

$$S = S_0 - (S_0 - \sigma_{\max})f\left(\frac{N}{N_f}\right) \tag{7.29}$$

式中，S 为剩余强度；S_0 为初始强度；$\sigma_{\max}$ 为当前循环应力的最大值；函数 $f(N/N_f)$ 满足 $0<f(N/N_f)<1$，须根据实际情况给出。

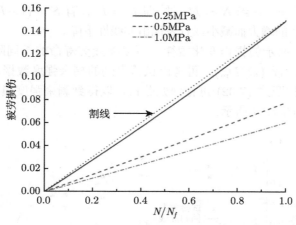

图 7.10   不同应力水平下的损伤累积规律

顾怡 [17] 针对复合材料,提出了 Charewicz 通用模型中自定义函数的具体形式为

$$f(x) = \frac{\sin(\beta x)\cos(\beta - \alpha)}{\sin\beta\cos(\beta x - \alpha)} \quad x = \frac{N}{N_f} \tag{7.30}$$

式中,α,β 为待定常数,可由具体试验结果拟合得到。

谢里阳 [18] 提出了适用于金属材料的剩余强度模型,模型为对数形式:

$$S = S_0 + (S_0 - \sigma_{\max})\frac{\ln(1 - N/N_f)}{\ln N_f} \tag{7.31}$$

刘宏富也建立了不同应力水平下剩余强度与寿命比 N/N_f 之间的关系式,但是上述这些关系式都是基于作用次数这一外界变量,在疲劳寿命未知的情况下均无法应用,且在其他室内试件形式 (如小梁等) 或者路面结构中的应用也存在局限性。在得到了疲劳过程中损伤的变化规律后,就可以根据剩余强度的试验数据,建立剩余强度与疲劳损伤的关系。对于不同的试件形式,只要处于相同的损伤状态,就可以认为剩余强度相同。因此,剩余强度与疲劳损伤的关系可以推广到其他结构形式,剩余强度也可以根据当前的损伤程度进行实时更新,达到预估剩余强度的目的。

根据剩余强度试验数据以及疲劳损伤的变化特征,建立剩余强度的幂函数模型,形式如下:

$$S/S_0 = 1 - D_{\mathrm{ms}} + D_{\mathrm{ms}}(1 - D/D_{\mathrm{m}})^{\omega} \tag{7.32}$$

式中,D_{ms} 为以强度定义的疲劳损伤临界值;D_{m} 为以劲度定义的疲劳损伤临界值;ω 为材料参数,可由试验数据回归得到。式 (7.32) 满足剩余强度的以下特征:当 $N=0$

时, 即 $D=0$, 有 $S=S_0$; 当 $N=N_f$ 时, 即 $D=D_m$, 有 $S=(1-D_{ms})\cdot S_0=\sigma_{max}$; 剩余强度随着损伤的增大而减小, 且表现出非线性下降。

根据图 7.11 所示的损伤变化规律, 可以将疲劳寿命的不同阶段 (N/N_f) 转化为损伤的不同阶段 (D/D_m), 再考虑试验得到的剩余强度数据, 将二者绘于同一张图中, 即可按照式 (7.32) 进行回归分析, 以得到剩余强度模型参数值, 具体结果如图 7.11～图 7.13 所示。

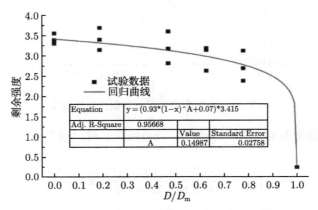

图 7.11　0.25MPa 下的剩余强度衰变规律

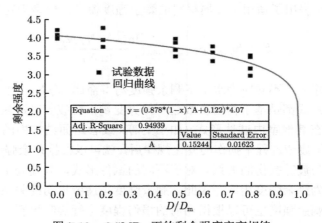

图 7.12　0.5MPa 下的剩余强度衰变规律

当应力水平为 0.25MPa, 根据式 (7.19)、式 (7.23) 给出的疲劳损伤临界值计算方法, 得 $D_{ms}=0.93$, $D_m=0.15$, 由强度试验可得初始强度 $S_0=3.415$MPa, 最终回归得到模型参数 $\omega=0.1500$, 如图 7.11 所示。

当应力水平为 0.5MPa, 根据式 (7.19)、式 (7.23) 给出的疲劳损伤临界值计算方法, 得 $D_{ms}=0.878$, $D_m=0.082$, 由强度试验可得初始强度 $S_0=4.07$MPa, 最终回归得到模型参数 $\omega=0.1524$，如图 7.12 所示。

当应力水平为 1MPa，根据式 (7.19)、式 (7.23) 给出的疲劳损伤临界值计算方法，得 $D_{ms}=0.787$，$D_m=0.06$，由强度试验可得初始强度 $S_0=4.577$MPa，最终回归得到模型参数 $\omega=0.1458$，如图 7.13 所示。

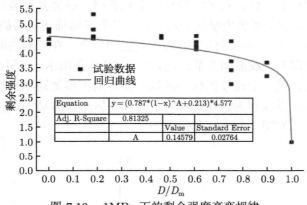

图 7.13　1MPa 下的剩余强度衰变规律

从图 7.11～ 图 7.13 可以看出，三种应力水平下剩余强度的衰变均具有十分明显的非线性特征，在损伤接近临界值时 (即疲劳后期) 迅速衰减，并在某一应力水平下突然断裂。这种非线性特征主要由参数 ω 来控制，比较三种应力水平下的 ω 值可以看出，ω 值基本稳定，与应力大小无关，可视为材料常数。

7.2　疲劳损伤-断裂全过程有限元建模方法

7.1 节分析了沥青混合料的疲劳损伤特性，当疲劳损伤累积到一定程度时，材料将发生开裂，进入疲劳裂缝扩展阶段。然而，传统损伤力学方法难以描述裂缝扩展阶段的材料破坏行为。实际上，在材料的疲劳破坏过程中，损伤与开裂不是绝对独立存在的，而是相互发展、相互促进，损伤的逐步累积导致开裂，而且开裂的过程中依然伴随着损伤，裂缝的产生也会导致损伤累积的速度明显加快。结合前文的疲劳损伤研究结果以及扩展有限元方法，将疲劳损伤与开裂视为一个连续的过程，通过有限元子程序的开发实现疲劳裂缝的自由扩展，最终实现沥青混合料疲劳损伤与断裂的全过程自动模拟。

7.2.1　疲劳损伤与断裂相结合的概念

从传统的损伤力学、断裂力学角度来看，前者解决损伤累积问题，后者解决裂缝扩展问题，二者分工明确，也难以相互结合，使得人们必须把材料的疲劳破坏看成分割的两个阶段。但是，材料的破坏往往就是由于损伤的集中化发展，最终形成宏观裂纹。在宏观裂纹形成之后，损伤仍在不断演化，并推动宏观裂纹的扩展，而宏观裂纹在扩展过程中所选择的路径，往往是损伤高度集中的区域，即高应力集中区。损伤力学主要研究的是材料中分布的细观缺陷的构成和发展以及损伤的发展规律，而断裂力学则不考虑宏观裂纹形成之前的损伤阶段，也忽略裂纹扩展过程中周围材料的损伤，只考虑理想的宏观裂缝，研究其起裂和扩展问题。显然，如果将损伤力学与断裂力学结合起来，可以更好地描述材料的实际破坏过程。

　　在引入损伤之后，对裂缝的分析将变得更加复杂。在经典的断裂力学中，裂纹的扩展主要表现为裂纹面的向前运动，如图 7.14(a) 所示。在引入损伤之后，裂纹前面和两侧将出现一个连续损伤的区域，裂缝的扩展是连续损伤的汇集、发展而成，扩展过程可以理解为裂纹尖端附近的损伤区逐步移动的过程，在损伤区的外面才是弹性区，如图 7.14(b) 所示。

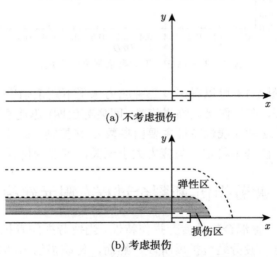

图 7.14　不考虑损伤与考虑损伤的裂纹扩展

7.2.2　疲劳损伤-断裂全过程模拟方法的提出与应用

　　在讨论裂缝扩展过程中的材料本构关系之前，需要理清疲劳破坏过程中材料与结构所经历的一系列变化过程，具体如图 7.15 所示。以往将疲劳破坏过程划分为两个阶段：损伤累积阶段、裂缝形成与扩展阶段，有意将损伤累积与裂缝扩展相互区分相互独立。对于无初始宏观裂纹的结构来说，将其疲劳破坏划分为三个阶段：微观裂纹形成阶段、宏观裂纹形成阶段、宏观裂纹扩展阶段。微观裂纹形成阶段即为通常所说的疲劳损伤累积阶段，该阶段中的材料本构关系由疲劳损伤演化模型和含损伤本构来表征。当疲劳损伤达到临界值时，宏观裂纹成核，危险点处附近即将产生宏观裂纹，但不会立刻产生，结构进入宏观裂纹形成阶段。该阶段内结构其他位置处的疲劳损伤仍在不断累积,同时材料的强度不断衰变,如果当前应力达到强度水平,材料进入 XFEM 损伤累积与裂纹形成阶段,该阶段由 XFEM 开裂机制控制。宏观裂纹形成之后,将会在外力的驱动下连续不断地发展,即结构进入宏观裂纹扩展阶段,该阶段的内部机理与材料本构关系与上一阶段相同。

由此可见,传统意义上的损伤累积阶段是一个狭义的说法,仅代表微观裂纹形成阶段,而本节提出的损伤累积阶段是贯穿整个疲劳破坏过程的广义阶段。在后续的计算分析中,我们不再将宏观裂纹形成之前的阶段称为损伤累积阶段,而是称之为微观裂纹形成阶段,以避免概念的混淆。

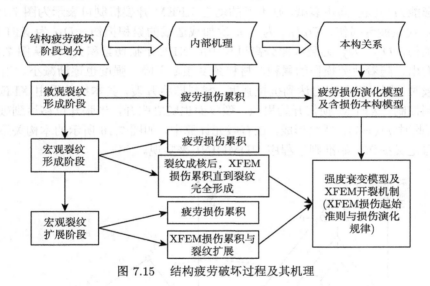

图 7.15   结构疲劳破坏过程及其机理

在这里,我们还必须明确几个概念:

(1) 疲劳损伤与 XFEM 引入的损伤是完全不同的两个变量,前者可以理解为疲劳加载过程中的动态损伤,后者为描述裂纹面分离状态的静态损伤,我们主要讨论疲劳损伤;

(2) 疲劳损伤累积贯穿于材料破坏的整个过程,是疲劳裂缝产生与扩展的驱动力;

(3) 任何宏观裂纹的形成以及疲劳裂纹的任何一次扩展,都必须由 XFEM 开裂机制来控制;

(4) XFEM 开裂机制由损伤起始准则和损伤演化规律构成,前者用于判断裂纹面是否会发生分离,如满足条件则可理解为宏观裂纹"成核",后者描述裂纹面分离的具体过程,完全分离后则宏观裂纹形成;

(5) 由于强度的不断衰变，XFEM 损伤起始准则也在不断变化过程当中，即损伤起始的判断条件在不断下降，使得材料在亚临界荷载循环下能够发生开裂；

(6) 材料在疲劳开裂过程中，一般先经历疲劳损伤累积再经历 XFEM 损伤累积。

综上所述，对于疲劳裂缝形成与扩展过程中的本构关系，需要解决的问题就是 XFEM 开裂机制如何随着疲劳损伤的累积而变化，即动态 XFEM 开裂机制问题。

XFEM 开裂机制的变化主要受材料抗拉强度以及劲度衰变的影响，根据公式 (7.32) 给出的剩余强度模型，可以预测任意疲劳损伤时的剩余强度，并认为材料的变形能力与强度同步衰减，则本章的动态 XFEM 开裂机制可表示为图 7.16。图中 D_F 代表疲劳损伤，$D_F(n)$ 为第 n 次加载造成的累积损伤，D_X 为 XFEM 引入的损伤，D_X^1、D_X^2 为裂纹面分离过程中的 XFEM 损伤累积大小。从图 7.16(a) 可以看出，随着疲劳损伤的累积，材料劲度逐渐下降，强度也逐渐减小。当 $n+1$ 次加载时，假设当前应力达到抗拉强度，材料即将开裂，其本构关系由 XFEM 开裂机制控制，XFEM 损伤开始累积，裂纹面也随之张开，当张开位移达到破坏位移时 (此时 $D_X=1$)，裂纹形成。在有限元计算中，如图 7.16 所示的本构关系可由用户自定义损伤起始准则子程序 UDMGINI 来实现。

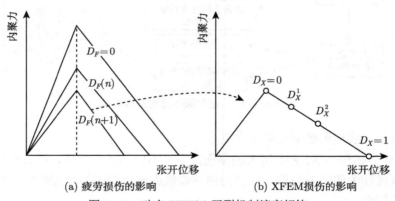

(a) 疲劳损伤的影响　　　　　　(b) XFEM损伤的影响

图 7.16　动态 XFEM 开裂机制演变规律

7.2.3　用户损伤起始准则子程序 UDMGINI 简介

为了便于根据实际需求自定义损伤起始准则，以控制裂缝产生的时间和条件，ABAQUS 提供了 UDMGINI 子程序 (user-defined damage initiation criterion) 接口来实现这一功能。对于疲劳开裂来说，其最大的特点在于材料的强度是不断衰变的，因此损伤起始准则也必然是不断变化的，下面将具体介绍如何利用 UDMGINI 子程序来反映这一变化特征，并控制疲劳裂缝的产生与扩展。

ABAQUS 中的 UDMGINI 子程序具有以下特点：

(1) 可以用来定义损伤起始准则；

(2) 对于同一个单元处的材料，可以定义多个不同的开裂机制，实际材料的开裂以最先满足条件的机制来控制；

(3) 可以与 ABAQUS 自带的损伤演化模型结合使用，每一种损伤演化模型代表不同的开裂机制；

(4) 对于使用了自定义损伤起始准则的材料单元，在单元每个积分点处调用该子程序。

UDMGINI 子程序采用 Fortran 语言编写，从主程序获取单元材料积分点的实时计算结果，如应力应变张量、坐标点位置、计算时间等，进而计算当前损伤起始准则所采用的指标值的大小。UDMGINI 的编写必须遵循一定的接口格式，一般格式如下：

```
SUBROUTINE UDMGINI(FINDEX,NFINDEX,FNORMAL,NDI,NSHR,NTENS,PROPS,
1 NPROPS,STATEV,NSTATEV,STRESS,STRAIN,STRAINEE,LXFEM,TIME,
2 DTIME,TEMP,DTEMP,PREDEF,DPRED,NFIELD,COORDS,NOEL,NPT,LAYER,
3 KSPT,KSTEP,KINC,KDIRCYC,KCYCLELCF,TIMECYC,SSE,SPD,SCD,SVD,
4 SMD,JMAC,JMATYP,MATLAYO,LACCFLA,CELENT,DROT,ORI)

INCLUDE 'ABA_PARAM.INC'

DIMENSION FINDEX(NFINDEX),FNORMAL(NDI,NFINDEX),COORDS(*),
1 STRESS(NTENS),STRAIN(NTENS),STRAINEE(NTENS),PROPS(NPROPS),
2 STATEV(NSTATV),PREDEF(NFIELD),DPRED(NFIELD),TIME(2),JMAC(*),
3 JMATYP(*),DROT(3,3),ORI(3,3)

User coding to define FINDEX,  and  FNORMAL

RETURN
END
```

UDMGINI 子程序中的很多变量与 UMAT 中的变量意义相同，例如应力应变张量 STRESS 和 STRAIN、应力分量个数 NDI 和 NSHR、当前计算时间 TIME(1) 和 TIME(2)、状态变量 STATEV 等。但是二者也存在一些差别，比如 UDMGINI 中不涉及材料的本构关系，因而没有雅可比矩阵 DDSDDE，UDMGINI 也不需要负责单元应力应变的更新，因而没有应变增量矩阵 DSTRAIN。UDMGINI 中还有一些新的变量，也是定义损伤起始准则的关键变量，下面进行具体说明。

FINDEX(NFINDEX)：用于储存损伤起始准则所采用的指标值，NFINDEX

代表所定义的损伤起始准则个数，即开裂机制的个数。例如，对于最大主应力准则，其指标值为 FINDEX(1)，为当前最大主应力与材料强度的比值，对于最大主应变准则，其指标值 FINDEX(2) 为当前最大主应变与材料变形能力的比值。当指标值达到 1 时，认为裂纹面损伤开始。对于多个不同的损伤起始准则，取各指标值的最大值作为控制条件。

FNORMAL(NDI,NFINDEX)：用于储存各开裂机制开裂方向的数组，开裂方向用开裂面 (三维) 或裂纹线 (二维) 的法向与基准坐标轴 (例如方向 11、22、33) 的方向余弦来表示。例如，FNORMAL(11) 代表第一个开裂机制在方向 11 上的方向余弦，每一个开裂机制都需要定义 NDI 个方向余弦，才能唯一确定裂纹面的法向。对于本章采用的最大主应力开裂准则，其开裂面的法向即为最大主应力的方向，最大主应力的方向可由应用程序 SPRIND 来求解。

PROPS(NPROPS)：用户自定义损伤起始准则所采用的材料常数数组，NPROPS 为材料常数的个数。对于最大主应力准则，只需要一个材料常数，即抗拉强度。

LXFEM：用于表征一个单元是否包含扩展特性 (enriched element) 的整型变量。

DROT(3,3)：方向旋转增量矩阵，代表初始方向的刚体转动增量。

ORI(3,3)：相对于全局坐标系的材料方向。

7.2.4 疲劳损伤-断裂全过程模拟的有限元实现

在有限元中实现疲劳损伤断裂的全过程自动模拟，核心问题是 XFEM 自动疲劳开裂的实现问题以及疲劳损伤累积与 XFEM 裂缝扩展的协调工作问题。使用 XFEM 模拟疲劳裂缝的自动连续扩展是一个新的功能要求，ABAQUS 有限元软件本身只能解决一次性简单加载条件下的断裂问题，不能模拟疲劳裂缝的逐步扩展。为达到这一目的，就要求材料在亚临界荷载水平作用下依然能够开裂并扩展，即通过自定义损伤起始准则子程序 UDMGINI 来不断降低开裂所需的条件。

在 ABAQUS 中使用自定义损伤起始准则只能通过关键字的形式，即在 inp 文件中或者 CAE 的模型关键字编辑中添加以下关键字：

(1) *DAMAGE INITIATION, CRITERION=USER, PROPERTIES=m, FAILURE MECHANISMS=n

该关键字表示损伤起始准则由用户自定义，并调用程序 UDMGINI，材料常数个数为 m，对于本节来说只需提供一个抗拉强度，自定义损伤准则的个数为 n。

(2) *DAMAGE EVOLUTION,TYPE=DISPLACEMENT/ENERGY, FAILURE INDEX=i

该关键字用于定义损伤演化规律，可以用位移或者断裂能来表示，此处采用位移表示。$i=1\sim n$，对应第 i 个损伤起始准则。

(3) *DAMAGE STABILIZATION

该关键字用于定义黏性系数，适当设置该变量的大小有助于程序的收敛。

在 UDMGINI 实现 XFEM 损伤起始准则的动态变化，必须首先由 UMAT 子程序计算得到疲劳损伤，再根据剩余强度模型来不断更新当前材料的抗拉强度，两个子程序互相协调工作，实现以疲劳损伤促进裂纹产生与扩展，具体流程如图 7.17 所示。可以将疲劳损伤断裂全自动模拟过程分为以下 4 个步骤。

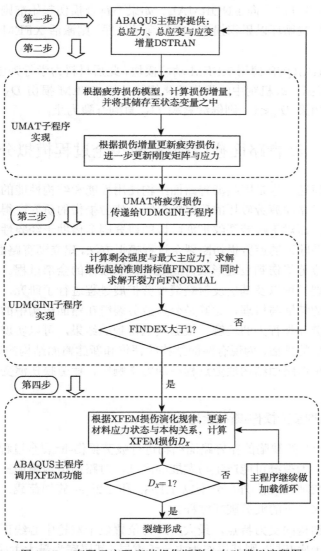

图 7.17 有限元实现疲劳损伤断裂全自动模拟流程图

步骤 1   在某一平衡时刻，ABAQUS 主程序根据增量步时间提供一个应变增量。

步骤 2   ABAQUS 调用疲劳损伤 UMAT 子程序，根据主程序传递的应力、应变、应变增量、增量步时间等参数，按照疲劳损伤模型更新总损伤，修改刚度矩阵，并储存损伤变量至状态变量数组。

步骤 3   ABAQUS 调用 UDMGINI 子程序，UDMGINI 根据 UMAT 传递过来的疲劳损伤，计算当前剩余强度及材料所受的最大主应力，得到损伤准则指标值 FINDEX 以及开裂方向 FNORMAL。如果不符合损伤起始准则的条件，则继续进行疲劳加卸载循环以累积损伤。如果满足条件，则激活 XFEM 开裂机制，进入下一步。

步骤 4   ABAQUS 调用 XFEM 功能模块，此后材料力学行为由 XFEM 开裂机制控制，并根据开裂机制中的损伤演化规律计算 XFEM 损伤 D_X。如果 $D_X=1$，则开裂完成；如果 $D_X<1$，则继续累积 D_X 直到开裂为止。

7.3   沥青路面疲劳损伤-断裂全过程模拟分析

疲劳开裂问题一直是影响沥青路面结构使用性能和结构性能的最重要因素之一，以往对沥青路面疲劳破坏的研究多局限于疲劳损伤的研究，得到的是裂纹形成阶段的寿命，而对于疲劳裂纹扩展阶段的研究则多借助于经验性的方法。本节根据前文提出并验证的疲劳损伤断裂全过程模拟方法，建立沥青路面结构模型，模拟路面结构从疲劳损伤到裂缝形成再到裂缝扩展破坏的全部过程。分别对无损路面疲劳损伤断裂过程以及基层反射裂缝疲劳扩展过程进行了研究，深入分析沥青路面疲劳破坏的特征与机理，尤其是分析疲劳裂缝在路面结构中的扩展规律，以加深对路面疲劳开裂行为的理解。根据模拟得到的结果，可以实现对沥青路面结构不同阶段寿命的预估，为现有路面结构的评价和新建路面结构的设计提供指导。此外，本节也将对路面结构疲劳过程中的力学响应、疲劳损伤演变等特性进行分析与研究。

7.3.1   路面结构疲劳损伤-断裂全过程研究

首先，对无初始缺陷的完好路面结构进行疲劳损伤-断裂全过程研究，将整个路面结构均定义为裂缝可能产生与发展的区域，对路面结构施加三个不同水平的荷载，除了标准轴载 p_{BZ} 外，分别以 $1.1p_{BZ}$ 和 $1.2p_{BZ}$ 施加荷载，以考察路面结构在不同荷载水平下的疲劳破坏过程。

根据路面结构的受力特点，最大主应力位置位于双轮中心线正下方，由于基层的模量远大于底基层，则基层作为主要承重层，其层底为最大主应力所在处。但是，由于底基层的疲劳性能较差，即使其所受的应力水平较小，底基层的损伤累积速度仍然是最快的，所以裂缝最先从底基层底部开始，沿着双轮中心线竖直向上扩展，如图 7.18 所示。

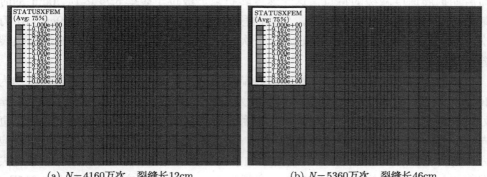

(a) $N=4160$ 万次，裂缝长 12cm   (b) $N=5360$ 万次，裂缝长 46cm

图 7.18   疲劳裂纹扩展形态 ($p=p_{BZ}$)

下面具体分析不同荷载水平下裂缝的实时扩展过程，图 7.19 为疲劳裂缝随加载次数的变化规律图。从中可以得到以下结论：

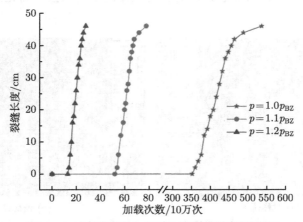

图 7.19   不同荷载水平下的疲劳裂缝发展规律

(1) 从全过程寿命的角度来看，疲劳寿命随着荷载水平的增加而快速下降，荷载提高 20%，疲劳寿命从 5360 万次骤降至 28 万次，反映出路面结构对荷载水平具有很高的敏感性，这与底基层的疲劳特性密切相关。

(2) 从分阶段寿命的角度来看，按照荷载逐渐增大的顺序，疲劳扩展阶段的寿命占全过程寿命的百分比分别为 33%、31%、52%，说明裂缝扩展阶段的疲劳寿命还是相当可观的，需要引起足够的重视，这一点与小梁试件的破坏特点存在明显的差异。平均来说，裂缝扩展阶段寿命占总寿命百分比为 38%，约为裂缝形成阶段寿命的十分之六。

(3) 从疲劳裂缝扩展速度的角度来看，三种荷载水平下均表现出先匀速扩展而后期扩展速度减缓的特点，这一速度转折点一般位于裂缝长度达到 40cm 的时刻。按照荷载逐渐增大的顺序，匀速阶段的裂缝扩展速率分别为 0.409cm/10 万次、2.833cm/10 万次、3.778cm/10 万次，可见荷载水平的增加可以明显提高裂缝扩展速率。

我们还可以发现，无论是在哪一种荷载水平下，疲劳裂缝扩展的总长度均为 46cm，而路面结构基层与底基层总厚度为 56cm，即裂缝扩展至距基层顶面 10cm 处就不再向上扩展，下面来分析产生这种情况的原因。当裂缝沿双轮中心线竖直向上扩展时，裂纹处于对称荷载作用下，裂纹扩展路径上只有拉应力，没有剪应力。当裂缝扩展至 46cm 后，裂纹附近的主拉应力分布如图 7.20(a) 所示，裂缝尖端的主拉应力最大值只有 0.46MPa，离裂尖 2cm 处的主拉应力更是低至 0.2MPa，均达不到二灰碎石的疲劳极限 (0.506MPa)，因此疲劳损伤始终不会增加，裂缝亦不会扩展。对于路面结构来说，其车轮作用位置以下总存在一定范围的受压区，当裂缝向上扩展会逐步靠近受压区，裂尖主拉应力因此不断下降，甚至变为负值，裂纹面因受压而处于闭合状态，即对称荷载作用下的张拉应力无法促使裂缝继续扩展。

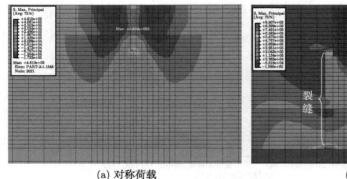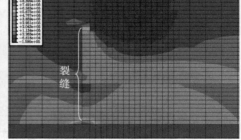

(a) 对称荷载　　　　　　　　　　　　　　　(b) 偏荷载

图 7.20　两种荷载模式下的主拉应力分布图 $(p = 1.1p_{BZ})$

实际上，当裂缝长度达到 46cm 时，此后的裂缝扩展过程与反射裂缝的扩展过程在本质上是一致的，因此，可以根据反射裂缝的扩展机理来进一步理解这一现象。一般认为，反射裂缝的扩展是温度变化和交通荷载共同作用下造成的，偏荷载作用下的剪应力和温度变化下的收缩应力是反射裂缝形成的根本原因。前者主要引起剪切型扩展，后者引起张开型扩展。在冬季低温下，容易造成面层在裂缝尖端处的应力集中，而低温下面层材料模量很大，仅能承受较小的温度应力，极易产生反射裂缝。第二届反射裂缝国际会议达成共识：温度应力引起反射裂缝的产生，并参与了其最初的扩展，而荷载应力加速了裂缝的进一步扩展。可以看出，对称荷载作用在裂纹扩展后期逐渐退出工作，而偏荷载作用则逐步加强，因此，在已有荷载作用的基础上继续施加重复性偏荷载，结果发现裂缝仍然无法向上继续扩展，裂尖的主应力仅为 0.1MPa，也低于疲劳极限应力，具体分布如图 7.20(b) 所示。

由此可见，无论是对称荷载作用下提供的张拉应力，还是偏荷载作用下提供的剪应力，都无法促使裂缝继续扩展，温度作用才是反射裂缝扩展的主要驱动力。一些相关的研究成果也得到与此类似的结论，Ng 等 [19] 指出，由温度疲劳而产生的应力强度因子随裂缝的增长而减小，相反，由交通的疲劳作用而产生的应力强度因子则随裂缝的增长而增加。由此表明，温度疲劳作用对于裂缝扩展到面层厚度的 80% 时是主要因素，其后交通荷载作用开始占主导地位。Luther 等 [20] 根据有限元分析了行车荷载作用下路面的开裂模式，认为任何路面裂缝在行车荷载作用下都将闭合。可以说，疲劳裂缝能否继续扩展至路表受温度影响很大，而温度是季节性的，因此，裂缝扩展的最后阶段受当前气候影响而存在很大的偶然性，难以通过简单的力学计算来预估这一阶段的疲劳寿命。

路面所受的荷载可以分为两种形式：一种是以静态荷载为主，交变应力幅值相比平均应力而言很小，如图 7.21(a) 所示；另一种以交变应力为主，即我们通常所说的疲劳荷载，如车辆疲劳荷载和温度疲劳荷载，如图 7.21(b) 所示。前者的材料破坏是由蠕变损伤引起的，一般发生在低温条件下，材料发生低温蠕变脆性开裂。后者的材料破坏是机械疲劳损伤引起的，也是本节讨论的核心内容。因此，在考虑温度应力对裂缝扩展的影响后，路面结构的破坏与图 7.21(a) 所示一致，不再属于疲劳破坏的范畴，所以考虑温度应力的反射裂缝扩展在此不予讨论，本节对路面结构中疲劳裂缝扩展阶段的研究也只限于当前可扩展的裂缝长度范围内。

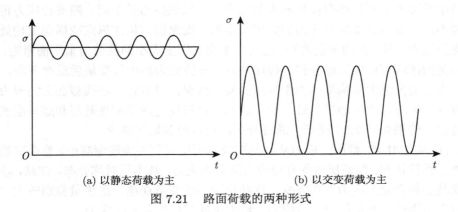

(a) 以静态荷载为主 (b) 以交变荷载为主

图 7.21 路面荷载的两种形式

7.3.2　力学响应分析

为了与 7.3.1 节裂缝能否扩展至表面的分析相对应，首先研究裂缝扩展过程中路面结构主拉应力最大值的变化情况，结果如图 7.22 所示。可以发现，随着裂缝的扩展，主拉应力峰值基本遵循先增大后减小的规律，这与小梁疲劳开裂中的正应力峰值变化存在明显不同。在裂缝扩展初期，由于裂缝的形成而在裂尖处产生应力集中，主拉应力峰值逐步增大。当裂缝扩展至 26cm 时，应力峰值迅速增加，并维持在一个很高的水平，直至裂缝长度达到 36cm 后，应力峰值又急剧下降到初始水平。裂缝扩展后期的应力峰值快速下降也是导致裂缝无法继续扩展的根本原因，通过对比小梁试件的特点，可以分析出现这一现象的内部机理。

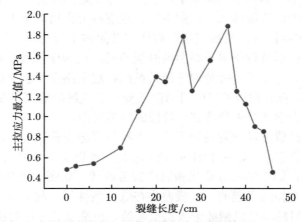

图 7.22　路面结构中主拉应力最大值变化规律 $(p = 1.1p_{BZ})$

对于小梁试件来说，其跨度方向上很长的范围内实际上处于一种无支撑状态，尤其是裂缝扩展所在的跨中段。在外荷载作用下，跨中的弯矩始终不变，这就导致跨中截面上必须始终存在足够大的拉应力，以保持力学平衡。随着拉应力范围的减小，只能通过增加拉应力的集度来实现。而路面结构在纵向或横向上均处于有支撑状态，不存在固定的弯矩，进而也不需要固定大小的拉应力来平衡弯矩，裂缝两侧的区域可以很好地分担、传递外力，导致应力集中程度最后反而下降。

为了研究路面结构整体力学响应的变化情况，对双轮中心线截面上的应力分布进行了分析，由于面层均处于受压状态，这里仅考虑半刚性基层和底基层的力学特性，结果如图 7.23 所示。通过分析，可以得到如下结论：

(1) 初始时刻，截面上应力从底基层或基层层底到层顶逐渐减小，整个底基层都处于受拉状态，但基层内既有拉应力又有正应力，基本呈对称分布。注意，基层与底基层结合处的应力存在突变，这是由于二者变形连续，而模量差别较大，造成应力不连续，基层的最大拉应力始终大于底基层的最大拉应力。

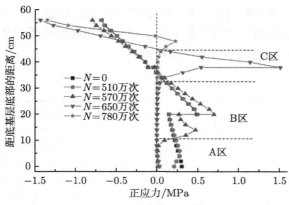

图 7.23   双轮中心线截面上的正应力分布规律

(2) 从 $N = 0$ 到 $N = 510$ 万次，路面结构都处于微观裂纹形成阶段，此时损伤都集中在底基层底部，该处模量衰变较多，所以分担的应力下降，其他位置处的应力分布保持不变。

(3) $N = 570$ 万次时，裂缝已经扩展了 10cm，这 10cm 范围内拉应力为零。底基层内出现裂尖应力集中，拉应力峰值增大，应力分布自下而上表现为先增大后减小。

(4) 从 $N = 650$ 万次到 $N = 780$ 万次，裂缝长度从 36cm 增至 46cm，底基层截面上已经完全开裂，不承受拉应力。基层内部应力自下而上也表现为先增大后减小，且应力峰值随裂缝的扩展先增大后减小。

(5) 可将截面自下而上分为三个区域：A 区 (0~10cm)、B 区 (10~33cm) 和 C 区 (33~45cm)，如图所示，A 区内拉应力均为随时间逐渐减小，B 区内拉应力随时间先增大后减小，C 区内拉应力均为随时间逐渐增大。

(6) $N = 780$ 万次时，可见路面结构内拉应力的区域变得很小，应力水平也很低，说明路面结构不需要像小梁试件那样必须保持弯矩平衡。

(7) 随着裂缝的扩展，截面上的压应力逐步增大，受压区面积逐步减小。

路表弯沉一直是判断路面整体结构性能的重要指标，图 7.24 为疲劳加载过程中双轮中心点处弯沉的变化曲线，可以看出：在宏观裂纹产生之前，弯沉基本不变，说明微观裂纹形成阶段累积的损伤对弯沉的影响可以忽略。而裂纹一旦形成，弯沉就以较快的速度增加。当裂缝长度达到 42cm 时，弯沉增速明显下降，说明裂缝扩展后期对路面结构的变形能力影响不大。在整个疲劳过程中，弯沉由最初的 46.3(0.01mm) 增至 56.2(0.01mm)，增幅达到 21%。

图 7.25 给出了疲劳过程中底基层层底单元的本构关系变化过程，从中可以清晰地看到材料特性衰变的过程。在疲劳荷载的作用下，材料模量逐步衰减，所受

应力不断下降，应变不断增加。直到裂缝形成时刻，层底应力降低了 54%，而应变增加到原来的 2.1 倍。裂缝产生之后，该处无法继续承受荷载，应力迅速降至零，变形也由于裂纹面的形成而得到释放。

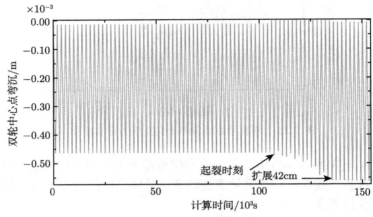

图 7.24　双轮中心点弯沉变化规律

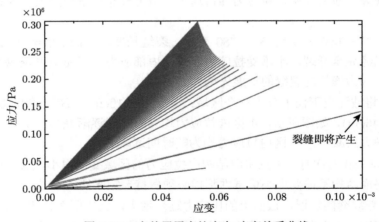

图 7.25　底基层层底处应力-应变关系曲线

7.3.3　疲劳损伤累积规律分析

疲劳损伤累积是疲劳裂缝形成的前提条件，最先发生疲劳损伤或者疲劳损伤累积速度较快的区域也是裂缝率先产生的位置所在，把基层、底基层层底的疲劳损伤累积曲线放在一起进行分析，如图 7.26 所示。可以看出，底基层层底从 $N = 0$ 时刻就开始了损伤累积，累积速度前期较为缓慢，速度均匀，之后增速逐渐变大，并在很短的时间内达到损伤临界值。底基层层底后期的损伤累积速度之所以很大，除了损伤模型本身的非线性累积特征以外，与其应力水平减小的幅度有限存在直接联系 (图 7.26)。而基层层底由于其前期拉应力值尚达不到疲劳极限，所以损伤一直没有发生。直到裂缝扩展了 8cm，裂尖离基层层底只有 2cm 时，其应力水平才显著增大，达到 1.1MPa，在如此高应力水平下，损伤迅速累积，在很短的时间 (不足 20 万次) 内达到临界值。

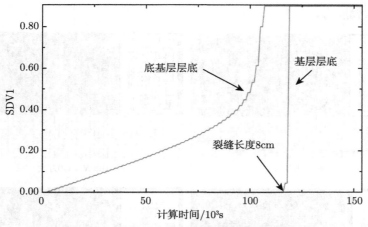

图 7.26　基层、底基层层底疲劳损伤累积曲线

通过对不同荷载水平下的损伤累积特性进行对比分析，可以获知材料疲劳对应力的敏感程度，图 7.27 为底基层层底在三种荷载下的损伤累积规律。可以发现，不管荷载大小如何，损伤的发展规律是一致的，均为前期增速较慢，之后累积速度越来越快，后期几乎呈直线上升。随着荷载水平的增大，前期寿命所占整个损伤累积寿命的百分比逐渐减少，例如当 $p = 1.2p_{BZ}$ 时，损伤从一开始就以很快的速度累积，几乎不存在前期慢速增长阶段。

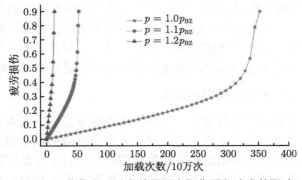

图 7.27　荷载水平对底基层层底损伤累积速度的影响

图 7.28 给出了不同加载阶段疲劳损伤的空间分布云图，可以看出：损伤分布无论在水平方向上还是竖直方向上都局限在裂纹附近，尤其是裂纹尖端的损伤区范围极小，几乎是紧挨着裂纹尖端才有损伤累积，损伤区没有起到引领裂纹发展的作用，这也是疲劳裂缝难以继续扩展的根本原因。疲劳过程中没有发生大面积的损伤，而是高度集中在裂纹路径上。也就是说，裂缝的形成与扩展对路面结构其他区域内的材料特性影响有限，使得路面结构即使出现了一条裂缝，也仍然具备较高的承载能力。

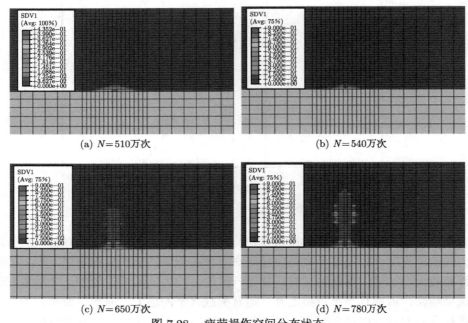

(a) $N=510$ 万次　　　　　　　　　　　　　(b) $N=540$ 万次

(c) $N=650$ 万次　　　　　　　　　　　　　(d) $N=780$ 万次

图 7.28　疲劳损伤空间分布状态

7.3.4　基层反射裂缝疲劳扩展过程研究

从 7.3.1 节的研究可以得出，如果裂缝从底基层开始形成直至最后破坏，这一全过程寿命高达 5360 万次。而实际上，半刚性基层沥青路面结构因为外界环境的种种不利影响，往往无法达到这一寿命。其中，最常见的一种早期病害就是反射裂缝，本节将对反射裂缝在沥青路面结构中的扩展规律进行研究。

1. 含初始裂缝路面结构模型的建立

对于半刚性基层沥青路面来说，其基层或者底基层会受到天长日久的温度变化进而形成温缩裂缝，或者受到外界环境湿度的变化而形成干缩裂缝。这种温缩或者干缩裂缝往往发生于路面结构运行的早期阶段，甚至在基层铺筑完成后，就因为养生措施不符合规范或者未及时铺筑沥青路面而率先开裂，相当于路面结构中存在初始裂缝。在车辆荷载的作用下，这些裂缝尖端往往发生应力集中，使得其上层结构承受较大的应力而随之开裂，形成所谓的反射裂缝。

前文已经阐明，产生于基层的初始裂缝难以在车辆疲劳荷载的直接作用下在沥青面层中扩展，不能简单以疲劳破坏的观点来分析面层的反射裂缝扩展过程。但是，如果底基层中率先产生了初始裂缝，则可以在疲劳荷载的作用下在基层中扩展，形成基层反射裂缝。这样，无疑会加快路面结构的破坏，对该过程的分析也将有助于我们理解反射裂缝的扩展规律。

本节中采用的路面结构模型与 7.3.1 节完全相同，施加标准轴载。只是在二灰土底基层中预设一条贯穿裂缝，在扩展有限元属性定义时，将该贯穿裂缝定义为初始裂纹面。具体有限元模型如图 7.29 所示。

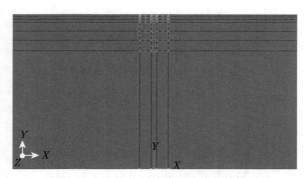

图 7.29　含初始裂缝路面结构计算模型

2. 基层反射裂缝扩展规律分析

反射裂缝作为一种早期病害，其形成与扩展特性必然与无损路面结构存在很大的差异。下面分析底基层初始裂缝导致基层开裂并扩展的过程，结果如图 7.30 所示。

可以看出，裂缝扩展的速率仍然为先匀速再降速，与无损路面结构疲劳裂缝扩展规律一致。但是，基层反射裂缝形成与扩展阶段的总寿命很小，仅为 21 万次，其中扩展阶段的寿命为 16 万次，占总寿命的 76%。这就说明，在底基层初始裂缝尖端的影响下，基层损伤累积很快，迅速产生宏观裂纹，进入反射裂缝扩展阶段。经过计算，反射裂缝在基层扩展的速率为 2cm/万次，即 20cm/10 万次，是无损结构裂缝扩展速率的 49 倍。基层反射裂缝表现出很短的扩展寿命与很快的扩展速率，相对于整个路面结构的疲劳寿命来说，反射裂缝确实是一种早期病害。

3. 力学响应分析

为了研究路面反射裂缝扩展过程中路面结构的力学特性，本节对双轮中心线截面上的应力时间、空间分布进行了分析，由于面层均处于受压状态，而底基层已经开裂退出工作，这里仅考虑半刚性基层的力学特性，结果如图 7.31 所示。经分析，可以得到如下结论：

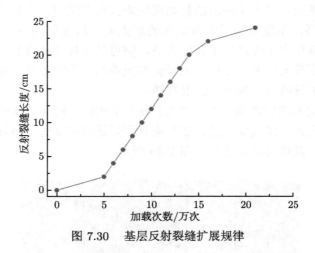

图 7.30　基层反射裂缝扩展规律

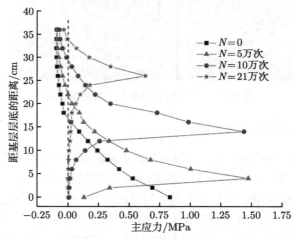

图 7.31　基层双轮中心线截面上的主拉应力分布规律

（1）初始时刻，基层内的主应力自下而上均匀降低，从受拉变为受压，其中受拉区长度为 16cm。

（2）随着裂缝的扩展，几乎基层上所有位置都经历拉应力先增大后减小的变化过程，当裂纹尖端从靠近某一位置到最后裂纹面形成，该位置处的应力就会发生这样的变化。

（3）反射裂缝扩展过程中，基层截面上的拉应力峰值也是先增大后减小，导致裂纹后期发展速度下降，这一点与无损路面结构的裂缝扩展特征一致。

图 7.32 给出了基层层底处的主拉应力实时变化曲线, 随着周期性荷载的施加, 可以明显看出其均具有先增大后减小的特征。初始时刻, 基层层底拉应力为 0.83MPa, 随之增加到 1.04MPa, 在这样的高应力水平下, 损伤很快达到临界值, 裂缝也很快形成。裂缝形成之后, 应力水平随之下降, 并逐渐减小至零。

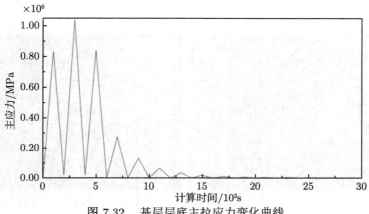

图 7.32　基层层底主拉应力变化曲线

4. 疲劳损伤累积规律分析

与上节关于基层层底拉应力变化特性的分析相结合, 可以很好地理解该位置疲劳损伤的累积过程, 如图 7.33 所示。正如前文所推测的一样, 疲劳损伤在经历最初的小幅增长后, 就迅速增至临界值大小, 这也是反射裂缝发展速度很快的内在原因。

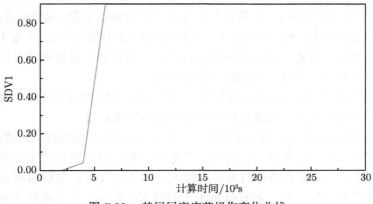

图 7.33　基层层底疲劳损伤变化曲线

图 7.34 给出了不同时期的疲劳损伤空间分布特征, 在 $N = 5$ 万次时, 宏观裂缝刚刚形成 (长为 2cm), 可见基层底部 6cm 范围内的损伤达到临界值, 损伤

区在裂纹尖端之前，有引领裂缝扩展的作用。在 $N = 21$ 万次时，可以看到整个基层的疲劳损伤分布特征，基本上只有裂纹面左右各一个单元上存在损伤，反映出疲劳损伤高度的集中性，这一点同样与无损结构损伤分布特征一致。此时，损伤区的分布不再引领裂缝扩展，而是与裂缝长度保持一致，导致疲劳裂缝扩展行为停止。

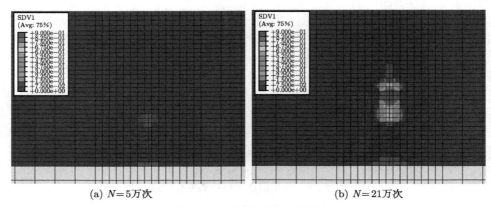

(a) $N=5$万次　　　　　　　　　　　　　(b) $N=21$万次

图 7.34　疲劳损伤分布云图

　　本节利用提出的疲劳损伤断裂全过程模拟方法，对路面结构的疲劳破坏过程进行了系统的研究，分别以无损路面结构和含初始裂缝的路面结构为研究对象，研究了半刚性基层沥青路面结构疲劳损伤断裂的全过程，以及反射裂缝在基层中的扩展过程。深入分析沥青路面疲劳破坏的特征与机理，尤其是分析疲劳裂缝在路面结构中的扩展规律，以加深对路面疲劳开裂行为的理解。主要研究结论如下：

　　(1) 对于无损路面结构，疲劳损伤率先在底基层底部累积，裂缝也在此处产生。

　　(2) 从反射裂缝的形成机理出发，对疲劳裂缝扩展至距基层顶面 10cm 处就不再向上扩展这一现象，给予了科学的解释，即疲劳裂缝能否继续扩展至路表主要受温度应力控制，不属于机械疲劳损伤范畴。

　　(3) 路面结构作为一种有支撑结构，裂缝扩展过程中的主拉应力峰值基本遵循先增大后减小的规律，这也导致了裂缝难以向路表扩展。

　　(4) 在宏观裂纹产生之前，路表弯沉基本不变，说明微观裂纹形成阶段累积的损伤对弯沉的影响可以忽略。而裂纹一旦形成，弯沉就以较快的速度增加。

　　(5) 底基层底部疲劳损伤的发展规律为前期增速较慢，之后累积速度越来越快，后期几乎呈直线上升。随着荷载水平的增大，前期寿命所占整个损伤累积寿命的百分比逐渐减少。

　　(6) 疲劳损伤分布都局限在裂纹附近，尤其是裂纹尖端的损伤区范围极小，损伤区没有起到引领裂纹发展的作用，这也是疲劳裂缝难以继续扩展的根本原因。

疲劳过程中没有发生大面积的损伤，使得路面结构即使出现了一条裂缝，也仍然具备较高的承载能力。

参 考 文 献

[1] Kachanov L M. Time of the rupture process under creep conditions, Izy Akad[J]. Nank SSR Otd Tech Nauk, 1958, 8: 26-31.

[2] Rabotnov Y N. Paper 68: On the equation of state of creep[C]//Proceedings of the Institution of Mechanical Engineers, Conference Proceedings, 1963, 178(1): 2-117-2-122.

[3] Lemaitre J. Evaluation of dissipation and damage in metals submitted to dynamic loading [C]//Proceedings of International Conference of Mechanical Behavior, Kyoto, Japan, 1971: 1-20.

[4] Bazin P, Saunier J. Deformability, fatigue and healing properties of asphalt mixes[C]// Intl Conf Struct Design Asphalt Pvmts. 1967: 438-451.

[5] Alliche A, Frangois D. Damage of concrete in fatigue[J]. Journal of Engineering Mechanics, 1992, 118(11): 2176-2190.

[6] 平树江, 申爱琴, 李鹏. 长寿命路面沥青混合料疲劳极限研究 [J]. 中国公路学报, 2009, 22(1): 34-38.

[7] 朱建平. 基于长寿命沥青路面设计理念的沥青混合料疲劳阀值研究 [D]. 沈阳: 沈阳建筑大学, 2011.

[8] Monismith C L, Secor K E, Blackmer E W. Asphalt mixture behaviour in repeated flexure (with discussion and closure)[C]//Proceedings of Association of Asphalt Paving Technologists, St paul, 1961, 30: 188-222.

[9] Carpenter S H, Ghuzlan K A, Shen S. Fatigue endurance limit for highway and airport pavements[J]. Transportation Research Record, 2003, 1832(1): 131-138.

[10] Bateman D. Laboratory investigation of fatigue endurance limits in asphalt concrete[D]. New Mexico: The University of New Mexico, 2012.

[11] Charewicz A, Daniel I M. Damage Mechanisms and Accumulation in Graphite/Epoxy Laminates[M]. West Conshohocken: ASTM International, 1986.

[12] 苏志霄, 刘宏昭, 王建平, 等. 基于剩余强度退化规律的疲劳损伤非线性演化模型 [J]. 机械强度, 2000, 22(3): 238-240.

[13] 金光来. 基于扩展有限元的沥青路面疲劳开裂行为的数值研究 [D]. 南京: 东南大学, 2015.

[14] 刘宏富. 基于强度与刚度衰变的沥青混合料非线性疲劳损伤特性研究 [D]. 长沙: 长沙理工大学, 2012.

[15] 郑健龙, 吕松涛. 沥青混合料非线性疲劳损伤模型 [J]. 中国公路学报, 2009, 22(5): 21-28.

[16] Charewicz A, Daniel I M. Damage mechanisms and accumulation in graphite/epoxy laminates[Z]. Composite Materials: Fatigue and Fracture, ASTM STP 907, 1986: 274-297.

[17] 顾怡. 复合材料拉伸剩余强度及其分布 [J]. 南京航空航天大学学报, 1999, 31(2): 164-173.

[18] 谢里阳, 于凡. 疲劳损伤临界值分析 [J]. 应用力学学报, 1994, 11(3): 57-60.

[19]　Ng K, Dai Q. Tailored extended finite-element model for predicting crack propagation and fracture properties within idealized and digital cementitious material samples[J]. Journal of Engineering Mechanics, 2012, 138(1): 89-100.

[20]　Luther M S, Majidzadeh K, Chang C W. Mechanistic investigation of reflection cracking of asphalt overlays[J]. Transportation Research Record, 1976, (572): 111-122.

第 8 章　沥青路面结构车辙仿真

本章将在第 3 章介绍沥青混合料黏弹-黏塑性本构模型的基础上,将材料模型代入沥青路面的结构分析,研究沥青路面的疲劳发展规律。由于沥青路面的力学响应将显著地受到环境温度与交通荷载的影响,因而本章的内容设置中将同时包含轮胎-路面相互接触的分析。

8.1　路面-荷载相互作用分析

8.1.1　标准子午线轮胎有限元建模

1. 子午线轮胎几何结构

汽车轮胎一般可分为子午线轮胎与斜交轮胎,其中子午线轮胎由于具有更好的路面适应性而被广泛应用于载重车辆之中。由于路面的疲劳与车辙等病害均与重载车辆具有更大的相关性,本章将以重载卡车的子午线轮胎作为建模对象,研究重载车辆与路面的相互作用。我国规范《载重汽车轮胎规格、尺寸、气压与负荷》(GB/T 2977—2016) 中规定了若干不同载重汽车的轮胎尺寸,本章选取其中接近沥青路面设计规范标准荷载的 11R22.5 型作为建模对象,其具体的规定要求如表 8.1 所示 [1]。

表 8.1　11R22.5 轮胎尺寸、胎压与负荷规定

设计尺寸/mm		充气压力/kPa	最小双胎间距/mm	最大负载/kN	
断面宽度	外直径			单胎	双胎
279	1054	720	318	144	142

现代轮胎为保证结构的稳定性与耐久性具有复杂的内部结构,如图 8.1(a) 所示,主要可分为外部胎体、内部束带层以及包裹束带层的各种内部橡胶三部分。由于本章主要研究轮胎对于路面的作用,对轮胎的横断面结构进行了如图 8.1(b) 所示的简化。其中,为保证能够获得较为精确的轮胎-路面的相互作用,对于外部的胎体结构进行较为精细的建模,仅在不与路面接触的侧面的几何形状做了一定的简化,而主要影响轮胎自身受力状态的内部束带层与其他橡胶材料则简化为一层结构,保留其约束胎压与保证胎体稳定的作用。

　　轮胎模型的建模使用 AutoCAD 进行轮胎的横断面绘制, 之后通过 ABAQUS 中的草图导入功能, 将横断面图导入有限元, 并将横断面绕轮胎转动轴旋转 360°, 获得轮胎的三维结构模型。建模结果如图 8.2 所示 [2-4]。

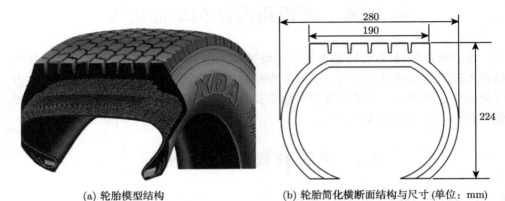

(a) 轮胎模型结构　　　　　　　　　(b) 轮胎简化横断面结构与尺寸 (单位: mm)

图 8.1　子午线轮胎几何结构

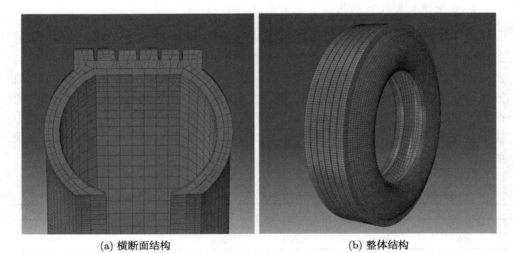

(a) 横断面结构　　　　　　　　　　　　(b) 整体结构

图 8.2　子午线轮胎有限元模型

2. 轮胎材料本构模型

　　轮胎主要由胎体的橡胶材料与轮轴的钢材组成, 其中较为关键的是胎体橡胶的本构模型。与线弹性材料不同, 橡胶材料是一种典型的不可压缩的非线性材料。冯希金在研究轮胎与路面的接触噪声时系统地研究了硫化与非硫化橡胶的材料特性, 得到如图 8.3 所示非硫化橡胶的应力应变曲线特征 [5]。其中可以直观地得出橡胶材料的力学特征: ①各向异性, 材料的拉伸与压缩性能差异巨大, 其差异不仅在相同应力条件下的应力大小，随应变的应力变化趋势也完全相反；②大变形，与常规材料在微应变数量级上的小应变不同，橡胶材料是典型的大变形材料，其拉伸应变甚至可达到 100% 以上；③非线性，应力与应变的比值并非一个常数，其拉伸与压缩的非线性趋势也完全相反。

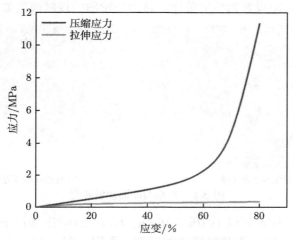

图 8.3 橡胶材料的应力-应变曲线

橡胶材料被广泛应用已经过百年，其本构模型的研究也已经较为成熟。本章采用其中较为广泛认可的 Yeoh 模型描述橡胶材料的力学行为，其形式如下所示 [6,7]：

$$W(I_{\mathrm{b}}) = \sum_{i=1}^{3} C_{0i}(I_{\mathrm{b}} - 3)^i + \sum_{i=1}^{3} D_i(J^{\mathrm{el}} - 1)^{2i} \tag{8.1}$$

式中，$W(I_{\mathrm{b}})$ 为应变能密度；I_{b} 为左柯西-格林应变第一不变量，$I_{\mathrm{b}} = \lambda_1^2 + \lambda_2^2 + \lambda_3^2$，$\lambda_1, \lambda_2, \lambda_3$ 为主伸长率；J^{el} 为弹性体积比；C_{0i}, D_i 为材料常数，当 $i = 1, 2, 3$ 时，分别描述材料的初始阶段、软化阶段、硬化阶段的力学特征。

本章中轮胎模型的轮轴采用典型的钢材模量，200GPa，橡胶材料参考冯希金、燕山等 [8] 的研究成果，橡胶材料的 Yeoh 模型的参数取值如表 8.2 所示。

表 8.2 橡胶材料 Yeoh 模型参数取值

材料	$C_{01}/10^3$	$C_{02}/10^3$	$C_{03}/10^3$	D_i
外胎	650	−670	710	0
内胎	1500	−1160	1250	0

8.1.2 轮胎-路面相互作用分析

本节将在轮胎建模基础上，进一步研究轮胎在稳态滚动状态下与路面的相互作用。相互作用的分析以隐式静力学作为分析方法，其中轮胎中内胎与外胎的接触定义为完全光滑无摩擦, 外胎与路面的接触定义为 0.4 的滑动摩擦系数, 内胎与外胎固定在定义为钢材的轮轴上。

轮胎的胎压以压强的形式作用于内胎的内侧, 轴重以点荷载的形式作用在轴中心。由于路面与轮胎相比可近似视为刚体, 且本节不考虑路面内部的响应研究, 为节省计算, 将路面设置为单层单元, 路面与轮胎的接触模型如图 8.4 所示。

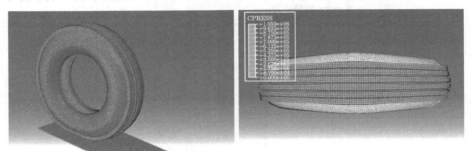

(a) 轮胎与路面建模   (b) 轮胎接触压力分布

图 8.4   轮胎与路面接触模型

图 8.5 展示了标准荷载 (胎压 700kPa, 轴重 100kN) 作用下轮胎与路面的接触云图。其中图 8.5(a) 为接触压强的三维曲面图, 图 8.5(b) 为接触压强平面云图, 并给出了横纵两条对称轴处的压强分布。根据图 8.5(a), 接触压强的分布区域与标准荷载所假设的半径为 0.213m 的圆形均布荷载有较大差距, 与圆形相比, 接触区域更近似呈椭圆形, 其中长轴约为 0.4m, 短轴约为 0.2m, 长轴约为短轴的 2 倍。而根据图 8.5(b) 进一步可知, 接触压强在行车方向的分布较为均匀, 而在路面的横断面方向受轮胎花纹与轮胎的形状影响由中部向两侧递减。

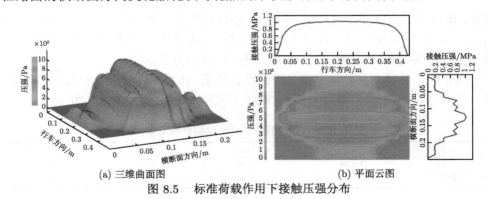

(a) 三维曲面图   (b) 平面云图

图 8.5   标准荷载作用下接触压强分布

8.1.3   荷载简化模型与数值实现

由于在后续的荷载-环境-路面的耦合分析中需要对路面进行大量的重复结构受力迭代计算, 不可能进行如此大量的接触分析, 因此, 需要对轮胎-路面的相对作用特点进行分析以提出合适的荷载简化模型，用以取代接触分析直接施加于路面结构。

本章基于轮胎-路面接触压强分析的特点，对轮胎-路面的接触压强分布进行如图 8.6 所示的简化假设。将接触压强的分布分为中部矩形区域的核心压力区，以及包含全部作用区域的分布压力区。核心压力区的压力假设在矩形范围内为均匀分布，分布压力区按照椭球状由边缘至中心逐渐增大。即

$$P_{\mathrm{C}}(x,y) = P_{\mathrm{C}}, \quad |x| \leqslant A_1, |y| \leqslant B_1 \tag{8.2}$$

$$P_{\mathrm{d}}(x,y) = P_{\mathrm{d}}\sqrt{1 - \frac{x^2}{A_2^2} - \frac{y^2}{B_2^2}}, \quad \frac{x^2}{A_2^2} + \frac{y^2}{B_2^2} \leqslant 1 \tag{8.3}$$

式中，P_{C} 为核心压力区的压强；P_{d} 为分布压力区的峰值压强；A_1, B_1 为核心压力区的长与宽的一半；A_2, B_2 为分布压力区的长轴与短轴；x, y 为以荷载中心建立的坐标系坐标。

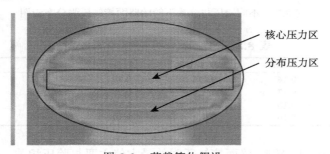

图 8.6　荷载简化假设

根据荷载的分布特点以及式 (8.2)、式 (8.3) 的荷载假设，可以建立以下等式：

$$P_{\mathrm{C}} + P_{\mathrm{d}} = P_{\max} \tag{8.4}$$

$$\iint P_{\mathrm{C}}(x,y)\mathrm{d}x\mathrm{d}y + \iint P_{\mathrm{d}}(x,y)\mathrm{d}x\mathrm{d}y = F \tag{8.5}$$

式中，$P_{\max}$ 为轮胎-路面接触压强最大值；F 为平均单轮承受的轴重。

即荷载分布压力区与核心压力区的压强最大值叠加为荷载的压强最大值，同时两分布区的压力总和为平均单轮承受的轴重。

在轮胎-路面的相互作用分析模型中改变荷载的胎压与轴重,对胎压为 700kPa、900kPa，轴重为 100kN、160kN 的轮胎-路面接触进行分析。不同荷载条件下的轮胎-路面的接触压强的分布云图如图 8.7 所示。同时，根据图 8.6 所示的简化荷载模型，得到不同荷载参数下简化模型的尺寸如表 8.3 所示。

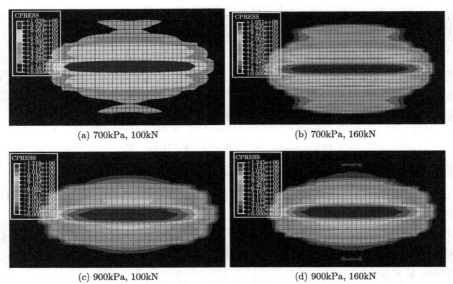

(a) 700kPa, 100kN　　　　　　　　　(b) 700kPa, 160kN

(c) 900kPa, 100kN　　　　　　　　　(d) 900kPa, 160kN

图 8.7　不同胎压与轴重下轮胎路面接触压强分布云图

表 8.3　不同荷载作用下的简化模型参数

荷载水平	A_1/m	B_1/m	A_2/m	B_2/m	$P_{\max}$/kPa
700kPa，100kN	0.14	0.015	0.20	0.11	1028
700kPa，160kN	0.17	0.015	0.23	0.12	1051
900kPa，100kN	0.13	0.015	0.17	0.09	1218
900kPa，160kN	0.15	0.015	0.19	0.10	1245

　　由表 8.3 可知，轮胎-路面接触压强的最大值主要与胎压相关，不同轴重下的接触压强最大值基本相同，且胎压与接触压强的最大值可归纳为式 (8.6) 的经验公式。

$$P_{\max} = P_{\text{tyre}} + 300\text{kPa} \tag{8.6}$$

式中，P_{tyre} 为轮胎胎压。

　　根据图 8.7 所示的不同荷载条件下的接触压强云图可知，不同荷载水平的核心压力区的面积变化很小。因此，本章假设轮胎核心区的接触压强不受荷载的形式的影响，核心区尺寸为 $A_1 = 0.15\text{m}$，$B_1 = 0.015\text{m}$。对于分布压力区，分布区域的长轴与短轴比近似为 2:1。基于以上假设，经过试算，当核心压力区压强 $P_{\text{C}} = 500\text{kPa}$ 时较符合实际。结合式 (8.4)、式 (8.5)、式 (8.6)，得到以下荷载简化模型：

$$P_{\text{d}} = P_{\text{tyre}} - 200\text{kPa} \tag{8.7-1}$$

$$A_2 = \sqrt{\frac{3(F - 4.5)}{\pi \cdot P_{\text{d}}}} \tag{8.7-2}$$

$$B_2 = \frac{1}{2}A_2 \tag{8.7-3}$$

上述复杂的荷载模型无法利用 ABAQUS 自带的荷载形式进行施加，ABAQUS 提供了用户荷载子程序 DLOAD，方便用户对复杂荷载进行自定义，其接口形式如下所示。

```
SUBROUTINE DLOAD(F,KSTEP,KINC,TIME,NOEL,NPT,LAYER,KSPT,
1 COORDS,JLTYP,SNAME)

INCLUDE 'ABA_PARAM.INC'

DIMENSION TIME(2), COORDS(3)
CHARACTER*80 SNAME

user coding to define F

RETURN
END
```

荷载子程序中二维数组 TIME(2) 为 ABAQUS 分析的时间，三维数组 CO-ORDS(3) 为模型积分点的坐标，通过时间-坐标的定义可实现对于移动荷载的定义；通过定义不同坐标处的荷载值 F，可对复杂荷载进行定义，其算法逻辑如图 8.8 所示。

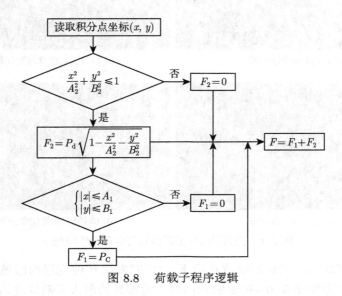

图 8.8　荷载子程序逻辑

8.2　沥青路面永久变形分析

8.2.1　沥青路面黏塑性基本响应分析

沥青路面的永久变形分析采用与损伤分析相同的路面结构，均为 36cm 的沥青层、32cm 的级配碎石基层，具体参数设置参照表 5.3。由于沥青混合料的永久变形主要发生在高温季节，本章主要考虑高温温度场下的永久变形，常温温度场与低温温度场下的永久变形暂忽略不计。与沥青层的疲劳发展受到路面温度场的日变化影响较小不同，沥青路面的永久变形主要分布在路面的中上面层，中上面层由于直接与环境接触，其温度在一日当中会发生显著的变化，而不同的温度场会产生完全不同的黏塑性响应。

图 8.9(a) 为在标准荷载 (100kN 轴重，700kPa 胎压，60km/h 车速) 在高温温度场正午 12 时的屈服函数分布云图，屈服函数由 3.2.1 节定义，可用于表征材料的塑性发展的速率。图 8.9(b) 为单次标准荷载在高温温度场正午 12 时作用后的竖向塑性应变的分布云图 (图中网格的大小为 2cm)。图 8.9(c)、(d) 分别为高温温度场 0 时的屈服函数与竖向塑性应变分布云图。

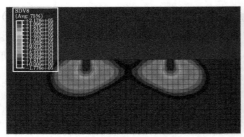
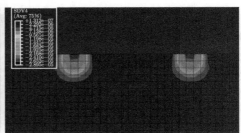

(a) 12时屈服函数分布　　　　　　　　　　(b) 12时竖向塑性应变分布

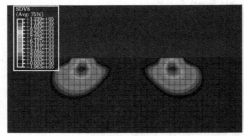
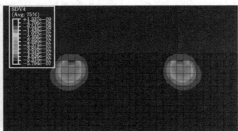

(c) 0时屈服函数分布　　　　　　　　　　(d) 0时竖向塑性应变分布

图 8.9　高温温度场屈服函数与竖向塑性应变

根据图 8.9(a)，在标准荷载作用下，12 时发生塑性变形的区域主要分布在荷载作用正下方距路表 0~8cm 的范围内，而塑性的最大影响深度达到了距路表

16cm 处。由图 8.9(a)、(c) 对比可知，在标准荷载作用下，尽管剪切应力的最大值分布在路表以下 2~4cm 处，但由于正午时刻路表的温度要显著高于路面以下的区域，使得路表处的屈服函数也达到了较高值；0 时路面的整体温度低于 12 时，塑性区域较正午时刻缩小，此外，由于路表处的温度下降，屈服函数在剪应力的最大值处，即在距路表 2~4cm 处达到最大。图 8.9(b) 与 (d) 竖向塑性应变的分布也显示出二者的区别，正午 12 时塑性在路表处达到最大，而 0 时则在距路表 2~4cm 处达到最大。

图 8.10 为标准荷载作用下在高温温度场 12 时产生的黏塑性的具体响应。图 8.10(a) 为荷载作用区域正下方屈服函数随路面深度的衰减规律。其中屈服函数在距路表 2cm 处达到最大，距路表 4cm 以下的区域屈服函数近似呈线性衰减，并在距路表约 16cm 的位置衰减至 0，即 16cm 以下的区域将不发生屈服。我国常见的沥青路面一般为 4cm + 6cm 的上中面层组合厚度，而在距路表 10cm 处屈服函数为屈服函数最大值的 42.6%，由于在本章的塑性模型中塑性应变率为屈服函数的 2.4 次方，这样使得 10cm 处的塑性应变率仅为塑性应变率最大值的 13%。因此，

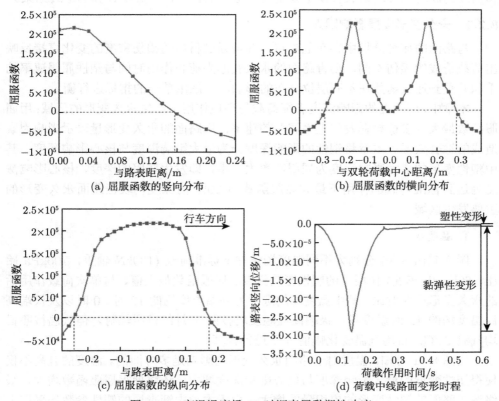

(a) 屈服函数的竖向分布

(b) 屈服函数的横向分布

(c) 屈服函数的纵向分布

(d) 荷载中线路面变形时程

图 8.10　高温温度场 12 时沥青层黏塑性响应

在上中面层不发生能显著改变结构受力的永久变形的情况下，可认为 4cm+6cm 的上中面层的厚度组合是合理的，能够将永久变形的主要发生区域控制在上中面层。

图 8.10(b) 为距路表 2cm 处屈服函数在横断面上的分布区域。由于塑性发生的区域距离路表较近，没有像沥青层底有足够的距离发生明显的应力扩散，使得发生屈服的区域 (屈服函数大于零) 主要分布在荷载作用区域的正下方，并呈对称分布。

图 8.10(c) 为荷载正下方距路表 2cm 处屈服函数在纵断面上的分布，与横断面上的分布类似，发生塑性的区域主要集中在荷载正下方，在荷载作用区域以外，屈服函数迅速衰减。屈服函数在纵断面上也近似呈对称分布，少量的不对称主要是由于本章的屈服计算滞后于应力计算一个分析步，缩小分析步的时长能够缩小该不对称性。

图 8.10(d) 为荷载作用路径中一点路表位移随荷载作用时间的变化。在荷载作用期间，路表将发生显著的黏弹塑性变形，其中黏弹性变形将随荷载的作用结束逐渐恢复，而塑性变形为不可恢复的永久变形。荷载作用结束后的路表竖向位移曲线的波动为移动荷载移动至模型边界造成的扰动，不影响计算的最终结果。

8.2.2　永久变形发展影响因素

与路面的疲劳分析中存在危险点，并可通过材料的损伤密度的变化直接反映出荷载造成的损伤不同，沥青路面的永久变形为荷载作用时间与塑性屈服速率的乘积并受到屈服函数在不同层位分布的影响，无法用单一的指标进行衡量。

本章中，用塑性的影响深度表征荷载与环境作用下产生永久变形的区域；用屈服函数最大值表征材料发生塑性屈服的速率；用路面的永久变形量表示影响因素造成的综合效果。本章将塑性的影响深度分为最大影响深度与核心影响深度，其中塑性变形的最大影响深度为屈服函数大于零，即发生屈服的深度，核心影响深度为达到标准荷载的作用下最大屈服函数的 20% 的深度，表征路面永久变形的主要发生区域。

1. 温度场

图 8.11(a)~(c) 分别为不同温度场条件下标准荷载 (100kN 轴重，700kPa 胎压，60km/h 车速) 作用下的塑性影响深度、屈服函数最大值、与单次荷载作用后的永久变形量的对比。其中温度场的选择为高温温度场的 12 时、0 时以及极端高温温度场的 12 时温度场。极端高温温度场按照 7 月的日照辐射，但气温按照日均气温 35℃，日均气温变化幅值 5℃ 进行计算。

由图 8.11 可知，温度对于路面永久变形的影响是多方面的。温度的升高不仅使得塑性变形的最大影响深度与核心影响深度增大，还将使得屈服函数增大，最终造成路面的塑性变形的累积量的增大。由于本章中沥青层的塑性参数均采用上面层材料的参数，故使得在塑性变形的累积量上极端高温与高温 12 时造成的塑性变形量差距不大。但事实上极端高温将使得塑性的核心影响深度达到路面以下 15cm，实际状况下沥青路面的下面层往往使用普通基质沥青以及空隙率较大的 AC-25、ATB-25 等抗车辙性能较差的沥青混合料，极端高温造成的影响深度的增加将使得下面层的永久变形迅速发展。

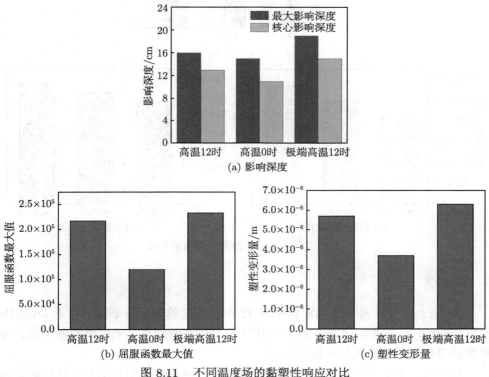

图 8.11 不同温度场的黏塑性响应对比

2. 胎压

图 8.12(a)~(c) 分别为高温温度场 12 时，相同的轴重与车速条件下 (100kN 轴重，60km/h 车速)，不同的胎压作用下的塑性影响深度、屈服函数最大值、与单次荷载作用后的永久变形量的对比。

由于胎压的增加会使得荷载的作用更加集中，因此会造成路表区域的剪切应力增大，从而造成屈服函数的最大值增加，如图 8.12(b) 所示。由于胎压造成的荷载集中的影响随路面深度的增加逐渐减弱，因此胎压在塑性的影响深度方面几乎没有影响。胎压增加导致塑性变形增大的主要原因是上面层与中面层上部屈服函数的增加，且随胎压的增加造成的影响近似呈线性增加。

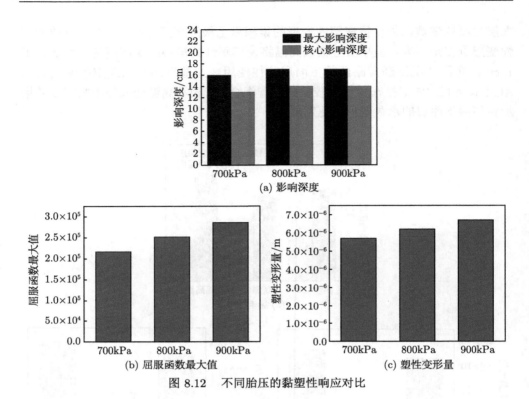

图 8.12　不同胎压的黏塑性响应对比

3. 轴重

图 8.13(a)~(c) 分别为高温温度场 12 时，相同的胎压与车速条件下 (700kPa 胎压，60km/h 车速)，不同的轴重作用下的塑性影响深度、屈服函数最大值、与单次荷载作用后的永久变形量的对比。

与胎压的影响相反，由于充气轮胎的特点，轴重的增加并不会导致荷载对路面的压强的增加，仅会扩大荷载的分布区域的大小。因此轴重的增加几乎不会使得屈服函数增加，而主要通过塑性的影响深度影响路面的永久变形。轴重的增加在本章所使用的塑性参数条件下，对塑性变形量的影响也近似呈线性的关系，但由于实际状况下路面的下面层混合料抗车辙性能较差，轴重增加对塑性变量的影响要大于本章所计算的结果。

4. 车速

图 8.14(a)~(c) 分别为高温温度场 12 时，相同的胎压与轴重条件下 (700kPa 胎压，100kN 轴重)，不同的荷载移动速度作用下的塑性影响深度、屈服函数最大值、与单次荷载作用后的永久变形量的对比。

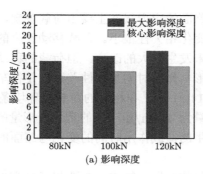

(a) 影响深度

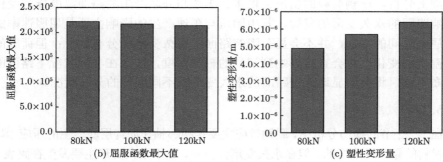

(b) 屈服函数最大值　　　　　　　(c) 塑性变形量

图 8.13　不同轴重的黏塑性响应对比

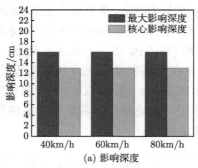

(a) 影响深度

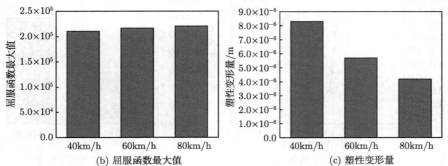

(b) 屈服函数最大值　　　　　　　(c) 塑性变形量

图 8.14　不同车速的黏塑性响应对比

　　在接近路表的区域路面的应力状态主要由荷载决定，而与荷载移动速度的改变产生的材料黏弹性的变化相关性很小。荷载移动速度的变化，无论是塑性的影响深度还是屈服函数均未发生较大的改变。但荷载的移动速度对应的是荷载的作用时间，材料的塑性变形与作用时间呈线性关系，使得车辙的发展与路段车辆行驶速度直接相关。图 8.14(c) 中，在相同的荷载与环境条件下 80km/h 的荷载移动速度产生的塑性变形量为 40km/h 产生的塑性变形量的 50.6%。因此，可认为荷载移动速度的变化产生的荷载作用时间的变化与路面的塑性变形量之间完全线性相关。

　　综上分析，车辆荷载的胎压、轴重、车速与环境产生的路面温度场的变化均会影响路面的永久变形的发展。其中胎压与车速产生的影响主要是屈服速率的增加与屈服时间的增加，并不会显著影响路面的永久变形的分布状况；但荷载的轴重与温度的变化，将会直接影响到塑性的影响深度，加之在实际状况下路面的材料分布不同，将会明显地改变路面的永久变形在不同层位的分布状况。

5. 联轴效应

　　在 5.2.2 节的损伤分析中，联轴效应主要是相邻轴在沥青层底产生的压应力以及路面材料的黏弹性造成的。但在永久变形分析中，由于永久变形主要发生在路表，路表处相邻轴之间因应力扩展产生的相互影响可忽略不计。此外，路表区域由于直接与外力接触，其应力状态主要由外力决定，多联轴产生的黏弹性的延迟恢复会造成沥青层较深处的应力重分布，但对路表附近的应力分布却基本没有影响。

　　图 8.15(a) 为标准荷载 (700kPa 胎压，100kN 轴重，60km/h 车速) 在高温温度场 12 时，单轴与双联轴在距路表 2cm 处 (屈服函数最大值处)，屈服函数随荷载作用时间的对比。图 8.15(b) 为单轴与双联轴作用后路面的塑性变形量的对比。由图 8.15 可知，双联轴作用下无论是屈服函数还是最终产生的塑性变形量均与单轴作用两次产生的效果基本相同。

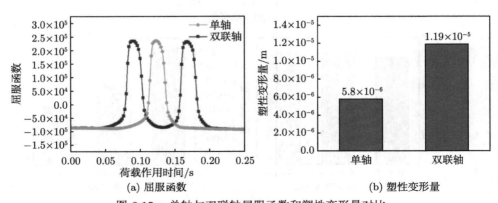

(a) 屈服函数　　　　　　　　　　　　　(b) 塑性变形量

图 8.15　单轴与双联轴屈服函数和塑性变形量对比

因此，本章认为在沥青层的永久变形分析中，不存在联轴效应，多联轴产生的影响与单轴荷载作用多次的影响完全相同。

8.2.3 柔性基层沥青路面车辙发展与分布规律

沥青路面的永久变形具有显著的非线性、突发性。对于部分沥青路面，往往连续多日的极端高温就可能产生影响道路使用寿命的永久变形。此外，路面的永久变形与车辆的移动速度直接相关，拥堵导致的路段运行速度的降低，将成倍增加荷载的作用，因交通事故导致的数小时的停车对路面永久变形产生的影响可达到数万甚至几十万次轴载作用。因此，无论是月平均温度还是按照设计速度进行的交通量统计，均无法反映出荷载与温度在实际状态下对于路面永久变形的真实影响，而极端天气与交通事故等突发现象又无法预测，使得对于沥青路面车辙的预估变得难以进行。

因此，在沥青路面的永久变形的分析上，将着重研究荷载作用下永久变形在沥青层上的分布问题，通过在路面的设计阶段进行合理的结构组合厚度与材料设计，以及在运行管理阶段，设置极端天气的交通管制，避免车辙在短期内迅速发展。

1. 永久变形分布规律

路面中上面层的温度受到环境影响在一日中发生剧烈的变化，而沥青混合料的塑性性质又与温度密切相关，同样会受到温度的剧烈影响。图 8.16(a) 为中上面层的各深度下的温度在高温温度场 10~18 时的变化规律。图 8.16(b) 为在高温温度场作用下，80kN、700kPa 荷载作用下，竖向塑性应变的小时增量在 8~22 时内的变化规律。根据图 8.16(b)，路表处的塑性应变增长在 14 时最快，路面以下 2cm、4cm 处，塑性应变增长在 15 时达到最快，6cm 处则在 15~16 时之间发展最快。综合来看，路面整体的车辙发展在一日中发展最快的时刻为 15 时，此时

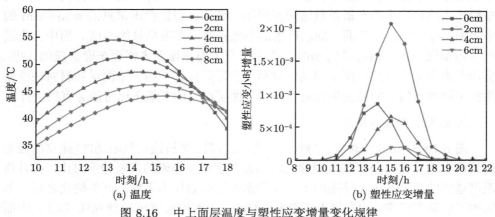

图 8.16　中上面层温度与塑性应变增量变化规律

中上面层的各个区域塑性应变增长均保持在较快的发展状态下。图 8.16(a) 也反映出在高温温度场中，15 时中上面层的各个区域温度都保持在最高温附近。

因此，本章在之后的分析中将不考虑温度的日变化，直接以温度场 15 时的温度分布作为路面黏塑性响应的条件。

图 8.17 为路面在高温温度场 15 时温度分布条件，180kN 轴重，700kPa 胎压的荷载条件下，塑性发展至稳态后的材料竖向塑性应变的分布云图。由图中可以直观地看出，塑性在路面深度 2cm 处发展得最为严重，这是因为在荷载的作用下，路面在该处的剪切应力达到最高值，同时该处的温度也同样在较高的水平。之后，随深度的增加，塑性应变逐渐减小。

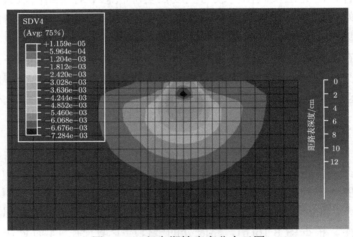

图 8.17   竖向塑性应变分布云图

图 8.18(a) 是竖向塑性应变的具体分布，从路面以下 2cm 处，塑性应变的分布近似呈指数下降，最深影响至路面以下 20cm 处。图 8.18(b) 为不同深度上产生的车辙量占路面产生的车辙总量随深度增加的变化。根据我国常见的 4cm+6cm 的中上面层厚度组合，路面上面层产生的车辙占路面车辙总量约 50%，而中上面层产生的车辙则占车辙总量的 86%，下面层产生的车辙仅占路面车辙总量的 14%。但由于本章上中下层使用了相同的材料，实际条件下，由于下面层的材料往往使用抗车辙性能较差的基质沥青混合料，下面层产生的车辙占比可能会有所上升。

2. 永久变形发展规律

图 8.19 为 180kN 轴重、700kPa 胎压的荷载，在日最高气温 40℃ 建立的极端高温温度场以及 7 月平均气温建立的高温温度场中车辙的发展趋势对比。在月均温度建立的温度场中，路面的车辙在初期经过荷载作用下材料产生硬化之后，车辙的发展基本停滞。而在极端高温温度场中，上面层温度可达到 60℃ 以上，中面

层也可达到 55℃ 以上。高温使得沥青混合料的黏聚力下降，材料在经过硬化阶段后的黏聚力仍然无法抵抗荷载产生的剪切应力，使得车辙在荷载的作用下保持持续的线性增长。

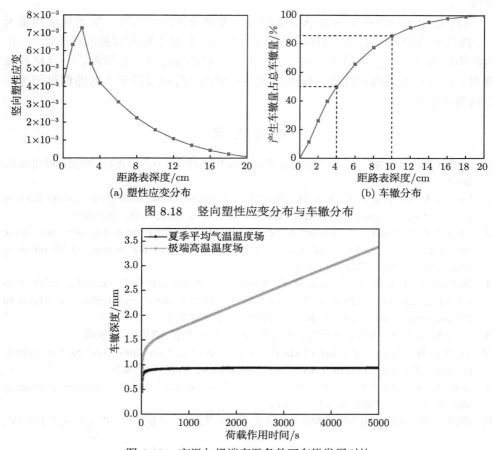

图 8.18　竖向塑性应变分布与车辙分布

图 8.19　高温与极端高温条件下车辙发展对比

　　根据高温与极端高温中车辙发展的规律的对比可知，对于可以抵抗普通高温的抗车辙沥青混合料，材料在荷载作用下经过硬化阶段之后，车辙发展则进入稳态，此后，随材料的老化、水损害问题发生，材料的性能可能发生下降，车辙深度缓慢地增加。而一旦出现混合料无法抵抗的极端高温气候，在重载作用下，车辙将迅速发展。

　　因此，虽然交通状态与极端气候的不可控性使得路面的永久变形的具体深度难以预测，但可以通过合理的路面设计以及交通管制，避免车辙迅速发展。具体方法可归纳为：

(1) 在设计阶段，根据道路所允许的最大平均单轴轴重，应用本章所建立的黏弹-黏塑性本构模型，得到路面的车辙分布规律。根据路面的设计需求，结合不同深度之上产生的车辙量占车辙总量的比例，决定使用抗车辙沥青混合料的沥青层厚度。

(2) 根据道路所在地区夏季平均最高温度以及该地区可能产生的极端高温天气，建立不同的温度场，研究材料发生不收敛的失稳性车辙所需要的路表温度，作为结构的预警温度。之后在道路的运行阶段，对路表温度进行检测，一旦达到预警温度，可在路表温度降低之前限制大型车辆的通行或及时采取对路面进行洒水降温等应急措施。

参 考 文 献

[1] 载重汽车轮胎规格、尺寸、气压与负荷：GB/T 2977—2016[S]. 北京: 中国标准出版社, 2017.

[2] Wollny I, Hartung F, Kaliske M. Numerical modeling of inelastic structures at loading of steady state rolling[J]. Computational Mechanics, 2016, 57(5): 867-886.

[3] Le Tallec P, Rahler C. Numerical models of steady rolling for non-linear viscoelastic structures in finite deformations[J]. International Journal for Numerical Methods in Engineering, 1994, 37(7): 1159-1186.

[4] Narasimha Rao K V, Kumar R K. Simulation of tire dynamic behavior using various finite element techniques[J]. International Journal for Computational Methods in Engineering Science and Mechanics, 2007, 8(5): 363-372.

[5] 冯希金. 卡车子午线轮胎振动噪声仿真技术研究 [D]. 北京: 清华大学, 2015.

[6] Yeoh O H. Characterization of elastic properties of carbon-black-filled rubber vulcanizates[J]. Rubber Chemistry and Technology, 1990, 63(5): 792-805.

[7] Yeoh O H. Some forms of the strain energy function for rubber[J]. Rubber Chemistry and Technology, 1993, 66(5): 754-771.

[8] 燕山, 王伟. 橡胶类超弹性本构模型中材料参数的确定[J]. 橡胶工业, 2014, 61(8): 453-457.